V&R

Lothar Willms

Lateinische Stilübungen:
Ein Arbeitsbuch mit Texten
aus Cäsar und Cicero

Aufgaben und kommentierte Musterübersetzungen

Vandenhoeck & Ruprecht

Bibliografische Information der Deutschen Nationalbibliothek
Die Deutsche Nationalbibliothek verzeichnet diese Publikation in der
Deutschen Nationalbibliografie; detaillierte bibliografische Daten sind
im Internet über http://dnb.d-nb.de abrufbar.

ISBN 978-3-525-71120-0

Weitere Ausgaben und Online-Angebote sind erhältlich unter: www.v-r.de

Umschlagabbildung: Fotolia/Pen and letter (76015279)

© 2017, Vandenhoeck & Ruprecht GmbH & Co. KG, Theaterstraße 13, D-37073 Göttingen /
Vandenhoeck & Ruprecht LLC, Bristol, CT, U.S.A.
www.v-r.de
Alle Rechte vorbehalten. Das Werk und seine Teile sind urheberrechtlich geschützt.
Jede Verwertung in anderen als den gesetzlich zugelassenen Fällen bedarf der vorherigen
schriftlichen Einwilligung des Verlages.
Printed in Germany.

Satz: SchwabScantechnik, Göttingen
Druck und Bindung: ⊕ Hubert & Co GmbH & Co. KG, Robert-Bosch-Breite 6, D-37079 Göttingen

Gedruckt auf alterungsbeständigem Papier.

Inhalt

Einleitung	7
Ein paar Tipps zur Arbeit mit diesem Buch und zu den lateinischen Stilübungen	11
Wichtige Literatur für die lateinischen Stilübungen	15
Grammatische Hintergrundblätter	23
Hintergrund: Ablativus qualitatis vs. Genetivus qualitatis	23
Hintergrund: Zeiträume	24
Hintergrund: Ortsangaben	25
Hintergrund: Deixis (Demonstrativpronomina)	28
Hintergrund: Wiedergabe deutscher *dass*-Sätze im Lateinischen	29
Hintergrund: *quin*-Sätze	34
Hintergrund: Temporalsätze	37
Hintergrund: *cum*-Sätze	38
Hintergrund: Indirekte Frage	40
Hintergrund: Die Fragepartikel *an*	41
Hintergrund: Relative Satzverschränkung	43
Hintergrund: Irrealis in der Abhängigkeit	45
Lateinische Stilübungen: Cäsar, *Bellum Gallicum*	47
Lateinische Stilübungen: Cicero, *Catilinarien*	85
Hintergrund: Cicero und die griechische Philosophie	111
Lateinische Stilübungen: Cicero, *Tusculanen*	113
Register	139

Einleitung

Die Übersetzung von Texten aus dem Deutschen ins Lateinische bildet immer noch einen wichtigen und oft gefürchteten Teil des Lateinstudiums, der nicht selten noch prüfungsrelevant ist. Einzelsätze, bei denen es um die Einübung grundlegender Kapitel der Syntax (Kasus-, Modus- und Tempuslehre usw.) geht, werden manchmal Grammatik- oder auch Sprachübungen genannt, firmieren aber auch oft unter der Bezeichnung für die nächste Schwierigkeitsstufe, den sog. ›Stilübungen‹, bei denen es um die Übersetzung ganzer Texte geht. Allein um diese Stufe geht es in dem vorliegenden Arbeitsbuch. Die deutschen Ausgangstexte der Stilübungen sind heute Übersetzungen lateinischer Originaltexte, die Aufgabe der Studierenden ist also eine Rückübersetzung. Die bisherigen Übungsbücher für die lateinischen Stilübungen greifen dagegen überwiegend auf deutsch verfasste Ausgangstexte der wissenschaftlichen Sekundärliteratur zurück.[1] Dies entspricht jedoch dem Zuschnitt der lateinischen Stilübungen vor Jahrzehnten, als etwa noch Thomas Mann ins Lateinische übersetzt wurde.

Hier setzt das vorliegende Arbeitsbuch an. Es bietet für die Rückübersetzung ins Lateinische ganze Texte, die aus den klassischen lateinischen Schriftstellern Cicero und Cäsar ins Deutsche übersetzt wurden. Cäsar kommt gewöhnlich als erster Schriftsteller nach den Einzelsätzen zum Einsatz und wird in einem Klausurenkurs als Vorbereitung auf die Zwischenprüfung o. Ä. behandelt. Für diese Schwierigkeitsstufe wurden die Abschnitte dem *Gallischen Krieg* entnommen, da dieses Werk Schullektüre ist und seine intensive Durcharbeitung deshalb für angehende Lehrer hilfreich ist. Die curricularen Anforderungen des Hauptstudiums verlangen zumeist Cicero. Ihnen wird mit Stücken aus den *Catilinarien* und *Tusculanen* entsprochen. Die *Catilinarien* zählen zu Ciceros bekanntesten Reden und sind repräsentativ für diesen Teil seines Œuvres. Die *Tusculanen* bieten dagegen einen leichten, nicht zu speziellen Einstieg in sein philosophisches Schrifttum.

Bei der Rückübersetzung werden oft bestimmte grammatische Kapitel eingeübt. Deshalb werden die einschlägigen Grammatikparagrafen bei der deutschen Aufgabenstellung angegeben. Außerdem wird auf thematisch relevante Kapitel aus dem Aufbauwortschatz von Klett (= AWS) hingewiesen. Beide werden am besten vor Anfertigung der Übersetzung durchgearbeitet. Danach folgt ein Vorschlag für eine Übersetzung ins Lateinische. Anders als in vielen Vorgängerwerken wird der Lösungsvorschlag ausführlich erläutert. Dabei wird auch auf die einschlägigen Grammatiken verwiesen, mit denen in den Stilübungen gearbeitet wird (*Rubenbauer-Hofmann-Heine, Neuer Menge*). Ausgewählte schwierige Grammatikkapitel werden in eigenen systematischen Übersichten vorgestellt, die als Einstieg in die Thematik und Orientierung für den detaillierteren Stoff der Grammatiken dienen. Und da man Ciceros philosophische Texte nicht ohne Grundkenntnisse der antiken Philosophie richtig verstehen und ins Lateinische rückübersetzen kann, wurde ein kleines Hintergrund-Kapitel zu diesem Sachthema beigefügt. Erschlossen wird der Lernstoff durch ein ausführliches Register. Eine eingehend kommentierte Literaturliste soll den Zugang zu weiterführenden Lernmitteln und den Umgang mit ihnen erleichtern.

Das Buch richtet sich gleichermaßen an Studierende und Dozenten. Durch die kommentierten Lösungsvorschläge ist es sowohl als Unterrichtswerk als auch zum Selbststudium geeignet. Stilkurse sind für die Dozenten in der Vorbereitung und Korrektur äußerst aufwendig, weil sie anders als die Lektoren moderner Fremdsprachen keine Muttersprachler sind und deshalb nicht intuitiv über richtig und falsch entscheiden können, sondern sich in den einschlägigen Nachschlagewerken vergewissern müssen. Dieser Aufwand der Einarbeitung war für festangestellte akademische Räte mit einer Lebenszeitverbeamtung eine vertretbare Investition, doch werden viele Stilkurse zunehmend auf Lehrauftragsbasis von Doktoranden oder Studienreferendaren und Studienräten gehalten, denen die entsprechende Erfahrung und Zeit zur Vor- und Nachbereitung fehlt. Ihnen will das vorliegende Buch eine leicht zugängliche Hilfe und Arbeitserleichterung für die Vorbereitung und Besprechung der Arbeitsaufgaben an die Hand geben. Den Studierenden erleichtern die Lösungsvorschläge und die Verweise auf weiterführende Grammatikparagrafen die Nachbereitung. Die Lösungsvorschläge bieten eine selbstständige Lernkontrolle und damit den Studierenden der Latinistik die Möglichkeit, das Übungsbuch im Selbststudium zu nutzen. Auch höhere Semester sind für Materialien zur Einübung und Wiederholung dankbar. Die Musterklausuren können für die Prüfungsvorbereitung genutzt werden, da sie sich unter Echtzeitbedingungen als Übung schreiben lassen und wegen der ausführlichen Kommentierung die Möglichkeit der Selbstkorrektur bieten. Wegen seiner vielseitigen Einsatzmöglichkeiten lässt sich das Übungsbuch also als Begleiter für das gesamte Studium und als Vademecum für die lateinischen Stilübungen nutzen.

Dieses Buch ist aus meiner langjährigen Lehrpraxis als wissenschaftlicher Assistent und jetzt akademischer Rat am Seminar für klassische Philologie an der Ruprecht-Karls-Universität Heidelberg erwachsen. Die Arbeitsmaterialien werden von den Studierenden sehr dankbar aufgenommen und etliche haben dringend zu ihrer Veröffentlichung geraten.

Die lateinischen Originaltexte wurden für die Erfordernisse der Stilübungen geglättet, d.h. entlegene Lexik wurde zugunsten gebräuchlicher entfernt, im Gegenzug wurden wiederkehrende Standardwendungen und Syntagmata eingebaut. Da sie immer wieder eingesetzt werden können und ein festes Gerüst und einen sicheren Fundus bieten, verdienen sie es, eingeübt zu werden. Die lateinischen Beispielsätze für grammatische Phänomene wurden möglichst klassischen Schriftstellern entnommen (Cäsars *Bellum Civile* und *Bellum Gallicum* ohne das achte Buch, Ciceros Reden und philosophische und rhetorische Schriften sowie, sofern nicht im Widerspruch zu den vorgenannten Werken, seine Briefe[2] und Nepos). Nur beim exemplarischen Kontrast verschiedener Wiedergabemöglichkeiten (*tantum abest, idem ac,* Zeitenfolge nach dem Infinitiv Perfekt) wurden, wie bislang im *Rubenbauer-Hofmann-Heine, Neuen Menge* und *Kühner-Stegmann* üblich, die Beispiele übernommen, welche die modernen Grammatiken zu Illustrationszwecken erdacht haben, weil aus der Antike aus nachvollziehbaren Gründen keine Sätze überliefert sind, bei denen nur die grammatisch relevanten Punkte variieren. In einem Punkt (Angaben von Gegenden hinter Stadtnamen bei Richtungs- und Herkunftsangaben) hat der *Rubenbauer-Hofmann-Heine* sogar mit den Beispielen ein lateinisches Syntagma erfunden, für das die anderen Grammatiken keine antiken Belege bieten. Anders als gängige Praxis in den modernen Grammatiken, vom *Kühner-Stegmann* über den *Rubenbauer-Hofmann-Heine* bis zum *Neuen Menge*, wurden zudem die antiken Beispielsätze nicht zu didaktischen Zwecken ungekennzeichnet geglättet, sondern möglichst weit an die Originale zurückgeführt. Die Eingriffe waren bisweilen beträchtlich (Fortlassung und Umstellung ganzer Satzteile, Ersatz von Eigennamen und Appellativa durch gängigere Ausdrücke, Umformulierung von Nebensätzen in Hauptsätze oder Infinitive), auch wenn sie nicht die fraglichen grammatischen Phänomene betreffen. Alle verbliebenen Eingriffe in die antiken Texte wie Umstellungen oder Fortlassungen wurden durch Klammern gekennzeichnet, sofern sie nicht am Satzanfang oder -ende vorgenommen wurden und damit nicht Teil des fraglichen syntaktischen Gefüges waren. Auch in einem universitären Lehrwerk schienen mir Abstriche bei der wissenschaftlichen Dokumentation und Redlichkeit nicht zulässig, da ihr Vorleben gegenüber den Studierenden in meinen Augen eine ebenso wichtige Aufgabe im Studium wie die reine Vermittlung des fachlichen Stoffes darstellt.

Bei manchen Eigennamen oder vereinzelten Sätzen konnte ich nicht umhin, den trockenen Stoff durch karnevalistisch-humoristische Einlagen aufzulockern, die meine rheinische Herkunft verraten. Bei den Aufgabenstellungen dienten teils die im Literaturverzeichnis aufgeführten Übersetzungen als Ausgangsbasis. Sie wurden jedoch zu didaktischen Zwecken vielfach näher an das lateinische Original zurückgeführt. Bei manchen Lösungsskizzen waren Protokolle der teilnehmenden Studierenden hilfreich, die nach der Seminarsitzung meine handschriftlichen Notizen und Verweise auf die Nachschlagewerke ausgearbeitet hatten, mit denen ich mich auf die Besprechung der Klausuren und Hausaufgaben vorbereitet hatte. Im Rahmen meiner Stilübungen wurde die Übersicht über die Wiedergabe der deutschen *dass*-Sätze im Lateinischen von Herrn Dr. phil. Benedict Beckeld, diejenige über die Ortsangaben im Lateinischen von Herrn StR Sebastian Laule erstellt. Beiden danke ich aufrichtig für ihr Einverständnis, ihr nützliches, von mir für die Publikation überarbeitetes Werk unter ihrem Namen in dieses Arbeitsbuch aufzunehmen und auf diesem Wege einem weiteren Kreis von Kommilitonen zugänglich zu machen. Den Herren stud. phil. Steffen Schmieke, Jannick Schultheiß und Bernard Stephan sei ganz herzlich dafür gedankt, dass sie dieses Arbeitsbuch während seiner Abschlussredaktion einem Praxishärtetest unterzogen und viele wertvolle Anregungen aus studentischer Sicht beigesteuert haben. Herr Friedemann Weitz (Leutkirch im Allgäu) hat das Manuskript einer kritischen Durchsicht unterzogen und zahlreiche Versehen und Ungenauigkeiten aufgedeckt. Hierfür sei ihm ein ganz besonders großer Dank ausgesprochen. Meiner Lektorin Frau Carina Weigert und dem Verlag Vandenhoeck & Ruprecht danke ich für die gute und vertrauensvolle Zusammenarbeit. Für alle verbliebenen Fehler dieses Arbeitsbuchs bin selbstverständlich ich allein verantwortlich. Für Verbesserungsvorschläge sind Autor und Verlag stets sehr dankbar.

So hoffe ich denn, dass dieses Hilfsmittel vielen Menschen an deutschsprachigen Universitäten die oftmals gefürchteten Stilübungen erleichtert und ihnen zu einem vertieften Verständnis der lateinischen Sprache verhilft. Gewidmet sei das Arbeitsbuch meinen Kommilitonen in Trier und Heidelberg, die seine Entstehung angeregt und gefördert haben.

Lothar Willms   Heidelberg, im Dezember 2016

---

1 So noch Gregor Maurach, *Lateinische Stilübungen*. Darmstadt: [1]1997, [4]2015. Dieses Buch wird von Studierenden nicht als hilfreich empfunden(http://www.albertmartin.de/latein/forum/?view=21547 [letzter Aufruf am 06.11.2016]).

2 Für ihre Berücksichtigung bei der Ermittlung des klassischen Sprachgebrauchs bricht auch der *Neue Menge* eine Lanze (S. XX).

Ein paar Tipps zur Arbeit mit diesem Buch und zu den lateinischen Stilübungen

Neulich hatte ich ein erhellendes Erlebnis. Ich war zum ersten Mal in meinem Leben auf oder besser neben einem Skateboard unterwegs. Nach etlichen nicht sehr eleganten Versuchen, den widerspenstigen Flitzer zu zähmen, erbarmte sich ein kleines Mädchen meiner und gab mir ein paar Tipps. Nichts anderes als praktische Tipps, wie man besser ein gegebenes Ziel erreicht, wollen die folgenden Hinweise sein. Weitere Tipps, wie man bei den Stilübungen die Sekundärliteratur effizient einsetzt, finden sich am Anfang des folgenden Kapitels *Wichtige Literatur für die lateinischen Stilübungen* und dort bei den einzelnen Literaturangaben.

Hausaufgaben, Klausuren und Korrektur

Eine Eingangsklausur ist wegen des zusätzlichen Korrekturaufwands bei Dozenten und wegen der unvorbereiteten Leistungskontrolle nach den Semesterferien bei den Studierenden gleichermaßen unbeliebt. Sie verschafft aber beiden einen realistischen Überblick über den individuellen Leistungsstand und über das, was bis zur Abschlussklausur noch verbessert werden muss. Ist der Kurs so groß, dass eine Korrektur aller Hausaufgaben nicht möglich ist, ermöglicht sie auch, leistungsschwache Teilnehmer gleich zu Anfang zu ermitteln und ihnen eine individuelle Hausaufgabenkorrektur anzubieten, die ihren Lernprozess passgenau unterstützt. Die Korrektur von Hausaufgaben verschafft den Dozenten einen guten Überblick, mit welchen Lösungsvorschlägen sie zu rechnen haben, und die Möglichkeit, sich besser auf die Sitzung vorzubereiten.

Derselbe Sachverhalt lässt sich in jeder Sprache oft unterschiedlich ausdrücken. Trotzdem sind die verschiedenen Versionen korrekt. Deshalb werden in diesem Arbeitsbuch oft mehrere richtige Ausdrucksmöglichkeiten vorgestellt und durch Klammern und Schrägstriche gekennzeichnet. (Zwei Schrägstriche kennzeichnen zwei Möglichkeiten, innerhalb deren weitere Alternativen geboten werden.) Bei Hausaufgaben und Klausuren sieht das ganz anders aus. Hier wird mit Klammern oder Alternativen gearbeitet, weil man sich unsicher ist, welche Übersetzungsmöglichkeit die richtige ist, nicht weil man sicher ist, dass beide richtig sind. Deshalb sollte man hier auf mehrere Versionen verzichten. Denn das Finden der richtigen Lösung ist Teil der Aufgabenstellung. Bei einer Hausaufgabe lernt man selbst am meisten, wenn man mithilfe der einschlägigen Hilfsmittel die richtige Lösung ermittelt. Und in einer Klausur bleibt das Falsche auch in einer Klammer oder hinter einem Schrägstrich falsch und muss von den Korrektoren angestrichen werden. Wer zwei Lösungsvorschläge macht, verdoppelt also sein Fehlerrisiko, statt es zu minimieren.

Bei der Korrektur von Hausaufgaben und Klausuren sollte nicht nur die Schwere (halber, ganzer, Doppelfehler), sondern auch der Typ der Fehler angegeben werden, etwa mit Buchstaben, wie V = Vokabel, F = Formfehler, Kg = Kongruenz, K = Kasus, N = Numerus, KSt = Konstruktion usw. So können die Studierenden besser sehen, in welchen Bereichen sie die meisten Fehler machen und wo sie am sinnvollsten ihre Lernanstrengungen konzentrieren. Hat man viele Formfehler gemacht, empfiehlt sich etwa eine Wiederholung der Formenlehre anhand des *Rubenbauer-Hofmann-Heine;* wurden viele Vokabelfehler angestrichen, wird am besten der Grundwortschatz von Klett noch einmal durchgelernt. Selbst wenn der Dozent seine Anstreichungen nicht nach Fehlertyp differenziert, können Studierende ihre Fehler nach Typen aufschlüsseln und ihre Lernanstrengungen in der beschriebenen Weise ausrichten.

Lernökonomie und Sprachlogik

Die Stofffülle bei den lateinischen Stilübungen in den Bereichen Morphologie, Syntax, Stilistik, Lexik und Idiomatik mag auf den ersten Blick schier erdrückend scheinen und das Lernen zu einer entmutigenden Sisyphusarbeit machen. Umso wichtiger ist es deshalb, den Stoff auszuwählen, zu gliedern und zu vernetzen. Beim ersten Schritt der Lernarbeit konzentriert man sich am besten auf die Grundlinien und das, was auf jeden Fall richtig ist. So kann man etwa nach Verba affectuum und solchen der Gefühlsäußerung immer einen *quod*-Satz setzen. Als Faustregel liegt man damit immer richtig. Der Lernstoff wird so auf ein Minimum reduziert, das man sich umso genauer einprägen und auch ohne Hilfsmittel bei einer Klausur abrufen kann. Ausnahmen und Alternativen bilden dann die nächste Lernstufe, etwa in unserem Beispiel der AcI nach den Verba affectuum und criminandi. Am besten prägt man sich Regeln und Ausnahmen so ein, dass man wie bei einem Baumdiagramm vom Allgemeinen zum Besonderen hinabsteigen kann.

Die nächsten Lerntipps betreffen nicht die Lernökonomie und Wissensorganisation, sondern die Sprache selbst. Etliche Regeln, die man für die lateinischen Stilübungen als Deutschsprachiger lernt, sind keine Merkmale des Lateinischen, sondern bloße Besonderheiten des Deutschen, die auch andere Sprachen nicht teilen. Zu nennen wäre hier etwa der Gebrauch von ›sich lassen‹ als Umschreibung für eine passivische Möglichkeit, aber auch vermeintliche Homonyme (z. B. *annehmen:* ›in Empfang nehmen‹ vs. ›vermuten‹). Wer seine Muttersprache gut kennt und beobachtet, erspart sich etlichen Lernaufwand und kann vieles ohne Grammatik richtig machen oder rechnet bereits mit unterschiedlichen Wiedergaben in anderen Sprachen (so dt. *lassen,* dessen beide Hauptbedeutungen ›zulassen‹ vs. ›veranlassen‹ auch im Englischen (*let* vs. *make*) und Französischen (*laisser* vs. *faire*) eigene Entsprechungen haben).

Viele der verbleibenden Regeln, aber auch Ausnahmen von ihnen, sind keine Willkür, sondern entspringen einer Logik innerhalb des sprachlichen Systems und des menschlichen Ausdrucksbedürfnisses. Neue Ausdrucksweisen entwickeln sich oft aus inhaltlich verwandten und die Ausdrucksformen entsprechen häufig den Ausdrucksbedürfnissen. Ein Beispiel: Dass *ad* + *nd*-Form den Zweck bezeichnet, ist wenig verwunderlich, wenn man bedenkt, dass die Präposition *ad* eine Richtung und ein Ziel angibt. Dass *ad* + *nd*-Form bei Verben des Übergebens den Zweck stärker als ein Gerundivum betont, das mit dem Akkusativobjekt kongruiert, geht allein aus der Art der Formulierung hervor, weil die Zweckangabe bei *ad* + *nd*-Form kein prädikatives Anhängsel des Objekts ist, sondern in ein eigenes Satzglied gekleidet wird. Diese inneren Zusammenhänge werden im *Kühner-Stegmann* oft sehr klar nachgezeichnet.

Für die Organisation des Lernstoffs, aber auch den sauberen Satzbau im Lateinischen ist es außerdem hilfreich, wenn man sich vergegenwärtigt, dass es in jedem Satz verschiedene Positionen gibt und dass viele Satzglieder eine beschränkte Möglichkeit von Erweiterungen zulassen, die oft durch unterschiedliche sprachliche Mittel geleistet werden können. Eine Zeitangabe kann etwa durch ein Adverb, eine adverbiale Ergänzung, einen Ablativus absolutus oder einen Temporalsatz erfolgen. Der *Kühner-Stegmann* lässt diese Auffassung von der funktionalen Gleichwertigkeit und Austauschbarkeit der Satzerweiterungen bei den Nebensätzen erkennen, wenn er ganz treffend die Ausdrücke Substantiv- (*dass*-Sätze; ›Dein Kommen freut mich.‹ ~ ›Dass du kommst, freut mich.‹), Adjektiv- (Relativsätze; ›das grüne Haus‹ ~ ›das Haus, das grün gestrichen ist‹) und Adverbialsätze

(Konjunktionalsätze; ›Er kam am Morgen.‹ ~ ›Er kam, als es Morgen war.‹) verwendet.

Bei allem Bemühen um klare, einprägsame Regeln und deren intensive Einübung ist es mir oft so ergangen, dass ich ein grammatisches Problem mit den Stilgrammatiken nicht lösen konnte. Der Blick in die ausführlichste wissenschaftliche Grammatik, den *Kühner-Stegmann,* schuf manchmal Abhilfe, sei es dass dort das Phänomen beschrieben wurde oder sei es dass sich aus den ausführlicheren Belegstellen eine Regelmäßigkeit des klassischen Sprachgebrauchs ableiten ließ. Dies war allerdings nicht immer der Fall. Manchmal war ein Phänomen nur vor- oder nachklassisch belegt, manchmal gar nicht und in einem Fall musste ich sogar eine Regel aus dem *Rubenbauer-Hofmann-Heine,* die ich bislang gelehrt hatte, komplett streichen, weil sie überhaupt nicht belegt war. Diese Erfahrung erklärt sich daraus, dass die Regeln, die bei den lateinischen Stilübungen zugrunde gelegt werden, aus dem recht schmalen Textkorpus klassischer Autoren stammen, deren Einheit gewiss durch innere Übereinstimmung und Unterschiede zu vor- und nachklassischen Autoren gewährleistet ist. Meine Erfahrung zeigt auch, dass die lateinischen Stilübungen sich nicht komplett verschulen und auf reine Wissensvermittlung reduzieren lassen, sondern dass ihre Regelmäßigkeiten mit geistiger Tätigkeit aus einem gegebenen Material gewonnen sind und einer kritischen Prüfung unterworfen werden können – und müssen. Um die Studierenden nicht zu entmündigen, sondern zu eigenständigem, kritischem und selbstreflexivem Lernen zu ermuntern, habe ich deshalb in den oben geschilderten Fällen meinen Weg zur Erkenntnis dokumentiert, statt nur das Endergebnis in Form fertiger Regeln zu präsentieren.

Wichtige Literatur für die lateinischen Stilübungen

Nachweise, denen *vgl.* vorangestellt wird, geben an, dass meine Aussage aus den lateinischen Belegen oder einer Aussage des modernen Autors gewonnen wurde, die sich an der betreffenden Stelle finden. Bei den Verweisen auf die Sekundärliteratur, die ohne *vgl.* stehen, findet sich dagegen meine Aussage in der zitierten Quelle. Hier bringen es die Umformulierungen, Fortlassungen und Ergänzungen, die man zu didaktischen Zwecken vornimmt, mit sich, dass nicht alle wörtlichen Anleihen, die oft kleinere Teile umfassen, mit Anführungszeichen gekennzeichnet wurden. Dies gilt insbesondere für die Übersichten über Bedeutungsfelder, die aus Menges Synonymik gewonnen wurden.

Orientierung zum Umgang mit den Hilfsmitteln

Grundsätzlich lassen sich drei Arten von Literatur unterscheiden, die man für die lateinischen Stilübungen heranzieht: Am wichtigsten sind Bücher, deren Inhalt man lernt. Hierzu zählen die **Lerngrammatiken** für die Stilübungen, deren einschlägige Grammatikkapitel man vor der Bearbeitung der Stilaufgaben durchgeht, und lexikalische Hilfsmittel, mit denen man den aktiven lateinischen Wortschatz erweitert und festigt, in erster Linie **Wortkunden**, für Fortgeschrittene auch Phraseologien und Synonymiken. Die zweite Gruppe bilden Werke, in denen man während der Übersetzung ins Lateinische Regeln und Ausdrücke nachschlägt, die man nicht weiß oder bei denen man sich unsicher ist. Hier sind wieder die Lerngrammatiken für die Stilübungen zu nennen und für die Lexik die deutsch-lateinischen Wörterbücher. Die dritte und letzte Gruppe bilden **wissenschaftliche Grammatiken** und **Lexika**. Beide werden herangezogen, um sich zu vergewissern, ob ein gewisser Sprachgebrauch klassisch ist, d. h. bei Cäsar oder Cicero belegt ist. Dabei geht es um Wörter, Kollokationen (d. h. Phraseologie), Rektionen und Konstruktionen. Manchmal geht es aber auch darum, ob und wie eine komplexe Konstruktion im Lateinischen wiedergegeben werden kann.

Die wissenschaftlichen Grammatiken *Hofmann-Szantyr* und *Kühner-Stegmann* werden in diesem Arbeitsbuch nach Seite, die Stilgrammatiken nach Paragraf zitiert. Nur wenn die Zitation nach Paragraf wegen einer unübersichtlichen Untergliederung nicht eindeutig ist oder der betreffende Buchteil nicht mehr nach Paragrafen gegliedert wird, wurde nach Seiten zitiert. Die Wörterbücher werden nach Stichwort zitiert (s.v. = sub voce ›unter dem Stichwort‹, s.vv. = sub vocibus ›unter den Stichwörtern‹).

Mit Sternchen markierte Titel sind zur Anschaffung empfohlen.

Kritische Textausgaben

Die lateinischen Autoren und ihre Schriften wurden nach dem *Thesaurus linguae Latinae* abgekürzt. Nur für Senecas *Dialogi* wurde nicht *dial.*, sondern jeweils Abkürzungen ihrer Einzelschriften verwendet. Nach den Abkürzungen des *Thesaurus linguae Latinae* sind auch nachfolgend die Textausgaben und im nächsten Abschnitt die Übersetzungen angeordnet.

C Iuli Caesaris Commentariorum Libri III de Bello Civili. Recensuit brevique adnotatione critica instruxit Cynthia Damon. Oxford 2015.

C. Iulii Caesaris commentarii rerum gestarum. Vol. 1: Bellum Gallicum. Edidit Wolfgang Hering. Leipzig 1987. Ndr. Berlin 2008.

M. Tulli Ciceronis scripta quae manserunt omnia Fasc. 42: Academicorum reliquiae cum Lucullo. Recognovit Otto Plasberg. Leipzig 1922.

M. Tulli Ciceronis Epistulae ad Atticum. Edidit D. R. Shackleton Bailey. 2 Bde. Stuttgart 1987.

M. Tulli Ciceronis scripta quae manserunt omnia Fasc. 4: Brutus. Recognovit H. (= Enrica) Malcovati. Leipzig 1965.

M. Tulli Ciceronis scripta quae manserunt omnia Fasc. 23: Orationes in P. Vatinium testem, pro M. Caelio. Edidit Tadeusz Maslowski. Stuttgart, Leipzig 1995.

M. Tulli Ciceronis scripta quae manserunt omnia Fasc. 46: De divinatione. De fato. Timaeus. Edidit Remo Giomini. Leipzig 1975.

M. Tulli Ciceronis scripta quae manserunt omnia Fasc. 17: Orationes in L. Catilinam quattuor. Recensuit Tadeusz Maslowski. München, Leipzig 2003.

Cicéron: Discours. Tome 8. Pour Cluentius. Texte établi et traduit par Pierre Boyancé. Paris 1953.

M. Tulli Ciceronis scripta quae manserunt omnia Fasc. 21: Orationes: cum senatui gratias egit, cum populo gratias egit, de domo sua, de haruspicum responsis. Edidit Tadeusz Maslowski. Leipzig 1981.

M. Tulli Ciceronis Epistulae ad Familiares. Edidit D. R. Shackleton Bailey. Stuttgart 1988.

M. Tulli Ciceronis scripta quae manserunt omnia Fasc. 43: De finibus bonorum et malorum. Recensuit Claudio Moreschini. München, Leipzig 2005.

Cicéron, Discours, Tome XII, Pour Le poète Archias. Texte établi par Félix Gaffiot. Pour L. Flaccus. Texte établi par André Boulanger. Paris 1938. (Die aktuellere Ausgabe Cicéron, Discours, Tome XII, Pour L. Flaccus. Texte établi et traduit par André Boulanger, cinquième tirage revu, corrigé et augmenté par Philippe Moreau. Paris 1989 war mir nicht zugänglich.)

M. Tulli Ciceronis scripta quae manserunt omnia Fasc. 2: Rhetorici libri duo qui vocantur de inventione. Recognovit Eduardus Stroebel. Leipzig 1915. Ndr. Stuttgart 1977.

M. Tulli Ciceronis scripta quae manserunt omnia Fasc. 16: Orationes de lege agraria. Oratio pro C. Rabirio perduellionis reo. Edidit Václav Marek. Leipzig 1983.

M. Tulli Ciceronis scripta quae manserunt omnia Fasc. 18: Oratio pro L. Murena. Recognovit Helmut Kasten. Leipzig 1932. Ndr. 1972.

Martin van den Bruwaene (Hg.), Cicéron De natura deorum. 4 Bde. Brüssel 1970–1986.

M. Tulli Ciceronis De officiis. Recognovit brevique adnotatione critica instruxit Michael Winterbottom. Oxford 1994.

M. Tulli Ciceronis. Orationes. Recognovit brevique adnotatione critica instruxit Albertus Curtis Clark. Vol. 3 et 5 recognovit Gulielmus Peterson. 6 Bde. Oxford 1905–18.

M. Tulli Ciceronis scripta quae manserunt omnia Fasc. 5: Orator. Edidit Rolf Westman. Leipzig 1980.

M. Tulli Ciceronis scripta quae manserunt omnia Fasc. 3. De Oratore. Edidit Kazimierz F. Kumaniecki. Leipzig 1969.

M. Tulli Ciceronis scripta quae manserunt omnia Fasc. 28: In M. Antonium Orationes Philippicae XIV. Edidit Paulus Fedeli. Leipzig ²1986.

M. Tulli Ciceronis scripta quae manserunt omnia Fasc. 24: Oratio de provinciis consularibus. Oratio pro L. Cornelio Balbo. Edidit Tadeusz Maslowski. Opus editoris morte interruptum praefatione instruxit M. D. Reeve. Berlin 2007.

M. Tulli Ciceronis scripta quae manserunt omnia Fasc 7: Oratio pro P. Quinctio. Edidit Michael D. Reeve. Stuttgart, Leipzig 1992.

M. Tulli Ciceronis scripta quae manserunt omnia Fasc. 25: Orationes pro Cn. Plancio, pro C. Rabirio postumo. Recognovit Elżbieta Olechowska. Leipzig 1981.

M. Tulli Ciceronis De re publica, De legibus, Cato maior de senectute, Laelius de amicitia. Recognovit brevique adnotatione critica instruxit Jonathan G. F. Powell. Oxford 2006.

M. Tulli Ciceronis scripta quae manserunt omnia Fasc. 8: Oratio pro Sex. Roscio Amerino. Post Alfredum Klotz recognovit Helmut Kasten. Leipzig 1968.

M. Tulli Ciceronis scripta quae manserunt omnia Fasc. 22: Oratio pro P. Sestio. Edidit Tadeusz Maslowski. Leipzig 1986.

M. Tulli Ciceronis Tusculanae Disputationes. Edidit Michelangelo Giusta. Turin 1984. – Da diese Ausgabe schwierig verfügbar ist, kann man auch auf die Teubneriana von Pohlenz zurückgreifen:

M. Tulli Ciceronis scripta quae manserunt omnia Fasc. 44: Tusculanae disputationes. Recognovit Max Pohlenz. Leipzig 1918. Ndr. Stuttgart 1967.

M. Tulli Ciceronis scripta quae manserunt omnia Fasc. 13: In C. Verrem actionis secundae libri IV–V. Iterum recognovit Alfredus Klotz. Leipzig 1949.

Cornelii Nepotis Vitae cum fragmentis. Edidit Peter K. Marshall. Stuttgart 1977.

T. Macci Plauti Comoediae. Recognovit brevique adnotatione critica instruxit Wallace Martin Lindsay. 2 Bde. Oxford ²1910.

C. Plini Secundi Naturalis historia. Post Ludovici Iani obitum recognovit et scripturae discrepantia adiecta edidit Carolus Mayhoff. 6 Bde. Leipzig 1906–1909. Ndr. Stuttgart Bd. 1–5: 1967, Bd. 6: 1970.

C. Sallusti Crispi Catilina, Iugurtha, Historiarum fragmenta selecta, Appendix Sallustiana. Recognovit brevique adnotatione critica instruxit Leighton D. Reynolds. Oxford 1991.

L. Annaei Senecae Dialogorum libri XII. Recensuit Leighton Durham Reynolds. Oxford 1977.

C. Suetonius Tranquillus. Opera, vol. 1: De vita Caesarum libri VIII. Recensuit Maximilian Ihm. Leipzig 1933. Ndr. München 2003.

P. Cornelii Taciti libri qui supersunt. Tom. 1: Ab excessu divi Augusti. Edidit Henricus Heubner. Stuttgart 1994.

M. Terenti Varronis De linguae Latina quae supersunt. Accedunt grammaticorum Varronis librorum fragmenta. Recensuerunt Georgius Goetz et Fridericus Schoell. Leipzig 1910.

Übersetzungen

Übersetzungen wurden bevorzugt dem *Rubenbauer-Hofmann-Heine* und *Neuen Menge* entnommen, aus denen auch die dazugehörigen Beispielsätze stammen, und dann erst den unten aufgeführten Werken. Waren diese so frei, dass das fragliche grammatische Phänomen nicht mehr erkennbar war, wurden sie angepasst oder eine eigene Übersetzung angefertigt. Alle fremden Übersetzungen wurden auf die neue Rechtschreibung umgestellt, sofern erforderlich.

C. Julius Caesar. Der Bürgerkrieg. Lateinisch – deutsch ed. Georg Dorminger. München ⁵1979.

C. Iulius Caesar. Der Bürgerkrieg. Lateinisch – deutsch ed. Otto Schönberger. München 1984.

C. Iulius Caesar. Der Gallische Krieg. Lateinisch – deutsch. Herausgegeben von Otto Schönberger. München 1990.

Cicero, Marcus Tullius: Sämtliche Reden. Eingeleitet, übersetzt und erläutert von Manfred Fuhrmann. Ausgabe in sieben Bänden. Zürich 1970–82.

Marcus Tullius Cicero. Brutus. Lateinisch-deutsch ed. Bernhard Kytzler. München 1970.

Marcus Tullius Cicero. Cato der Ältere Über das Alter. Laelius Über die Freundschaft. Lateinisch – deutsch. Herausgegeben von Max Faltner. Mit einer Einführung und einem Register von Gerhard Fink. München ³1993.

Marcus Tullius Cicero. Atticus-Briefe. Lateinisch-deutsch. Ed. Helmut Kasten. München ²1976.

Marcus Tullius Cicero. Über die Wahrsagung. Lateinisch – Deutsch. Herausgegeben, übersetzt und erläutert von Christoph Schäublin. 3., überarb. Aufl. Berlin 2013.

Marcus Tullius Cicero. De finibus bonorum et malorum. Das höchste Gut und das schlimmste Übel. Lateinisch und deutsch herausgegeben von Alexander Kabza. München 1960.

M. Tullius Cicero. De inventione Über die Auffindung des Stoffes. De optimo genere oratorum Über die beste Gattung von Rednern. Lateinisch – deutsch. Herausgegeben und übersetzt von Theodor Nüßlein. Düsseldorf 1998.

M. Tullius Cicero. De legibus Paradoxa Stoicorum. Über die Gesetze Stoische Paradoxien. Lateinisch und deutsch. Herausgegeben, übersetzt und erläutert von Rainer Nickel. München 1994.

Marcus Tullius Cicero. Vom Wesen der Götter. Lateinisch – deutsch. Herausgegeben, übersetzt und kommentiert von Olof Gigon und Laila Straume-Zimmermann. Zürich 1996.

Marcus Tullius Cicero. Vom rechten Handeln. Lateinisch und deutsch. Herausgegeben und übersetzt von Karl Büchner. Zürich 1994.

Marcus Tullius Cicero. De officiis. Vom pflichtgemäßen Handeln. Lateinisch – Deutsch. Herausgegeben und übersetzt von Rainer Nickel. München 2008.

Marcus Tullius Cicero. Orator. Lateinisch – deutsch. ed. Bernhard Kytzler. München 1975.

Marcus Tullius Cicero. De oratore – Über den Redner. Lateinisch – Deutsch. Herausgegeben und übersetzt von Theodor Nüßlein. Düsseldorf 2007.

Marcus Tullius Cicero. Der Staat. De re publica. Lateinisch – Deutsch. Herausgegeben und übersetzt von Rainer Nickel. Mannheim 2010.

Marcus Tullius Cicero. Gespräche in Tusculum. Tusculanae disputationes. Lateinisch – deutsch. Mit ausführlichen Anmerkungen neu herausgegeben von Olof Gigon. Darmstadt [7]1998.

Horaz Sämtliche Werke. Lateinisch und deutsch. Oden und Epoden. Hg. v. Hans Färber. München 1957.

Cornelius Nepos. Berühmte Männer. Lateinisch – Deutsch. Herausgegeben und übersetzt von Michaela Pfeiffer unter Mitarbeit von Rainer Nickel. Düsseldorf 2006.

Sallust Werke. Lateinisch und deutsch von Werner Eisenhut und Josef Lindauer. Zürich [2]1994.

Seneca. Schriften zur Ethik. Die kleinen Dialoge. Lateinisch – Deutsch. Herausgegeben und übersetzt von Gerhard Fink. Düsseldorf 2008.

Grammatik

Wissenschaftliche Grammatiken

Hofmann, Johann Baptist; Szantyr, Anton (Bearb.): Lateinische Syntax und Stilistik. Mit dem allgemeinen Teil der Lateinischen Grammatik. Ndr. der 1965 erschienenen, 1972 verbesserten Aufl. HdA II 2,2, München 1997. (= HS) – Weiterer zeitlicher Horizont als im KS, von den Anfängen des Lateinischen bis zu den romanischen Sprachen. Dadurch nicht so ausführlich bei den klassischen Prosaikern. Trotzdem bisweilen eine wertvolle Ergänzung zum KS.

Kühner, Raphael: Ausführliche Grammatik der lateinischen Sprache. Band 1: Elementar-, Formen- und Wortlehre. Neubearbeitet von Friedrich Holzweißig. Hannover 1912. (= KHW)[1] – Bietet die umfassendste Dokumentation des lateinischen Formenbestands. Sprachwissenschaftlich veraltet.

Kühner, Raphael; Stegmann, Carl: Ausführliche Grammatik der lateinischen Sprache. Satzlehre. Ndr. d. 2., neubearbeiteten Aufl., Hannover 1912, mit den Zusätzen und Berichtigungen zur 3. Aufl. sowie den Berichtigungen zur 4. Aufl. 1962 und zur 5. Aufl. 1976 von Andreas Thierfelder. 2 Bde. Darmstadt 1992. (= KS) – Ausführlichste Dokumentation der lateinischen Syntax von 200 v. Chr. bis 200 n. Chr., einschließlich der klassischen Prosaiker. Dadurch die höchste Autorität für alle syntaktischen Fragen und Zweifelsfälle der lateinischen Stilübungen.

Lerngrammatiken für die Übersetzung ins Lateinische

Menge, Hermann: Lehrbuch der lateinischen Syntax und Stilistik. Unveränderter reprografischer Nachdruck der 11. Aufl. 1953, bearbeitet von Andreas Thierfelder. Darmstadt [19]1990. (= AM) – Eine Anleitung zum Lateinschreiben, die möglichst breite Ausdrucksmöglichkeiten vermittelt (vgl. den Anhang *Einige Regeln für die Abfassung lateinischer Aufsätze* [S. 391–401]), auch für moderne Sachverhalte, und deshalb auch auf den Sprachgebrauch nachklassischer Autoren zurückgreift (Livius, Tacitus). Stark normativ. Lateinisches ist in Antiqua, Deutsches in Fraktur gesetzt. Trotzdem ist der erste Teil mit seinen Übungssätzen zur Übersetzung ins Lateinische und v. a. den nachdrücklichen Fragen zur lateinischen Grammatik (S. 1–122), die für Sachverhalte und Details sensibilisieren, durchaus noch wertvoll.

*Menge, Hermann, Lehrbuch der lateinischen Syntax und Semantik. Völlig neu bearbeitet von Thorsten Burkard, Friedrich Maier und Markus Schauer. Darmstadt [5]2012. (= NM) – Rein induktive Beschreibung des Sprachgebrauchs der klassischen Prosaiker Cäsar und Cicero. Bei allen Beispielsätzen sind die Belegstellen angegeben. Durch den deskriptiven Ansatz wird das Bild vielfältiger, die Orientierung und Normierung bisweilen erschwert. Trotzdem ein unentbehrliches Handwerkszeug für die Stilkurse und eine unverzichtbare Vertiefung des RH. Enthält wie der alte Menge keine Formenlehre.

*Rubenbauer, Hans; Johann Baptist Hofmann: Lateinische Grammatik, neu bearbeitet von Rolf Heine.

Bamberg, München ¹²1995. (= RH) – Vermittelt die unentbehrlichen Grundzüge der Formen- und Satzlehre. Vademecum für die Stilübungen.

Anleitungen für den lateinischen Stil
Nägelsbach, Carl Friedrich von: Lateinische Stilistik für Deutsche. Nürnberg: Geiger ⁹1905.² Ndr. Darmstadt: Wissenschaftliche Buchgesellschaft 1980. – Ist nach Art einer komparativen bzw. kontrastiven Syntax aufgebaut und hat die idiomatischen Unterschiede im Satzbau zwischen Deutsch und Latein zum Gegenstand. Dadurch ist der Nägelsbach eine wertvolle Ergänzung und Vertiefung zu den Lerngrammatiken für den lateinischen Stil.

Krebs, Johann Philipp: Antibarbarus der lateinischen Sprache. Nebst einem kurzen Abriss der Geschichte der lateinischen Sprache und Vorbemerkung über reine Latinität. 2 Bde. Basel: Schwabe ⁷1905 = Darmstadt: Wissenschaftliche Buchgesellschaft ⁸1962. – Alphabetisch angeordnetes Lexikon, das Auskunft über die klassische Latinität von Wörtern und deren Formen, Bedeutungen, Konstruktionen und idiomatische Wendungen gibt. Oft hilfreich, um falsche Freunde mit den modernen Sprachen zu vermeiden, deren lateinische Ausdrücke entweder dem Vulgärlatein (so bei den romanischen Sprachen Frz., Ital., Span.) oder dem scholastischen Mittellatein entstammen.

Lexik

Wortschatzarbeit
*Grund- und Aufbauwortschatz Latein. Bearbeitet von Ernst Habenstein, Eberhard Hermes, Herbert Zimmermann. Neubearbeitung von Eberhard Hermes. Stuttgart: Ernst Klett ²2007, 2012 mit CD-ROM. (= AWS) – Diese Wortkunde ist dadurch lerntechnisch wertvoll, dass sie einen alphabetischen Grundwortschatz und einen nach Sachgruppen gegliederten Aufbauwortschatz umfasst. Es bietet sich an, den Grundwortschatz für die Grammatik- und Syntaxübungen zu lernen. Für Cäsar (Kriegswesen, räumliche Orientierung usw.) und Cicero (Seelenleben, Politik, soziale Interaktion usw.) kann man sich dann auf thematisch relevante Kapitel konzentrieren. In diesem Arbeitsbuch wurden bei den Aufgabenstellungen der deutschen Texte Kapitel angegeben, die sinnvollerweise vor der Übersetzung gelernt werden, weil sie thematisch zu dem betreffenden Ausschnitt aus Cäsar und Cicero passen.
Vischer, Rüdiger: Lateinische Wortkunde für Anfänger und Fortgeschrittene. Berlin: de Gruyter ⁴2007. – Wegen des rein alphabetischen Aufbaus und der umfangreichen Berücksichtigung dichterischer Ausdrücke für die Wortschatzarbeit der Stilübungen nicht empfehlenswert.

Synonymik und Phraseologie
Es empfiehlt sich nicht, Synonymik oder Phraseologien stur auswendig zu lernen. Diese Mühe sollte man besser auf das Einprägen der wichtigsten grammatischen Regeln verwenden, die Zeit auf die Lektüre der Originale, die rückübersetzt werden, um sein Sprachgefühl zu verbessern. Die Synonymik lernt man am besten während der Stilhausaufgaben, indem man dort die deutschen Wörter nachschlägt, für welche die deutsch-lateinischen Wörterbücher mehrere lateinische Entsprechungen angeben. Für die Phraseologie liefert der Grund- und Aufbauwortschatz Latein einen sehr soliden und ausführlichen Grundstock. Systematisch zusammengefasst findet man einen solchen in den nach Sachgebieten geordneten Phraseologien am Ende der Bände 4 von Ostermanns Übungsbuch (s. u. Übungstexte). Man sollte mit dem Verzeichnis am Ende von Teilband 4.1 (S. 302–324) beginnen und dann für Wiederholung und Vertiefung zu demjenigen des Teilbandes 4.2 fortschreiten (S. 270–297), das ausführlicher ist.

Menge, Hermann: Lateinische Synonymik. Heidelberg: Winter ⁷1988. (= MSyn) – Hilfreich, um Wörter, deren Wiedergabe im Deutschen ähnlich ist (z. B. *femina, uxor, mulier* ›(Ehe-)Frau‹, lateinische Ausdrücke für ›töten‹), semantisch und stilistisch voneinander abzugrenzen.
Meissner, Carl; Meckelnborg, Christina (Bearb.): Lateinische Phraseologie. Darmstadt: Wissenschaftliche Buchgesellschaft ⁶2015. (= MM) – Wie Burkard und Schauer führt Meckelnborg das Werk ihres Vorgängers Meissner konsequent auf den Sprachgebrauch Cäsars und Ciceros zurück. Nach Sachgruppen gegliedert. Mit lateinischem und deutschem Wortregister. Gibt im Gegensatz zu Schönberger die lateinischen Quantitäten an und kennzeichnet besonders wichtige Phrasen.
Schönberger, Otto: Lateinische Phraseologie. Heidelberg: Winter ³1963 = ⁶2011. – Nach Sachgruppen

gegliedert. »Die lateinischen Wendungen sind in der Hauptsache selbstverständlich der klassischen Latinität entnommen, allerdings ohne Engherzigkeit.« (Vorwort) Hat nur ein deutsches Wortregister. Aus diesen beiden Gründen ist der Meissner / Meckelnborg vorzuziehen.

Autorenlexika

Merguet, Hugo: Handlexikon zu Cicero. Leipzig: Dieterich 1905–06. Ndr. Hildesheim: Olms 1962. 2. Ndr. Darmstadt: Wissenschaftliche Buchgesellschaft 1997. – Nützlich, um zu überprüfen, ob Ausdrücke klassisch-ciceronianisch sind, da die Belegstellen durchgehend angegeben werden.

Merguet, Hugo: Lexikon zu den Schriften Caesars und seiner Fortsetzer. Mit Angabe sämtlicher Stellen. Jena: Fischer 1886. Ndr. Hildesheim: Olms 1966.

Schümann, Bernd F.: Caesars Wortschatz. Vollständiges Lexikon zu den Schriften bellum Gallicum, bellum civile, bellum Africanum, bellum Alexandrinum, bellum Hispaniense sowie den Fragmenten. Hamburg ⁷1987. – Alphabetische Auflistung. Dadurch dass auch unklassische Schriften von Cäsars Nachfolgern aufgenommen wurden, ist dieses Lexikon nur bedingt hilfreich, um zu überprüfen, ob ein Ausdruck Cäsars Sprachgebrauch entspricht (dafür s. den vorangehenden Titel von Merguet). Da Stildozenten gewöhnlich entlegene Wörter angeben, ist es nicht ratsam, die Wörter dieses Buches komplett zu lernen. Diese Mühe sollte man besser auf das Einprägen der relevanten syntaktischen Regeln verwenden.

Wörterbücher

Deutsch-Latein

Georges, Karl Ernst: Deutsch-lateinisches Handwörterbuch. 2 Bde. Leipzig: Hahn ⁷1882. – Ausführlichere Version des folgenden Wörterbuchs. Bietet manchmal Belegstellen. Mangels Nachdrucken schwer verfügbar.

Georges, Karl Ernst: Kleines deutsch-lateinisches Wörterbuch. 7., verbesserte und vermehrte Aufl. von Heinrich Georges. Hannover 1910. Ndr. Darmstadt 1991. – Ausführlichere Einträge als im Güthling.

Güthling, Otto: Langenscheidts Großwörterbuch Lateinisch. Teil II deutsch-lateinisch. Berlin ¹⁷1996. – Mehr Einträge als im kleinen Georges, aber weniger als im großen. Güthling kennzeichnet anders als Georges poetische Wörter. Die Wortauswahl beider Wörterbücher ist darauf ausgerichtet, beliebige, auch moderne Sachverhalte im Lateinischen auszudrücken. In beiden ist Deutsches in Fraktur gesetzt.

Heinichen, Friedrich Adolf: Deutsch-Lateinisches Schulwörterbuch. Mit synonymischen und stilistischen, insbesondere antibarbaristischen Bemerkungen. 6. verb. Aufl. neubearbeitet von Carl Wagener. Leipzig: Teubner 1909. – Ausführlichere Einträge als im Güthling, oft bessere Hinweise zu Nuancen deutscher und lateinischer Wörter. Kennzeichnet nichtbelegte Ausdrücke, allerdings nicht so systematisch wie Güthling, der mehr Einträge hat. Kann aufs Ganze gesehen gut statt oder neben dem Güthling benutzt werden, auch dank eines angenehmeren Druckbildes.

Lateinisch-Deutsch

Georges, Karl Ernst: Der Neue Georges. Ausführliches lateinisch-deutsches Handwörterbuch. Hg. von Thomas Baier, bearbeitet von Tobias Dänzer. Mit einem neuen Vorwort von Thomas Baier. 2 Bde. Darmstadt 2013. – Die deutschen Ausdrücke wurden statt in Fraktur wie im alten Georges in Antiqua gesetzt. Beide Versionen geben vielfach nur an, bei welchem Schriftsteller ein Ausdruck überliefert ist. Will man sich allerdings vergewissern, ob sich ein Ausdruck nicht in den unklassischen oder unechten Schriften Cäsars oder Ciceros findet, wird man auf den folgenden Titel zurückgreifen, der auch die Textstellen seiner Belege angibt.

Oxford Latin Dictionary. Hg. von P.(eter) G.(eoffrey) W.(illiam) Glare. Oxford ²2012. (= OLD) – Gegenwärtig das beste zweisprachige lateinische Lexikon.

Übungstexte

Zu jedem grammatischen Kapitel bietet der Alte Menge Übungssätze mit Lösungsvorschlägen. Im Neuen Menge sind sie am Schluss zusammengefasst (S. 905–940).[3]

Fingerle, Anton: Lateinische Stilübungen. München 1965. – Kleines Büchlein (123 S.), das gegenüber dem Maurach als Fortschritt gilt.[4] Es bietet Auszüge aus Texten von modernen Altertumswissenschaftlern und deren unkommentierte Übersetzung ins Lateinische.

Menge, Hermann: Materialien zur Erlernung und Wiederholung der lateinischen Grammatik. Für Schule und Selbstunterricht. Durchgesehen und überarbeitet von E. Krause. Wolfenbüttel [6]1914. Ndr. Darmstadt 1974. – Der erste Teil bietet in Fraktur deutsche Übungssätze zu den verschiedenen grammatischen Kapiteln, der zweite in Antiqua die lateinischen Übersetzungen. Etliche Sätze stimmen mit den Übungssätzen des alten Menge überein.

Maurach, Gregor: Lateinische Stilübungen. Darmstadt [1]1997, [4]2015. – Bietet als Aufgaben keine Rückübersetzungen lateinischer Originale, sondern deutsch verfasste Ausgangstexte der wissenschaftlichen Sekundärliteratur. Nicht zu empfehlen.

Christian Ostermanns Lateinisches Übungsbuch. Mehrere Bände. Übungstexte in Anlehnung an lateinische Originale. Verschiedene Neuauflagen besorgt von H.J. Müller. Leipzig: Teubner 1903 ff. – Umfangreichste lateinische Übungsmaterialien, deren Bände einen ähnlichen Aufbau haben (Einzelsätze zur Wiederholung der Syntax, zusammenhängende Texte, teils Rückübersetzungen oder eng an Cäsar und Cicero (aber auch Livius) angelehnt, Phraseologie) und auf die Klassen eines humanistischen Gymnasiums zugeschnitten sind (sie decken das gesamte Spektrum von der Sexta bis zur Oberprima ab). Der Schwierigkeitsgrad nimmt entsprechend zu. Deutsches in Fraktur. Nur antike oder zeitlose Thematik. Die Einzelsätze gruppieren sich oft zu kleinen inhaltlich zusammenhängenden Abschnitten. Besonders wertvoll ist Teilband 4.1 durch Stücke in Anlehnung an Cäsars Gallischen Krieg (S. 1–74), zahlreiche Einzelsätze, welche die wichtigsten grammatischen Themen abdecken (S. 77–224), und eine knappe Phraseologie (S. 302–324). Der Ostermann empfiehlt sich als Vertiefung und Fortsetzung zum Weber / Walz.

Schönberger, Otto: Übungsbuch des lateinischen Stils. Heidelberg 1953. – Bietet die Aufgabenstellung auf der linken und eine lateinische Übersetzung auf der rechten Seite. Keine Erläuterungen. Die Aufgaben haben eine antike Thematik, entstammen aber nicht lateinischen Schriftstellern, sondern sind selbstverfasst oder modernen Schriftstellern entnommen. Nicht zu empfehlen.

Weber, Richard, Josef Walz: Wiederholungssätze zur Einübung der lateinischen Grammatik. 2 Bde. Karlsruhe [4]1951 = [5]1956. – Der erste Band bietet zu den einzelnen grammatischen Kapiteln Einzelsätze zur Übersetzung ins Lateinische, denen ein kurzer Überblick über die wichtigsten grammatischen Phänomene dieses Kapitels vorausgeht, der zweite Band Lösungsvorschläge. Die Sätze sind oft kurz, variieren bisweilen leicht, um ein grammatisches Phänomen in allen Facetten zu beleuchten. Dadurch wird ein guter (Ein-)Übungseffekt erzielt. Die Thematik der Sätze ist überwiegend antik, entstammt manchmal der damaligen Alltags- und Gedankenwelt. Durchgehend in Antiqua gesetzt. Insgesamt immer noch ein sehr empfehlenswertes Übungsbuch für den Selbstunterricht.

Sonstiges

Sommer, Ferdinand: Vergleichende Syntax der Schulsprachen (Deutsch, Englisch, Französisch, Griechisch, Lateinisch). Mit besonderer Berücksichtigung des Deutschen. Leipzig ³1931 = Darmstadt ⁴1959, ⁵1971. – Dieses schmale Bändchen von 126 Seiten vernetzt und kontrastiert die syntaktischen Erscheinungen des Lateinischen mit anderen Sprachen, die den Stillernenden vertraut sind, und vergleicht dabei vielfach nicht nur die Befunde der Einzelsprachen, sondern erhellt ihr sprachgeschichtliches Verhältnis. Diese komparatistischen und historisch-vergleichenden Gesichtspunkte, die im Rahmen dieses Arbeitsbuches nur sporadisch aufgezeigt werden konnten, leisten durch ihre Vernetzung eine wichtige Lernhilfe für den lateinischen Stilunterricht.

---

[1] Kann unter https://archive.org/details/ausfhrliche gra01khuoft legal und kostenfrei heruntergeladen werden.

[2] Kostenloser, legaler Download einer älteren Auflage unter https://archive.org/details/karlfriedrichvo01mlgoog.

[3] Ausführlichere Übungssätze, die Cäsar und Cicero entnommen sind, und ihre Lösungen finden sich unter http://menge.net/mengeframe1.html.

[4] Rolf Heine, Rezension zu Gregor Maurach, Lateinische Stilübungen. Darmstadt 1997. In: Göttinger Forum für Altertumswissenschaft (GFA) 1 (1998) 1020–34, h. 1020 (https://gfa.gbv.de/dr,gfa,001,1998,r,03.pdf).

Grammatische Hintergrundblätter

Hintergrund: Ablativus qualitatis vs. Genetivus qualitatis

Zum Unterschied zwischen Ablativus qualitatis (NM § 289) und Genetivus qualitatis (NM § 373), für eine Synopse s. NM § 374:

1. Genetivus qualitatis (der Beschaffenheit):
- Der Genetivus qualitatis gibt wie der Ablativus qualitatis die Beschaffenheit oder Eigenschaft eines Gegenstandes an. Das Substantiv im Genetivus qualitatis muss durch ein adjektivisches Attribut näher bestimmt sein: *vir magni ingenii* ›ein Mann von großer Intelligenz‹
- Fast nur in Verbindung mit den Quantitätsadjektiven *magnus, summus, tantus, multus, maximus*, Zahlangaben und Pronomina: *plurimarum palmarum gladiator* (Cic. S. Rosc. 17) ›ein Gladiator, der zahlreiche Siege errungen hat‹ (meine Übers.)
- Bei Quantitätsbestimmungen des Maßes, der Zahl, der Zeit, des Wertes, des Ranges, des Standes, des Ranges und der Art, vor allem wenn das Attribut ein Zahlwort ist: *fossa duodeviginti pedum* (Caes. Gall. 2,5,6)
- Bei den Substantiven *modus* und *genus*, wenn sie das die Eigenschaft bezeichnende Substantiv sind: *huius generis hostis* (Caes. Gall. 5,16,1)
- Bei *res*, wenn es das regierende Substantiv ist: *magni periculi res* (Caes. Gall. 5,49,6)

2. Ablativus qualitatis:
- Der Ablativus qualitatis kann nicht nur durch ein adjektivisches Attribut, sondern auch durch ein Genetivattribut oder ein präpositionales Attribut ergänzt werden.
- Bei Eigenschaften, die sich auf Körperteile und äußere Erscheinungen beziehen: *Britanni […] capillo sunt promisso atque omni parte corporis rasa* (Caes. Gall. 5,14,3) ›[Die] Britannier […] tragen langes Haar, rasieren sich aber sonst am ganzen Körper.‹ (Übers. Schönberger 207)
- Bei zufälligen und vorübergehenden Gemütsstimmungen und Eigenschaften, vor allem bei *animo*: *eumque cognovisse paratissimo animo* (Cic. Phil. 13,13)
- Wenn etwas hinsichtlich seines äußeren Kennzeichens (Aussehen, Farbe, Gestalt, Größe) mit etwas anderem verglichen wird. In diesem Fall wird der Ablativus qualitatis durch einen Genetiv näher bestimmt: *vicus oppidi magnitudine* (Caes. civ. 3,112,3)
- Adjektiv der dritten Deklination + Substantiv: *Iste […] est incredibili importunitate et audacia.* (Cic. Verr. 2,2,74) ›Er ist von unglaublicher Rücksichtslosigkeit und Dreistigkeit.‹ (meine Übers.)

Hintergrund: Zeiträume

Das Lateinische kennt zwei Möglichkeiten, um Zeiträume auszudrücken:

1) Ein Zeitraum, um den ein Ereignis früher oder später eintritt, wird mit dem **Ablativus mensurae +** *post / ante* angegeben. *post* und *ante* werden hier noch als Adverbien gebraucht, was an ihrer üblichen Stellung nach dem Ablativus mensurae erkennbar ist, bei Cicero stehen sie auch zwischen seinen Gliedern (*Tusc.* 1,71 *paucis ante diebus* und *de orat.* 2,276 *paucis post diebus*). Nur vereinzelt werden statt *ante* und *post* die reinen Adverbien *antea, prius* und *postea* gesetzt (KS I S. 403 f., NM § 380,3).

Nach KS I S. 406 und nachfolgend NM § 380,3 ist *ante* + Akk. klassisch »selten«, *post* + Akk. dagegen »häufiger«.[1] *ante* + Akk. ist klassisch sogar nur ein einziges Mal, nämlich bei Cic. *Tusc.* 1,4 *(aliquot ante annos cum in epulis recusaret lyram)* belegt (KS I S. 406). Zudem schafft hier der folgende *cum*-Satz eine besondere Situation. Eine solche liegt auch bei manchen Cicero-Beispielen für *post* + Akk. vor, die KS und NM beibringen (*Tusc.* 1,114 *post eius diei diem tertium, Verr.* 2,2,38 *Iste [...] eam diem constituit ut hanc Heraclii dicam sortiri post dies triginta ex lege posset* ›Verres [...] legte den neuen Termin so, dass er die Richer für den Prozess des Heraclius nach Ablauf der gesetzmäßigen Frist von dreißig Tagen losen konnte.‹ [Übers. Fuhrmann, Bd. 3, 205 f.]). In den meisten Fällen gibt *post* + Akk. innerhalb einer Abfolge von Geschehnissen den bloßen Zeitpunkt an, an dem ein Ereignis nach einem anderen eintritt, und heißt schlicht ›nach Ablauf von XY‹ (Cic. *Quinct.* 41 *post biennium,* 82 *post dies triginta, S. Rosc.* 128 *aliquot post menses, ac.* 2,4 & *Sest.* 48 *post aliquot annos, div.* 1,51 *post triennium*). Der Ablativ + *post* hebt dagegen auf die gesamte Zeitspanne ab (*Cluent.* 182 *post triennium* vs. *triennio post*). Im Falle des einzigen von NM angeführten Cäsar-Beispiels (*Gall.* 7,50,6 *post paulum*) wurde nicht diese Überlieferung, sondern eine Konjektur *(post paulo)* von dem Herausgeber der Teubneriana W. Hering in den Text gesetzt. Der Ablativ + *ante / post* ist also klassisch der Regelfall, der immer möglich ist. Aus lernökonomischen Gründen empfiehlt es sich daher, sich auf diese Wiedergabemöglichkeit zu konzentrieren.

Der Akkusativ wird klassisch nur dann regelmäßig gesetzt, wenn er das Ereignis angibt, von dem aus der zeitliche Abstand bestimmt wird, und steht dann zusammen mit dem Ablativ (Cic. *Lael.* 3 *paucis diebus post mortem Africani,* Caes. *Gall.* 4,36,3 *paulo post mediam noctem*). In Verbindung mit *quam* ›um so viele XY später / früher als‹ steht nur der Ablativus mensurae (Cic. *de orat.* 2,154 *[Numa Pompilius] annis ante permultis fuit quam ipse Pythagoras* ›Numa Pompilius [...] lebte sehr viele Jahre vor Pythagoras selbst‹ [Übers. Nüßlein 201]).

2) Konkrete Zahlenangaben zu Zeiträumen werden überwiegend mit dem Ablativus mensurae gemacht. Dabei werden Ordinal- oder Kardinalzahlen gebraucht (Cic. *Lael.* 42 *viginti annis ante,* Cato 10 *quintoque anno post*). Es können auch besondere **Substantive** für Zahl + Jahr / Tag verwendet werden, die einen Zeitraum von x Tagen oder Jahren bezeichnen: *biduum, triduum, quadriduum; biennium, triennium, quadriennium: biduo / triduo* (selten: *quadriduo*) *ante / post* etc. *biduo / triduo* (selten: *quadriduo*) *ante / post* sollte der Konstruktion *duobus / tribus diebus ante / post* vorgezogen werden, wenn der Zeitraum als geschlossene Einheit angesehen wird.

Die Substantive für Zeiträume werden besonders gerne zur Angabe eines vorausgehenden oder folgenden Zeitraums (innerhalb welcher Zeitspanne?) verwendet *(biduo).* *hoc* kann hinzutreten, wenn der Ausgangszeitpunkt in der Gegenwart des Sprechers liegt. *illo* kann bei einem Ausgangszeitpunkt in der Vergangenheit des Sprechers ergänzt werden, *eo,* wenn der Ausgangspunkt sich auf das geschilderte Geschehen bezieht (vgl. den Hintergrund *Deixis*). Fehlt der Ausgangspunkt, wird der Zeitraum, innerhalb dessen ein Geschehen angesiedelt wird, mit dem Ablativ + Kardinalzahl angegeben: *triginta annis* ›innerhalb von 30 Jahren‹ (KS I S. 356 f.)

N.B.: Die Anmerkungen zu den Hochzahlen des Kapitels *Grammatische Hintergrundblätter* finden sich auf Seite 45.

Hintergrund: Ortsangaben

Paragrafen: RH § 122, § 141, § 154, NM § 358, § 364, § 389, KS I S. 475–87

Übersicht:

	Städte, kleinere Inseln	Länder, große Inseln	Stadt, kleine Insel mit Apposition	Stadt, kleine Insel, Apposition und Attribut
	Ohne Präposition	Mit Präposition	Präposition, Zusatz, Ortsname (wie Länder u. große Inseln)	Ortsname ohne Präp., Apposition und Attribut mit Präp. (wie Kombination Städte + Länder)
Ort	Abl. (außer a-/o-Dekl. im Sg.: Lokativ = Gen. Sg.) *Carthagine, Athenis; Romae, Corinthi*	*in* + Abl. *versari in Creta*	*in* + Abl., kein Lokativ *in oppido Citio*	Abl./Lok., *in* + Abl. *Neapoli, (in) celeberrimo oppido*
Richtung	Akk. *Romam, Delphos, Delum proficisci*	*in* + Akk. *in Britanniam*	*in* + Akk. *in oppidum Cibystra*	Akk., *in* + Akk. *Tarquinios, in urbem Etruriae florentissimam*
Herkunft	Abl. *Roma, Thebis, Delo proficisci*	*ex* + Abl. *ex Sardinia*	*ex* + Abl. *ex oppido Gergovia*	Abl., *ex* + Abl. *Tusculo, ex clarissimo municipio*

Städte und kleine Inseln sowie die Appellativa *domus* und *rus* stehen ohne Präposition, Länder und große Inseln mit Präposition. Präpositionen treten zu Städten, kleinen Inseln und *domus* nur dann, wenn sie durch Appositionen und Attribute ergänzt werden. Dies gilt nicht, wenn die Adjektivattribute ein fester Bestandteil des Namens sind. In diesem Fall behält die Stadt die Konstruktion bei, die sie ohne Attribut hätte, und das Attribut kongruiert mit ihr (KS II S. 479).

> *Teano Apulo atque Luceria equites Romanos [...] laudatores videtis.* (Cic. *Cluent.* 197)
> ›Aus dem apulischen Teanum und Luceria seht ihr römische Ritter [...] als Anerkennungszeugen.‹ (Übers. Fuhrmann, Bd. 2,113)

Städtename mit einem Landschaftsnamen als Apposition

Weit schwieriger ist der Fall, wenn ein Städte- oder Inselname durch einen weiteren lokalen Eigennamen ergänzt wird, der meist die größere geografische Einheit angibt, zu der Stadt oder Insel gehören, und nicht selten der Unterscheidung von Städten desselben Namens dient, z. B. *Neustadt an der Weinstraße* oder *Perth in Schottland / in Australien*. Im Griechischen ist hier der sog. Genetivus chorographicus gebräuchlich (πρὸς τὸ Κήναιον τῆς Εὐβοίας, Th. 3,93,1).[2] Zumindest für die lateinischen Richtungs- und Herkunftsangaben (die Ortsangaben werden nicht spezifiziert) bieten RH die Regel, dass die zweite Richtungs- und Herkunftsangabe wie die erste konstruiert wird und nicht wie im Deutschen als eine unveränderliche Apposition hinzutritt. Doch die Beispiele bei RH sind sämtlich ohne Beleg aus der lateinischen Literatur (RH § 122: *Corinthum in Graeciam venire*; RH § 141: *Arimino ex Umbria* ›aus Ariminum in Umbrien‹) und das einzige Beispiel, das der NM für diese Regel bietet (NM § 358,5), ist nicht einschlägig, weil die erste Richtungsangabe kein Eigenname ist.

> *Caesar [...] in hiberna in Sequanos exercitum deduxit.* (Caes. *Gall.* 1,54,2)
> ›Cäsar [...] führte das Heer ins Winterlager im Gebiet der Sequaner.‹ (Übers. nach NM)

Die klassische Sprache bietet zwei Möglichkeiten, um diesen Sachverhalt auszudrücken:

1. Ein Adjektivattribut tritt zum Ortsnamen:
   Cum Teanum Sidicinum venissem, etc. (Cic. *Att.* 8,11 D 2) ›Als ich nach Teanum im Gebiet der (oskischen) Sidiciner kam.‹ (meine Übers.) (weitere Beispiele s. o.)

2. Die Gegend tritt als Genetivattribut zu *oppidum, urbs* etc., das entsprechend den Regeln für Appositionen mit Attribut die Orts-, Richtungs- und Herkunftsangabe ergänzt:
   Vercingetorix [...] inde profectus Gorgobinam, Boiorum oppidum, [...] oppugnare instituit. (Caes. *Gall.* 7,9,6)

(Das Fehlen der Präposition *in* vor *Boiorum oppidum* lässt sich hier auch durch den Bezug als Akkusativobjekt zu *oppugnare instituit* erklären.)

> *quod a Bibracte, oppido Haeduorum longe maximo et copiosissimo, [...] aberat etc.* (Caes. Gall. 1,23,1)
> ›da er von Bibracte, der weitaus größten und reichsten Stadt der Häduer, entfernt war usw.‹ (Übers. nach Schönberger 35)

> *Demaratu[s] [...] fugisse [...] dicitur ac se contulisse Tarquinios, in urbem Etruriae florentissimam.* (Cic. rep. 2,34)
> ›Demaratos [...] soll [....] geflohen sein und sich nach Tarquinii, in die mächtigste etruskische Stadt, begeben haben.‹ (Übers. Nickel 179)

I. Der Akkusativ als Zielkasus (RH § 122, NM § 358)
Der Akkusativ steht als Zielkasus auf die Frage ›wohin?‹ nach den Verben der Bewegung.

a) Ortsname ohne Präposition
Die Namen von Städten und kleineren Inseln stehen ohne Präposition:
> *Romam, Delphos, Delum proficisci* ›nach Rom, nach Delphi, nach Delos aufbrechen‹

TIPP: Zu den kleineren Inseln gehören v. a. diejenigen, deren Namen mit dem des jeweiligen Hauptortes übereinstimmen.

Auch die Akkusative *domum* und *rus* stehen ohne Präposition.

b) Ortsname mit Präposition
Bei Ländern und größeren Inseln (z. B. *Sardinia, Britannia, Creta, Euboea*) steht *in* + Akkusativ: *in Britanniam profugisse* (Caes. Gall. 2,14,4)
→ *Cyprus* wird uneinheitlich konstruiert: *M. Cato [...] Cyprum relegatur.* (Cic. dom. 65) ›Cato [...] wird nach Zypern verbannt.‹ (meine Übers.) oder *misi in Cyprum* (Cic. Att. 5,21,6)

c) Präposition zur Angabe der näheren Umgebung
Ebenso steht eine Präposition, wenn das Ziel nicht die Stadt selbst, sondern die nähere Umgebung ist. In diesem Fall wird die Präposition *ad* verwandt:
> *[Caesar] ad Genavam pervenit.* (Caes. Gall. 1,7,1)
> ›Cäsar gelangte in die Nähe von Genf.‹ (Übers. NM)

Auch Häfen können in dieser Hinsicht der näheren Umgebung zugerechnet werden:

> *ne [...] fugitivi ad Messanam transire possent.* (Cic. Verr. 2,5,5)
> ›damit die entflohenen Sklaven nicht in den Hafen von Messina übersetzen konnten.‹ (Übers. nach NM)

Ad steht auch, wenn eine Ausdehnung, eine Richtung bis zu einem bestimmten Punkt bezeichnet werden soll:
> *[Pompeius] ut cum suis copiis iret ad Mutinam.* (Cic. Phil. 13,13)
> ›um mit seinen Truppen nach Mutina zu marschieren.‹ (Übers. nach NM)

> *Tres viae sunt ad Mutinam.* (Cic. Phil. 12,22)
> ›Es gibt drei Wege nach / Richtung Mutina.‹ (Übers. NM)

d) Ortsname und Apposition:
α) Eine allein stehende Apposition tritt vor den Ortsnamen, wobei die Präposition *in* zwingend hinzutritt:
> *Tum a me discessit in oppidum Cibystra.* (Cic. fam. 15,2,5)
> ›Dann schied er von mir und begab sich in die Stadt Cibystra.‹ (meine Übers.)

β) Eine mit einem Attribut versehene Apposition tritt hinter den Ortsnamen. Die Präposition *in* tritt für gewöhnlich hinzu:
> *Demaratu[s] [...] fugisse [...] dicitur ac se contulisse Tarquinios, in urbem Etruriae florentissimam.* (Cic. rep. 2,34)

e) *domum*
bei *domum* + Attribut, das den Besitzer angibt, entfällt die Präposition *in*:
> *domum nostram, suam, patris*
> aber: *in domum veterem*

II. Der Ablativ des örtlichen Ausgangspunktes (RH § 141, NM § 364)
Der Ablativ des örtlichen Ausgangspunktes steht auf die Frage ›woher?‹ nach den Verben der Bewegung. Er entspringt der separativen Funktion des Ablativs.

a) Ortsname ohne Präposition
Die Namen von Städten und kleineren Inseln sowie *domus* und *rus* (hier *domo* und *rure*) stehen ohne Präposition:
> *Roma, Thebis, Delo proficisci* ›von Rom, von Theben, von Delos aufbrechen‹

b) Ortsname mit Präposition
Bei Ländern und größeren Inseln (z. B. *Sardinia, Britannia, Creta, Euboea*) steht *ex* + Ablativ:
> *M. Cotta [...] ex Sardinia in Africam profugit.* (Caes. civ. 1,30,3)
> *[...] ex Italia Galliaque veniebant.* (Caes. civ. 1,48,4)

c) Präposition zur Angabe der näheren Umgebung
Ebenso steht eine Präposition, wenn der Ausgangspunkt nicht die Stadt selbst, sondern die nähere Umgebung ist. In diesem Fall wird die Präposition *a / ab* verwandt:
> *Libo discessit a Brundisio.* (Caes. civ. 3,24,4)
> ›Libo verließ den Hafen von Brundisi.‹ (meine Übers.)

d) Ortsname und Apposition
α) Eine allein stehende Apposition tritt mitsamt der Präposition *ex* vor den Ortsnamen:
> *Vercingetorix [...] expellitur ex oppido Gergovia.* (Caes. Gall. 7,4,2)

β) Eine Apposition, die mit einem Attribut ergänzt wird, tritt mitsamt der Präposition *ex* hinter den Ortsnamen:
> *Tusculo, ex clarissimo municipio* (Cic. Font. 41)
> ›aus der sehr berühmten Stadt Tusculum‹ (Übers. nach RH)

e) *domus* und *rus*
für *domus* und *rus* im Ablativ des örtlichen Ausgangspunktes gelten die Regeln aus I.e), die Präposition ist ggf. *ex*.
> *ex domo vetere abire*
> *domo mea, tua, patris abire*

III. Der Ablativ des Ortes (RH § 154, NM § 389)
Der Ablativ des Ortes (Ablativus loci) steht auf die Frage ›wo?‹.

a) Ortsname ohne Präposition
Die Namen von Städten und kleineren Inseln stehen ohne Präposition:
> *Carthagine* ›in Karthago‹
> *Athenis* ›in Athen‹
> *Delphis* ›in Delphi‹

Singularia der 1. und 2. Deklination bewahren die alten Lokativformen, die wie der Genetiv aussehen:
> *Romae* ›in Rom‹
> *Corinthi* ›in Korinth‹
> *Rhodi* ›auf Rhodos‹ (Caes. civ. 3,102,7)

Die urspr. idg. Lokativendung auf *-i* ist bei *domi* ›zu Hause‹, *ruri* ›auf dem Land‹ und *humi* ›auf dem Boden‹ erhalten. Der Lokativ steht auch in den festen Wendungen *domi militiaeque* und *belli domique* sowie wenn *domus* durch ein Attribut ergänzt wird, das den Besitzer angibt.
> *domi nostrae, domi Caesaris* ›in unserem, Cäsars Haus‹
> aber: *in illa domo* ›in jenem Haus‹

Die Lokativendung ist auch in den Zeitangaben *luci* ›tags‹, *vesperi* ›abends‹ und *noctu* ›nachts‹ bewahrt. Für alle drei gibt es Alternativformen im Ablativus temporis *(luce, vespere, nocte)*.

b) Ortsname mit Präposition
Bei Ländern und größeren Inseln (z. B. *Sardinia, Britannia, Creta, Euboea*) steht die Präposition *in*:
> *in Creta* ›auf Kreta‹ (Cic. Planc. 27, 61, 85)

c) Präposition zur Angabe der näheren Umgebung
Ebenso steht eine Präposition, wenn der Ausgangspunkt nicht die Stadt selbst, sondern die nähere Umgebung ist. Dies ist oft bei Orten von Schlachten der Fall:
> *pugna a(pu)d Cannas facta* ›die Schlacht bei Cannae‹

d) Ortsname und Apposition:
α) Eine allein stehende Apposition tritt mitsamt einer Präposition vor den Ortsnamen:
> *in ipsa Alexandria* ›in Alexandria selbst‹ (Cic. Att. 11,16,1)
> *In oppido Citio est mortuus.* (Nep. Cim. 3,4) ›Er starb in der Stadt Citium.‹ (meine Übers.)

β) Eine Apposition, die mit einem Attribut erweitert ist, tritt für gewöhnlich mitsamt der Präposition hinter den Ortsnamen. Der Ortsname wird so konstruiert, als ob er allein stünde:
> *Neapoli, in celeberrimo oppido* (Cic. Rab. Post. 26)
> ›in der äußerst berühmten Stadt Neapel‹ (meine Übers.)
> *Tusculi [...], salubri et propinquo loco* (Cic. rep. 1,1)
> ›in Tusculum, einem gesunden und ganz in der Nähe liegenden Ort‹ (Übers. Nickel 57)

e) Keine Präposition
Keine Präposition steht für gewöhnlich
α) bei *locus* in Verbindung mit einem Attribut.
Folgende idiomatische Ausdrücke sind gebräuchlich:
> *loco salubri* ›in gesunder Lage‹
> *loco idoneo* ›an passender Stelle‹

Hintergrund: Ortsangaben | 27

multis locis ›an vielen Stellen‹
meliore loco esse ›in besserer Lage sein‹
loco alicuius ›an js. Stelle‹
(in) loco, suo loco ›zur rechten Zeit‹

β) bei *totus* in Verbindung mit Ortsangaben:
tota (in) urbe ›in der ganzen Stadt‹
toto orbe terrarum ›auf der ganzen Erde‹

f) Merke als idiomatische Ausdrücke:
α) *domi militiaeque belli domique* ›in Krieg und Frieden‹
aber: *in bello* ›im Krieg‹
in pace ›im Frieden‹
β) *terra marique* ›zu Lande und zu Wasser‹
aber: *in terra* ›auf dem Lande‹
in mari ›auf dem Wasser‹

Hintergrund: Deixis (Demonstrativpronomina)

Paragrafen: RH §§ 195–8, NM §§ 68–77

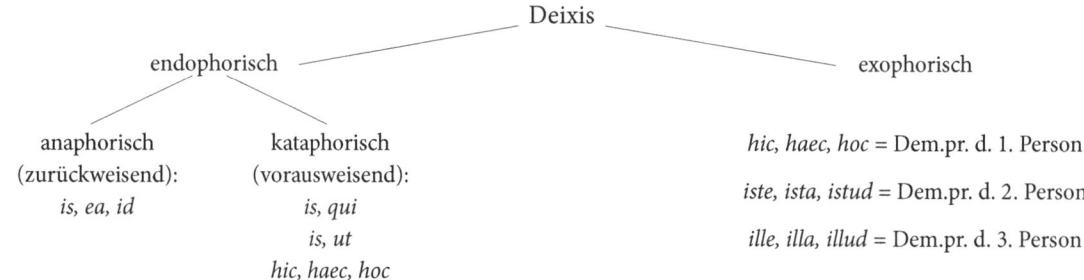

Exophorisch steht für einen Bezug außerhalb der sprachlichen Äußerung, **endophorisch** innerhalb der sprachlichen Äußerung.

Exophorisch verweist ein sprachliches Zeichen auf einen Gegenstand, wenn der von ihm bezeichnete Gegenstand nur dann identifiziert werden kann, wenn der Adressat die außersprachliche Situation, in der das Zeichen geäußert wird, mit heranzieht. Ein sicheres Indiz für das Vorliegen einer exophorischen Deixis ist dann gegeben, wenn man mit dem Finger auf die gemeinte Person zeigen und »Der da!« sagen könnte. Die Exophorese orientiert sich an Sprecher, Adressat und Gegenstand und entspricht damit der Perspektive der Personalpronomina.

Endophorisch verweist ein sprachliches Zeichen auf einen Gegenstand, wenn der von ihm bezeichnete Gegenstand ohne Rückgriff auf die außersprachliche Situation identifiziert werden kann, indem der Hörer Vor- und Nachtext der sprachlichen Äußerung, in der das Zeichen vorkommt, mit heranzieht. Dabei verweist **anaphorisch** auf etwas bereits Erwähntes, **kataphorisch** deutet auf etwas Folgendes hin.

Bei adjektivischem Gebrauch können *hic, ille* und *iste* ohne ana- oder kataphorischen Bezug in exophorischer Verwendung stehen. *Hic* entspricht dabei der Perspektive der 1. Pers. (was in der Nähe des Sprechers ist: *hoc anno*), *iste* derjenigen der 2. (was in der Nähe des Angeredeten ist) und *ille* derjenigen der dritten (was weder in der Nähe des Sprechers noch des Angeredeten, also fern ist: *Socrates ille*). Dagegen »benötigt *is* immer ein Bezugswort, auf das es ana- oder kataphorisch verweist. *is* kann also nicht exophorisch verwendet werden« (NM § 68,4). Sein Gebrauch ist mithin ausschließlich endophorisch.

Das kataphorische *hic* und *ille* (meist im Neutrum) bezeichnet das in der Rede Folgende (KS I S. 624 f.). *is, ea, id* wird anaphorisch verwendet. Eine Ausnahme ist die präparativ-kataphorische Verwendung von *is, ea, id,* bei der es »(a) auf ein Relativum (*is, qui* ›derjenige, der‹) oder (b) auf einen Konsekutivsatz« (*is, ut* ›ein solcher, dass‹) vorausweist (NM § 75,2).

Endophorisch steht *hic* für das Näherstehende, *ille* für das Fernerstehende. Dabei ist die exophorische Perspektive der endophorischen übergeordnet: *Cave Catoni anteponas ne istum quidem ipsum* [sc. *Socratem*] [...]; *huius* [sc. *Catonis*] *facta, illius* [sc. *Socratis*] *dicta laudantur.* (Cic. *Lael.* 10) ›Ich möchte dir raten, dem Cato nicht einmal den Mann vorzuziehen [...]. Von ihm rühmt man nämlich Taten, von jenem aber nur das, was er gesagt hat.‹ (Übers. Faltner 119) D. h. Cato ist zwar als Erster genannt worden und müsste deshalb endophorisch mit *ille* bezeichnet werden, steht dem Sprecher Cicero aber als Römer näher.

Hintergrund: Wiedergabe deutscher *dass*-Sätze im Lateinischen

Jede Sprache hat andere syntaktische Möglichkeiten, um eine Verbalhandlung von einer anderen abhängig zu machen. Die indogermanischen Sprachen arbeiten hierbei mit Konjunktionalsätzen unterschiedlicher Modusgebung (Indikativ, Konjunktiv oder Optativ) sowie infiniten Verbalkonstruktionen. Die Verteilung dieser Ausdrucksmittel variiert von Sprache zu Sprache beträchtlich. Das Deutsche kennt in dieser Funktion einen breiten Gebrauch von zumeist indikativischen Konjunktionalsätzen mit *dass*. Ihnen steht im Lateinischen eine Fülle von Wiedergabemöglichkeiten gegenüber. Für deutschsprachige Lateinschreiber erwachsen hieraus etliche Schwierigkeiten, doch ist die richtige lateinische Konstruktion fast immer durch den Typus des übergeordneten Verbs und seine Bedeutung vorgegeben und daher eine reine Lernsache. Entsprechend ist die folgende Übersicht aufgebaut und ordnet die unpersönlichen Ausdrücke, deren Konstruktion sich meist an diejenige inhaltlich verwandter persönlicher anschließt, unter diesen ein.

Das Deutsche unterscheidet sich vom Lateinischen in diesem Grammatikkapitel so stark, weil es hier das Gepräge sowohl einer modernen als auch einer germanischen Sprache aufweist. Das Griechische steht dem Lateinischen hier viel näher und unterscheidet sich nur durch eine größere syntaktische Geschmeidigkeit. Auch andere moderne Sprachen, insbesondere natürlich die romanischen Tochtersprachen, weichen nicht so stark vom Lateinischen ab. Germanisch ist die Distanz zur Hypotaxe und die Vorliebe zur Parataxe, die sich – wie im Englischen – in der Wahl einer einheitlichen Konjunktion mit indikativischer Zeitfolge *(dass, that)* zeigt und in deren Fortfall gipfelt (s. Verba dicendi und sentiendi), den andere Sprachen nicht kennen. Unterschiedliche Konjunktionen nach den objektiven Verben des Wahrnehmens, Wissens und Mitteilens und den subjektiven Verben des Wünschens und Bittens kennen wie das Lateinische und Griechische die Balkansprachen und etliche slawische Sprachen. Der Konjunktiv, der im Deutschen und im Englischen stark eingeschränkt ist, hat als Ausdruck der Subjektivität einen festen Platz im Romanischen und Slawischen. In diesen Sprachen sind **unpersönliche modale Ausdrücke** wie lat. *oportet, necesse est* etc. weit geläufiger (frz. *il faut*, ital. *bisogna*, span. *hay que* ›es ist nötig‹). Beim Einsatz der infiniten Verbalkonstruktionen verläuft dagegen die Trennlinie klar zwischen den alten und den modernen Sprachen. Die alten Sprachen gebrauchen oft den AcI, wo die modernen mit einem Konjunktionalsatz arbeiten. Umgekehrt setzen die modernen Sprachen bei Subjektsgleichheit zwischen über- und untergeordnetem Satz gerne einen Infinitiv, während die alten Sprachen denselben Konjunktionalsatz wie bei verschiedenen Subjekten verwenden. Im Deutschen kann nur die finale Bedeutung durch ein zusätzliches Wort ausgedrückt werden (›um zu‹), in den romanischen Sprachen auch die temporale (frz. *avant de, après avoir*) und kausale (frz. *pour avoir*).

Verba dicendi und sentiendi

Verben des Sagens und Meinens (Verba dicendi) sowie der sinnlichen und geistigen Wahrnehmung (Verba sentiendi) stehen mit AcI.

Omnia superioris noctis consilia ad me perlata esse sentiunt. (Cic. *Catil.* 2,6)
›Sie merken, dass man mich über alle Entschlüsse der vorletzten Nacht unterrichtet hat.‹ (Übers. nach Fuhrmann, Bd. 2,247)

Der AcI steht auch bei unpersönlichen Ausdrücken, die Urteile *(me fallit / praeterit, opinio / spes est)* oder Feststellungen *(constat, apparet, apertum est)* enthalten (RH § 168,3).

Perspicuum est natura nos a dolore abhorrere. (Cic. *fin.* 3,62)
›Es versteht sich, dass wir von Natur aus vor Schmerz zurückschrecken.‹ (meine Übers.)

Anm.: Infinite Verbalformen wie der Infinitiv, Partizipien, Supina und *nd*-Formen (= Gerundialia) geben wie Nomina weder Person noch Modus an, können aber wie finite Verbformen durch Objekte und oft auch Adverbien bestimmt werden. Dass sie oft ein Zeitverhältnis und ein Genus verbi angeben, verbindet sie mit den finiten Verbformen (KS I S. 662 f.). Sie haben also sowohl an den Eigenschaften der Verben wie der Nomina Anteil und heißen daher Partizipialien. Mit ihnen gebildete Konstruktionen wie PC, Abl. abs., AcP, (erweiterter) Infinitiv, NcI und auch der AcI (aber auch Supin- und Gerundialkonstruktionen) werden als unechte Gliedsätze bezeichnet, da sie »im Gegensatz zu den echten Gliedsätzen« (*ut*, faktisches *quod*, et al.) »weder von einer Konjunktion eingeleitet werden noch über ein finites Verb verfügen« (NM S. 662).

In sämtlichen AcI-Konstruktionen – nicht nur in den von Verba dicendi und sentiendi abhängigen – entspricht der lateinische Subjektsakkusativ dem Subjektsnominativ des deutschen *dass*-Satzes. Der Subjektsakkusativ muss auch bei demselben Subjekt wie im übergeordneten Satz gesetzt werden:

Nunc vero [...] hoc me profiteor suscepisse magnum fortasse onus et mihi periculosum. (Cic. *Verr.* 1,35) ›Nunmehr erkläre ich öffentlich: ich habe diese Last auf mich genommen, eine womöglich große und für mich gefährliche Last.‹ (Übers. Fuhrmann, Bd. 3,91)

Ausnahmen im Lateinischen sind *velle, nolle, malle, cupere, studere* (RH § 169) sowie *desiderare* (NM § 482,1), die bei ungleichem Subjekt wie im übergeordneten Satz mit AcI erweitert werden, aber bei gleichem mit Inf.: *Poetae nonne post mortem nobilitari volunt?* (Cic. *Tusc.* 1,34). ›Wollen nicht auch die Dichter nach ihrem Tod berühmt werden?‹ (Übers. Gigon 37) Das Prädikatsnomen kongruiert in diesem Fall mit dem Subjekt und steht im Nominativ: *Volo et esse et haberi gratus.* (Cic. *fin.* 2,72) ›Ich will dankbar sein und dafür gelten.‹ (Übers. Kabza 143)

Ferner entfällt der Subjektsakkusativ in manchen unpersönlichen Redewendungen, wenn sie etwas Allgemeines zum Ausdruck bringen, z. B. *Oportet legibus obtemperare*, wo ein Akk. *omnes* o. Ä. nach *oportet* hinzugefügt werden könnte.

N.B.: Im Deutschen kann (wie im Englischen *that* nach beliebigen Verben, z. B. I know he's coming) das einleitende *dass* nach Verben des Sagens entfallen, ohne dass dies irgendetwas an der geforderten Wiedergabe im Lateinischen ändert. *Constituit Scapulis se [nummos] daturum* (Cic. *Quinct.* 18) ließe sich nicht nur als *dass*-Satz ›Er sagte zu, dass er den Scapulae das Geld zahlen werde‹, sondern auch ›Er sagte zu, er werde den Scapulae das Geld zahlen‹ übersetzen (so NM § 478,2a).

NcI und AcP nach Verba sentiendi

Bei manchen Verba dicendi und sentiendi (*dicor, negor, putor, existimor, nuntior, iudicor, audior, reperior*, vollständige Liste in KS I S. 705) sowie den Verba iudicialia *arguor, damnor, defendor, liberor* wird der NcI zwingend nur bei den nicht zusammengesetzten Formen des Präsensstammes verwendet.

Epaminondas [...] fidibus praeclare cecinisse dicitur. ›Epaminondas [...] soll ganz vorzüglich die Leier gespielt haben‹ oder mit *dass*-Satz ›Man berichtet, dass Epaminondas [...] ganz vorzüglich die Leier gespielt habe‹.

Bei den zusammengesetzten Passivformen des Perfektstammes steht entweder der AcI (*traditum est etiam Homerum caecum fuisse* [Cic. *Tusc.* 5,114]) oder auch der NcI (*Itaque et Spurius Cassius et Marcus Manlius et Spurius Maelius regnum occupare voluisse dicti sunt.* [Cic. *rep.* 2,49] ›Deshalb hieß es, dass Spurius Cassius, Marcus Manlius und Spurius Maelius die Königsherrschaft in Besitz nehmen wollten.‹ [Übers. Nickel 195]) (NM § 491). Bei historischen Verben wie *tradere* ›überliefern‹ und *ferre* ›berichten‹ wird der NcI nur für die 3. Person Präsens verwendet (RH § 172,3). Daneben steht unpersönliches *ferunt* und *tradunt* + AcI (KS I S. 692).

Außerdem steht der NcI bei *videri* und den Verben des Veranlassens und Verhinderns in allen Tempora und Personen (*iubeor, vetor, prohibeor, cogor, et al.*).

Senatus [...] sententiam dicere vetabatur. (Cic. *dom.* 69)

Nach den Verba sentiendi steht der AcP, wenn der Zustand an dem wahrgenommenen Objekt betont werden soll (dt. ›wie‹).

Dic, hospes, Spartae nos te hic vidisse iacentes. (Cic. *Tusc.* 1,101)
›Wanderer, kommst du nach Sparta, verkündige dorten, du habest uns hier liegen gesehn.‹ (Schiller)

Der AcI hebt dagegen auf die Tatsache, die Handlung ab (NM § 484, KS I S. 703 f.).

Alterum sedere in accusatorum subselliis video. (Cic. *S. Rosc.* 17)
›Den einen sehe ich auf der Anklägerbank sitzen.‹ (Übers. Fuhrmann, Bd. 1,115)

Dativus cum Infinitivo

Der Dativus cum Infinitivo (= DcI) ist die einzige Konstruktion der Verba impersonalia, die sich nicht auch bei persönlichen Ausdrücken findet.

Ein Dativus cum Infinitivo liegt im eigentlichen Sinne nur dann vor, wenn das Prädikatsnomen und Prädikativum des Infinitivs mit dem Dativ des übergeordneten unpersönlichen Ausdrucks kongruieren. Klassisch ist dies bei *licet* zwingend, wenn der Dativ bei diesem unpersönlichen Ausdruck steht.

Licuit esse otioso Themistocli. (Cic. *Tusc.* 1,33)
›Themistokles hätte in Ruhe leben können.‹ (Übers. Gigon 37)

Fehlt der Dativ beim unpersönlichen Ausdruck, stehen Prädikatsnomen und Prädikativum wie sonst im AcI im Akkusativ (NM § 486,1c).

Haec praescripta servantem licet magnifice [...] vivere. (Cic. *off.* 1,92)
›Wenn man diese Vorschriften beachtet, kann (man) sehr gut [...] leben.‹ (Übers. NM)

Die übrigen Ausdrücke, die NM § 486 als vermeintliche Beispiele für einen DcI anführt (*necesse est, statis est, mihi persuasum est*, etc.), sind in Wirklichkeit unpersönliche Ausdrücke, die einen Dativ bei sich haben und durch einen (erweiterten) Infinitiv ergänzt werden. Lediglich *necesse est* weist dadurch eine lernenswerte Besonderheit auf, dass alternativ ein AcI stehen kann und der Dativ + erweitertem Inf. die Person betont, für die eine Notwendigkeit besteht.

Anm.: *Oportet legibus obtemperare* (s. o. Verba dicendi und sentiendi) ist kein DcI, da der Dativ von dem Infinitiv und nicht von dem übergeordneten unpersönlichen Ausdruck abhängig ist.

Verben des Hoffens, Versprechens, Gelobens, Schwörens und Drohens
NM § 479,3, KS I S. 689 f.

a) Nach Verben des Hoffens, Versprechens, Gelobens, Schwörens und Drohens (*sperare, desperare, polliceri, promittere, min(it)ari, iurare*) steht – anders als im Deutschen – der AcI mit futurischem Infinitiv, wenn die Ausführung der Handlung in der Zukunft liegt.

Spero multa vos liberosque vestros in re publica bona esse visuros. (Cic. Mil. 78)
›Ich hoffe, dass ihr und eure Kinder in unserem Staatswesen noch viel Gutes zu sehen bekommt.‹ (Übers. Fuhrmann, Bd. 4,365)

Das Passiv wird mit dem Supinum I + *iri* ausgedrückt. Anders als beim Infinitiv Futur Aktiv und dem Infinitiv Perfekt Passiv ist das Verbalnomen also unveränderlich und kongruiert nicht mit dem Subjekt.

Has [sc. *litteras*] *tibi redditum iri putabam prius.* (Cic. Att. 7,1,1)
›Ich glaubte, du würdest diesen Brief früher erhalten.‹ (meine Übers.)

Um die unschöne Doppelung von ›werden‹ zu vermeiden, empfiehlt es sich, das lateinische Futur Passiv im Deutschen mit Präsens zu übersetzen (hier ›übergeben würde‹) oder den Satz (wie hier geschehen) ins Aktiv umzuwandeln.

Die Nachzeitigkeit wird bei modalen Verbalformen (*posse, velle, nolle, malle, debere* + Inf. Präs., *esse* + *nd*-Form) nicht eigens ausgedrückt, da ihre Bedeutung auf die Zukunft zielt (KS I S. 689). Diese Wendungen können umgekehrt als Ersatz für einen fehlenden Infinitiv Futur dienen, wenn sich eine modale Komponente irgendwie rechtfertigen lässt.

Caesar in eam spem venerat se sine pugna et sine vulnere suorum rem conficere posse. (Caes. civ. 1,72,1)
›Cäsar aber hatte die Hoffnung gefasst, ohne Schlacht und ohne Verwundung der Seinen zum Ziel kommen zu können.‹ (Übers. nach Schönberger 85)

N. B.: Selbstverständlich steht der Infinitiv der Nachzeitigkeit auch immer dann im Lateinischen nach jedem beliebigen Verb, das den AcI fordert, wenn das Ereignis in der Zukunft liegt.

b) Nach diesen Verben steht der AcI des Präsens bzw. Perfekts, wenn die Aussage als etwas Gegenwärtiges bzw. etwas Vergangenes dargestellt wird.

Itaque iudicibus reiectis sperabam iam onus meum vobiscum esse commune. (Cic. Verr. 2,1,19)
›Ich hoffte daher nach der Richterablehnung, dass nunmehr ihr alle Last mit mir teilen würdet.‹ (Übers. Fuhrmann, Bd. 3,112)

Non equidem plane despero ista esse vera. (Cic. div. 2,48)
›Ich will ja nicht restlos ausschließen, dass du mit deiner Erklärung dieser Phänomene die Wahrheit triffst.‹ (Übers. Schäublin 179)

Diese Gebrauchsweise ist bei *iurare* nicht selten, da sich dieses Verb als Bekräftigung von Sachverhalten auf die Vergangenheit wie die Gegenwart beziehen kann.

Ti. Gracchus […] iuravit[que] in contione se in gratiam non redisse, sed alienum sibi videri etc. (Cic. prov. 18)
›Tiberius Gracchus […] [beteuerte] vor der Volksversammlung, er habe sich zwar nicht mit ihm ausgesöhnt, er halte es jedoch für unvereinbar usw.‹ (Übers. Fuhrmann, Bd. 6,75)

c) Nach den Verben des Versprechens und Hoffens steht der Inf. Präs., wenn der Sprecher andeuten möchte, dass er sein Versprechen umgehend umsetzen möchte oder dass die Verwirklichung des Erhofften bevorsteht.

Legati veniunt, qui polliceantur obsides dare atque imperio populi Romani obtemperare. (Caes. Gall. 4,21,5)
›Gesandte kamen, die versprachen, Geiseln zu stellen und dem Befehl des römischen Volkes zu gehorchen.‹ (meine Übers.)

Verben der Gemütsregung
und Gefühlsäußerung
KS II S. 277 Anm. 3, NM § 478,2f, § 542, RH § 168,2

Nach Verben der Gemütsregung (Verba affectuum) (›sich freuen, traurig sein‹ usw.) und solchen der Gefühlsäußerung, die einen stark negativen expressiv-emotionalen Gehalt haben wie *criminari, crimini dare* ›anschuldigen‹ oder *(con)queri* ›beklagen‹ (Verba querendi et criminandi), steht ein AcI oder ein *quod*-Satz.

Quem [sc. *Scipionem*] *tamen esse natum et nos gaudemus et haec civitas, dum erit, laetabitur.* (Cic. *Lael.* 14)
›Dass Scipio auf die Welt kam, darüber freuen wir uns aber, und unser Staat wird sich darüber freuen, solang er besteht.‹ (Übers. Faltner 125)

Sane gaudeo, quod te interpellavi. (Cic. *leg.* 3,1)
›Ich freue mich wirklich, dass ich dich unterbrochen habe.‹ (Übers. Nickel 149)

Iniuriam tibi factam quereris.[3] (Cic. *div. in Caec.* 58)
›Du beklagst dich, dass dir Unrecht geschehen ist.‹ (Übers. RH)

Nach den übrigen Verben der Gefühlsäußerung (*laudare, reprehendere, obicere, consolari et al.*) kann dagegen nur ein *quod*-Satz stehen (NM § 542,2).

Utrum reprehendis, quod patronum iuvabat […] an quod alterius patroni mortui voluntatem conservabat [sc. *libertus*] *[…]?* (Cic. *Verr.* 2,1,124)
›Missbilligst du, dass er [der Freigelassene] den Herrn zu unterstützen suchte oder dass er den Willen seines anderen Herrn, des Verstorbenen, achtete, […]?‹ (Übers. Fuhrmann, Bd. 3,164)

Übersicht

	AcI	quod
Verba affectuum	X	X
Verba querendi et criminandi	X	X
Verben der Gefühlsäußerung		X

Im *quod*-Satz kann nach den Verba affectuum der oblique Konjunktiv eintreten, wenn betont werden soll, dass es sich hierbei um die subjektive Sicht eines Sprechenden handelt.

Laudat Africanum Panaetius, quod fuerit abstinens. (Cic. *off.* 2,76)
›Panaitios lobte Africanus, weil er beherrscht gewesen sei.‹ (Übers. Büchner 207)

Ein Pronomen, das sich auf das Subjekt des übergeordneten Satzes bezieht, ist wegen der innerlichen Abhängigkeit immer das Reflexivum (RH S. 228).

Faktisches *quod*
Faktisches *quod* steht:

1) nach Sätzen, die eine Tatsache ausdrücken und deren Bewertung erkennen lassen (*gratum facere* ›einen Gefallen tun‹), meist durch ein Adverb (*bene/male facere* ›gut/schlecht daran tun‹, *bene/male/commode/opportune accidit/evenit/fit*) (RH § 249,1). Dieser Gebrauch schließt sich eng an die Verben der Gefühlsregung und der Gefühlsäußerung an. Fehlt die Bewertung, steht nach denselben unpersönlichen Verben, die ein Geschehen ausdrücken, ein *ut*-Satz (s. Konsekutivsätze).

›*Bene facis*‹, *inquit*, ›*quod me adiuvas […].*‹ (Cic. *fin.* 3,16)
›Du tust gut daran, sagte er, dass du mir hilfst.‹ (meine Übers.)

2) nach Verben des Hinzufügens und Hinzukommens (*addere, adicere, accedere*) sowie des Übergehens (*mittere, praeterire*) (NM § 541,1).

Praetereo, quod […] eam sibi domum sedemque delegit, in qua etc. (Cic. *Cluent.* 188)
›Ich lasse auf sich beruhen, […] dass sie sich also das Haus und den Wohnsitz erwählte, worin usw.‹ (Übers. Fuhrmann, Bd. 2,109)

3) Oft führt *quod* auch ein Substantiv (›der/die/das darin besteht, dass‹) oder ein Demonstrativpronomen im übergeordneten Satz näher aus (RH § 249,2, NM § 541,2). Unser Beispiel verbindet beide Verwendungsweisen:

Me ipse consolor et maxime illo solacio, quod eo errore careo. (Cic. *Lael.* 10)
›Ich tröste mich damit (mit dem Trost, der nämlich in der Tatsache besteht), dass ich von diesem Irrtum frei bin.‹ (Übers. nach RH)

Finalsätze
Finalsätze stehen stets im Konjunktiv. Die einleitende Konjunktion lautet *ut* (verstärkt das archaische *uti*),[4] verneint *nē* oder verstärkt *ut nē* (NM § 524,2). Sie treten in zwei Formen auf:

a) Finale Objekt- und Subjektsätze oder Begehrssätze treten zu einem Verb, das einen Wunsch oder eine Sorge ausdrückt. Sie werden mit ›dass‹ und bei Subjektsgleichheit zwischen übergeordnetem und Nebensatz mit ›zu‹ + Inf. übersetzt.

> *Ille [sc. Verres] [...] litteras ad Siciliae civitates miserit, per quas hortatur et rogat, ut arent, ut serant.* (Cic. Verr. 2,3,44)
> ›[Er] [sc. Verres] sandte [...] Briefe an die sizilischen Gemeinden, sie möchten das Land bestellen, sie möchten aussäen.‹ (Übers. Fuhrmann, Bd. 4,36)

b) Adverbiale Finalsätze oder Absichtssätze drücken einen Sachverhalt aus, der durch die Handlung des übergeordneten Satzes bezweckt wird. Hier lautet die Übersetzung der Konjunktion ›damit‹ und ›um zu‹ + Inf. bei Subjektsgleichheit zwischen übergeordnetem und Nebensatz.

> *Quos Caesar, ut in miseros ac supplices usus misericordia videretur, diligentissime conservavit.* (Caes. Gall. 2,28,3)
> ›Cäsar ließ ihnen volle Schonung angedeihen, damit man sehen sollte, dass er Mitleid mit den Unglücklichen und Bittflehenden gehabt habe.‹ (Übers. nach Schönberger 107)

Zur Koordination doppelter finaler *ut*-Sätze (NM § 525):

1) positiv – negativ: *ut ... neve / ut ... neque*
> *Suadebit tibi, ut hinc discedas neque mihi verbum ullum respondeas.* (Cic. div. in Caec. 52)
> ›Er [wird] dir raten, von hier zu verschwinden und mir kein Wort zu erwidern.‹ (Übers. Fuhrmann, Bd. 3,64)

2) negativ – negativ: *ne ... neve / ne aut ... aut / ut neque ... neque / ne ... ne*
> *Sanxit [...], qui post eos censores census esset, ne quis heredem virginem neve mulierem faceret.* (Cic. Verr. 2,1,107)
> ›Er verfügte, dass jemand, der sich nach dem Amtsjahr dieser Zensoren habe schätzen lassen, weder ein unverheiratetes Mädchen noch eine Ehefrau zur Erbin einsetzen dürfe.‹ (Übers. NM)

3) negativ – positiv: *ne...et ut / ne...atque ut / ne... ut / ne...-que*
> *Cum Mario et Carbone Sulla [sc. dicebat], ne dominarentur indigni et ut clarissimorum hominum necem puniretur.* (Cic. Phil. 8,7)
> ›Mit Marius und Carbo [rang] Sulla, der die Tyrannei Unwürdiger beseitigen und den grausamen Mord an den angesehensten Männern bestrafen wollte.‹ (Übers. Fuhrmann, Bd. 7,303 f.)

Konsekutivsätze

Konsekutivsätze werden mit *ut* + Konjunktiv ›so dass‹ eingeleitet und drücken eine Folge aus. Die Verneinung lautet *ut non* (oder *ut nemo / nihil* usw.). Oft steht im übergeordneten Satz ein Wort, das im Deutschen mit ›so‹ wiedergegeben wird (*ita, sic, adeo, tam, talis, tantus*).

> *Adeone me delirare censes, ut ista esse credam?* (Cic. Tusc. 1,10)
> ›Hältst du mich für so verrückt, dass ich solche Sachen glaube?‹ (Übers. Gigon 15)

Pseudokonsekutives (NM § 536) *ut* steht nach unpersönlichen Verben, die ein Geschehen (*fit, evenit*), einen Sachverhalt (*est* ›es ist der Fall‹), eine Folge (*sequitur*), einen Rest (*reliquum est, restat*), eine Gewohnheit oder Gelegenheit (*consuetudo, moris, mos, locus, tempus, occasio*) ausdrücken (RH § 237,2).

> *Fieri autem potest, ut recte quis sentiat et id, quod sentit, polite eloqui non possit.* (Cic. Tusc. 1,6)
> ›Es kann gewiss vorkommen, dass einer richtige Ansichten hat, aber diese Ansichten nicht elegant zu formulieren versteht.‹ (Übers. Gigon 11)

Ferner steht ein *ut*-Satz explikativ nach Sätzen mit unpersönlichen Verben, in denen ein Demonstrativpronomen auf den *ut*-Satz vorverweist (RH § 238):

> *Illud mea magni interest, te ut videam.* (Cic. Att. 11,22,2)
> ›Es ist für mich sehr wichtig, dich zu sehen.‹ (Übers. RH) oder ›... dass ich dich sehe.‹

Verba timendi

In den Nebensätzen, die von Verba timendi abhängen, ist die Verteilung der Negation und der einleitenden Konjunktion gegenüber dem finalen und konsekutiven *ut*-Satz vertauscht. *Nē* bedeutet also in ihnen ›dass‹ und *nē nōn* bzw. *ut* ›dass nicht‹. Diese Vertauschung liegt daran, dass der Sprecher den Inhalt des Nebensatzes innerlich ablehnt. Auch im Deutschen lässt sich ›ich fürchte, dass usw.‹ zu ›ich möchte nicht, dass usw.‹ bzw. ›ich hätte gerne, dass nicht usw.‹ umformen. Im Französischen steht nach Verben des Fürchtens sogar nicht nur der Konjunktiv, sondern auch eine zusätzliche Negation (sog. *ne explétif*) im dass-Satz (*je crains qu'il ne vienne.* ›Ich fürchte, er kommt.‹).

> *Timeo, ne venias.* (›... dass ...‹)
> *Timeo, ne non / ut venias.* (›... dass nicht ...‹)

Verba recusandi und impediendi

In der negativen Einstellung zum Inhalt des Nebensatzes sind die Verba recusandi und impediendi den Verba timendi verwandt. Sie hat sich gegenüber den Verba timendi zu einer Haltung bzw. Bekundung (Verba recusandi) oder einem praktischen Unterbinden (Verba impediendi) verfestigt. Wie nach den Verba timendi stehen deshalb nach den Verba recusandi und impediendi die urspr. verneinten Konjunktionen (beide mit Konjunktiv) *nē* und *quōminus* (eigentl. ›wodurch nicht‹, mit *minus* ›weniger‹ als abgemilderter Negation) im Sinne von ›dass‹.

Histiaeus Milesius, ne res conficeretur, obstitit. (Nep. *Milt.* 3,5)
›Histiaios von Milet [stellte sich] der Durchsetzung dieses Plans entgegen.‹ (Übers. Pfeiffer 19)

Non deterret sapientem mors [...], quominus in omne tempus rei publicae suisque consulat. (Cic. *Tusc.* 1,91)
›Den Weisen schreckt der Tod nicht davon ab, zu jeder Zeit für den Staat und die Seinen zu sorgen.‹ (Übers. nach RH)

Die ursprüngliche negative Bedeutung von *quōminus* ist nach der Wendung *stat per aliquem* ›es liegt an jm. / es ist js. Schuld, dass nicht‹ erhalten.

[...] stetisse per Trebonium, quominus milites oppido potirentur, videbatur. (Caes. *civ.* 2,13,4)
›Es schien an Trebonius gelegen zu haben, dass die Soldaten die Stadt nicht einnahmen.‹ (Übers. RH)

Nach einer Verneinung der übergeordneten Verba recusandi und impediendi steht *quin*.

Quin criminibus [...] respondeam, non recuso. (Cic. *Cael.* 30)
›Ich weigere mich nicht, auf die Beschuldigungen zu antworten.‹ (Übers. RH)

Relativsatz mit Konjunktiv (Nebensinn)

Von den konjunktivischen Relativsätzen lassen sich diejenigen mit konsekutivem (1) und kausalem (2) Nebensinn durch einen *dass*-Satz wiedergeben (RH § 242, NM § 592).

1) *Neque is sum, qui [...] mortis periculo terrear.* (Caes. *Gall.* 5,30,2)
›Aber ich bin nicht von dem Schlage, dass ich mich [...] durch Todesgefahr erschrecken ließe.‹ (Übers. nach RH)

2) *Me caecum, qui haec ante non viderim!* (Cic. *Att.* 10,10,1)
›Ich Blindfisch, der / da / dass ich das nicht eher gesehen habe!‹ (meine Übers.)

Bei den übrigen Kategorien der konjunktivischen Relativsätze (final, konzessiv, adversativ) ist diese Wiedergabe nicht möglich.

Für *quin* ›dass (nicht)‹ s. das folgende Hintergrundblatt.

Hintergrund: *quin*-Sätze

Paragrafen: NM § 530, §§ 538 f., § 554, RH § 221, § 239, § 242,2b, KS II S. 261–269, HS S. 676–79

Herkunft: *quīn* < *quī* (alter Ablativ des Frage- bzw. Relativpronomens) + *ne* ›Wie nicht?‹

I. im Hauptsatz

1) Entsprechend seiner Etymologie diente *quīn* urspr. als Fragepronomen ›**Warum nicht?**‹, meist zur Einleitung einer Aufforderung, so indikativisch *quin tu abis in malam pestem malumque cruciatum?* (Cic. *Phil.* 13,48) ›Warum scherst du dich nicht zum Teufel?‹ ~ ›Scher dich zum Teufel!‹ (Übers. NM § 413,3b) und mit Coniunctivus dubitativus bzw. deliberativus: *quin ego hoc rogem?* ›Warum sollte ich das nicht fragen?‹ (Plaut. *Mil.* 426). Diese Gebrauchsweise galt in klassischer Zeit und später als umgangssprachlich.

2) Am Anfang eines Satzes steht vorklassisch *quin* und klassisch *quin etiam* in der steigernden Bedeutung ›**ja sogar**‹ (RH § 224a, KS II S. 53). Sie hatte sich im lebendigen Dialog mit seinen Auslassungen und schnellen Sprecherwechseln aus dem Fragepronomen entwickelt.

quid, domum vostram? – ita enim vero. – quin, quae dixisti modo, omnia ementitus. (Plaut. *Amph.* 410 f.)
›Warum solltest du nicht alles, was du gerade gesagt hast, erlogen haben? ~ Du hast doch sogar alles, was du gerade gesagt hast, erlogen.‹ (meine Übers.)

II. im Nebensatz

Aus dem Gebrauch als Fragepronomen + Konj. mit einem inhaltlich nahestehenden Satz entwickelte sich die Verwendung im Nebensatz: *Sed nuptias num quae caussa est, hodie quin faciamus?* (Plaut. *Aul.* 261 f.)
›Doch gibt es irgendeinen Grund, nicht (noch) heute

Hochzeit zu feiern?‹ (meine Übers.) Nur die betonende Vorziehung von *nuptias,* das in den *quin*-Satz gehört und den vorangehenden Fragesatz umklammert, ordnet den *quin*-Satz dem Fragesatz unter. Beim syntaktischen Kern dieses Satzgefüges ist die Entscheidung über Bei- oder Unterordnung nur eine Frage der modernen Interpunktion *(num quae caussa est? hodie quin faciamus?).*

Nebensätze mit *quin* stehen stets im Konjunktiv und nach einem verneinten übergeordneten Satz.

Ausnahme: In einem verneinten Kausalsatz steht *non quin* ›nicht weil nicht, nicht als ob nicht‹ auch nach einem positiven übergeordneten Satz (RH § 251, NM § 583, KS II S. 385). In derselben Funktion wie *non quin* können auch *non quo non* oder *non quod non* (meist + Konj.) stehen (RH § 251, KS II S. 385).

Idem non modo consulem esse dico [sc. C. Pansam] *sed memoria mea praestantissimum atque optimum consulem, non quin pari virtute et voluntate alii fuerint, sed tantam causam non habuerunt, in qua et voluntatem suam et virtutem declararent.* (Cic. Phil. 7,2,6)
›Zugleich aber bezeichne ich ihn [sc. C. Pansa] nicht nur als Konsul, sondern als hervorragendsten und besten Konsul, den ich kenne, nicht weil nicht auch andere so viel Tatkraft und guten Willen besessen hätten, sondern weil sie keine solche Gelegenheit bekamen, ihren guten Willen und ihre Tatkraft zu zeigen.‹ (Übers. Fuhrmann, Bd. 7,287, RH)

1. im Sinne von ›**dass**‹
a) Nach verneinten Verben des Hinderns *(impedire, tenere, retinere)* und Widerstrebens *(recusare, nullam moram interponere, non abs-/deterrere).*

Quin criminibus […] respondeam, non recuso. (Cic. Cael. 30)
›Ich weigere mich nicht, auf die Beschuldigungen zu antworten.‹ (Übers. RH)

Auch *aegre* ›mit Mühe‹ und *vix* ›kaum‹ gelten dabei als Negationen (RH § 239,2).

[M]ilites […] aegre sunt retenti, quin oppidum irrumperent. (Caes. civ. 2,13,4)
›Nur mit Mühe konnte man die Soldaten davon abhalten, in die Stadt einzufallen.‹ (Übers. RH)

Stehen die Verba impediendi et recusandi positiv, wird der Nebensatz mit *ne* oder *quominus* angeschlossen.

b) nach den unpersönlichen Ausdrücken mit der Bedeutung ›es fehlt nicht viel / nichts daran, dass‹ *non (haud) multum / non longe / non longius / non (haud) procul / paulum // nihil abest, quin* (NM § 539,4, KS II S. 263).

Neque multum afuit, quin etiam castris expellerentur. (Caes. civ. 2,35,3)
›Fast wären sie auch aus dem Lager verjagt worden.‹ (Übers. Schönberger 151, 153)

c) Nach verneinten und fragenden Ausdrücken des Zweifelns *(dubitare, dubium)* und Bestreitens *(controversia).* Hierbei handelt es sich laut NM § 539 um faktisches *quin,* da der Inhalt des *quin*-Satzes als Tatsache den übergeordneten Satz ergänzt und sich anders als bei (pseudo-)konsekutiven Sätzen nicht aus diesem ergibt:

Quis igitur […] dubitet, quin in virtute divitiae sint? (Cic. parad. 48)
›Wer könnte dann eigentlich daran zweifeln, dass wahrer Reichtum in der Tugend besteht?‹ (Übers. Nickel 241)

Diese Sätze sind immer innerlich abhängig. Nur in ihnen sowie in der indirekten Frage wird die Nachzeitigkeit durch die Coniugatio periphrastica *activa* (*-urus sim, essem*) entsprechend der Consecutio temporum ausgedrückt (RH § 230,1). Bei fehlendem PPP oder im Passiv tritt der Konjunktiv entsprechend der Consecutio temporum ein (NM § 463).

2. *Quin* behält seine negative Bedeutung (›**dass nicht**‹)
a) Nach *facere non possum, fieri non potest et al.* (›ich kann nicht umhin, dass‹; ›es ist unmöglich, dass nicht‹) steht *quin* im Sinne von ›dass nicht‹. In dieser Funktion, die NM § 538 »pseudo-konsekutivisch« nennt (KS II S. 266 spricht treffender von einem »Substantivsatz«), kann auch der Konsekutivsatz mit *ut non* stehen, der stärker verneint (KS II S. 266). Die Bedeutung ist bei beiden Konjunktionen ›unbedingt, auf jeden Fall‹.

Facere non possum, quin cottidie ad te mittam, ut tuas [sc. litteras] *accipiam.* (Cic. Att. 12,27,2)
›Ich kann es nicht machen, dass ich dir nicht täglich einen Brief schicke, um einen von Dir zu erhalten.‹ d. h. ›Ich muss dir täglich Briefe schicken.‹ oder freier: ›Es geht nicht anders, ich muss Dir alle Tage schreiben, um von Dir einen Brief zu bekommen.‹ (Übers. Kasten 781)

Ebenso könnte Properz seiner untreuen Geliebten Cynthia sagen: *Facere non possum, quin te amem.* ›Ich bringe es nicht fertig, dich nicht zu lieben. / Ich muss dich unbedingt lieben.‹

Ist der Inhalt des untergeordneten Satzes nicht verneint, steht ein *ut*-Satz. *facere non possum/fieri non potest, ut* drückt dann eine tatsächliche Unmöglichkeit aus (›Ich bin nicht in der Lage‹, ›ich schaffe es nicht‹; ›es geht nicht‹).

Cynthia würde dem schmachtenden Properz antworten: *Facere non possum, ut tibi fida maneam.* ›Ich kann dir einfach nicht treu sein.‹

b) Die letzte Verwendungsweise von *quin* ist die vielfältigste, sie hat sich aber aus der Vorstellung der Folge entwickelt. Nach inhaltlich verneinten Sätzen vertritt *quin* einen verneinten Konsekutivsatz mit *ut non* oder einen verneinten Relativsatz mit konsekutivem Sinn mit *qui non, quae non, quod non* (RH § 239, NM § 554: »Konsekutiver Adverbialsatz«, KS II S. 267: »Adverbialsätze der Folge«). Die Wiedergabe im Deutschen erfolgt mit ›so dass nicht‹, ›ohne dass‹, ›ohne zu‹ oder ›der/die/das nicht‹. *quin* ist die Regel. Stehen *ut non* oder *qui non* statt *quin*, wird die Verneinung betont. *tam, ita, sic, tantus* im übergeordneten Satz können die konsekutive Bedeutung betonen.

Nemo est tam fortis, quin rei novitate perturbetur. (Caes. *Gall.* 6,39,3)
›Niemand ist so mutig, dass er nicht durch den überraschenden Zwischenfall die Fassung verliert.‹ (Übers. nach Schönberger 305)

Die inhaltliche Verneinung des Vorsatzes kann durch eine rhetorische Frage erfolgen.
Quis [...] in circum maximum venit, quin is uno quoque gradu de avaritia tua commoneretur? (Cic. *Verr.* 2,1,154)
›Wer ist je [...] zum Circus Maximus gegangen, ohne bei jedem Schritt an deine Habgierigkeit erinnert zu werden?‹ (Übers. Fuhrmann, Bd. 3,179)

Der übergeordnete Satz kann durch jedes Negationspronomen oder -adverb außer *non* allein verneint werden *(nemo, nihil, numquam, nusquam, nullus).*
Sed in castello nemo fuit omnino militum, quin vulneraretur. (Caes. *civ.* 3,53,3)
›In der erwähnten Stellung freilich gab es keinen Mann, der nicht verwundet war.‹ (Übers. Schönberger 227)

Bei Cäsar und Cicero treten *non* und *neque* im übergeordneten Satz nie allein auf, sondern stets mit einem Wort, das sie verstärkt *(umquam, ullus).*

Non mehercule umquam apud iudices aut dolorem aut misericordiam [...] dicendo excitare volui, quin ipse in commovendis iudicibus [...] permoverer. (Cic. *de orat.* 2,189)
›Niemals, beim Herkules, wollte ich bei den Richtern Schmerz oder Mitleid [...] durch meine Rede auslösen, ohne dass ich, wenn ich die Richter erregte, auch selbst von den Empfindungen [...] heftig erregt wurde.‹ (Übers. Nüßlein 219)

Non allein negiert nur bei den altlateinischen Autoren und Sallust den Satz, der einem *quin* in der Bedeutung ›ohne dass‹ übergeordnet ist.

Quos [sc. M. Cato und C. Caesar] quoniam res obtulerat, silentio praeterire non fuit consilium, quin utriusque naturam et mores, quantum ingenio possum, aperirem. (Sall. *Catil.* 53,6)
›Da mich nun mein Gegenstand auf sie gebracht hat, ist es nicht meine Absicht, sie mit Schweigen zu übergehen, ohne eines jeden Wesen und Charakter zu analysieren, soweit ich es mit meiner Einsicht vermag.‹ (Übers. Lindauer 85)

Selbst bei Nepos findet sich mit *quisquam* ›irgendjemand‹ die substantivische Entsprechung zu *ullus*:
Non enim cum quoquam arma contuli, quin is mihi succubuerit. (Nep. *Eum.* 11,5)
›Denn ich habe nie mit jemandem die Waffen gekreuzt, ohne dass dieser mir unterlegen wäre.‹ (meine Übers.) oder freier: ›Aber so weit kam es nie, dass ich je mit einem stärkeren Gegner zusammengetroffen bin.‹ (Übers. Pfeiffer 255)

TIPP: Will man *quin* im Sinne von ›ohne zu, ohne dass‹ verwenden, sollte man den Satz so formulieren, dass man ein Negationspronomen oder -adverb oder aber ein Indefinitpronomen oder -adverb wie *umquam, ullus* etc. setzt, um auf der sicheren Seite zu sein.

Hintergrund: Temporalsätze

Paragrafen: RH §§ 255–58, NM §§ 573–581, KS II S. 353–387

Lateinische Konjunktion	Deutsche Wiedergabe	Tempus- / Modus-Besonderheiten
post(ea) / quam	›nachdem‹	NbS Perfekt, HS Verg.
post(ea) / quam	›seit(dem), jetzt wo‹	NbS Perf. / Präs., HS Präs.
ut / ubi / cum (primum), simul(atque / ac)	›sobald‹ (einmalig)	NbS: Perf. – HS: Verg.
ubi, cum, simulatque, quotienscumque, quotiens(cumque) ... totiens	›immer wenn, sooft, sowie‹ (wiederholt)	Gleichzeitigk. mögl., jedoch im NbS bei Vollendung jeweils vorzeit. Tempus zum HS: Fut. II – Fut. I Perf. – Präs. Plqp. – Imperf.
ante(a) / quam,⁵ prius / quam	›bevor‹	1) + Ind.: rein zeitl. HS: Perf.; NbS: Ind. Perf. HS: Präs.; NbS: Präs. / Perf. HS: pos. Fut.; NbS: Präs. HS: neg. Fut.; NbS: Fut. II 2) + Konj.: final (›damit nicht erst‹) oder unmögl.
dum	›während‹ (dauert vor und nach der HS-Handlung an)	HS: Verg.; NbS: Präs.
dum, donec / donicum (nichtklass.), *quoad, quam (diu) ... tam diu*	›solange (als)‹ (Parallelität von NbS- und HS-Handlung)	dasselbe Tempus NbS wie HS
dum, donec / donicum (nichtklass.), *quoad*	›bis‹	1) + Ind.: rein zeitl., tatsächl. Eintreten NbS: Perf. / hist.Präs. HS: Verg. NbS: Präs. HS: Präs., Impf. NbS: Fut. II HS: Fut. 2) + Konj.: final, Erwartung (Verben des Wartens)

Caesar, priusquam se hostes ex terrore ac fuga reciperent, in fines Suessionum [...] exercitum duxit. (Caes. Gall. 2,12,1)
›Cäsar [führte], bevor sich der Feind von der panischen Flucht erholen konnte, sein Heer ins Gebiet der Suessionen [...].‹ (Übers. Schönberger 89)

Nam ante quam verbum facerem, de sella surrexit atque abiit. (Cic. Verr. 2,4,147)
›Denn ehe ich noch ein Wort vorbrachte, erhob er sich von seinem Sessel und ging fort.‹ (Übers. Fuhrmann, Bd. 4,228)

Nunc, ante quam ad sententiam redeo, de me pauca dicam. (Cic. Catil. 4,20)
›Jetzt will ich, bevor ich auf den Beschlussantrag zurückkomme, einiges über mich sagen.‹ (Übers. Fuhrmann, Bd. 2,286)

Neque defetigabor ante, quam illorum ancipites vias rationesque [...] percepero. (Cic. de orat. 3,145)
›Ich [werde] [...] in der Tat niemals [...] müde werden, bevor ich die in entgegengesetzte Richtungen führenden Wege und Methoden jener Denker [...] ganz erfasst habe.‹ (Übers. Nüßlein 381)

Expectas fortasse, dum dicat: ›patietur, perferet, non succumbet.‹ (Cic. Tusc. 2,17)
›Du wirst vielleicht erwarten, er [sc. Epikur] werde sagen [sc. über den Weisen, der gefoltert wird]: dann wird er es aushalten, ertragen, nicht unterliegen.‹ (Übers. Gigon 127)

Hintergrund: *cum*-Sätze

Paragrafen: KS II S. 328–353, RH §§ 253–54

altlat. *quom*

1) mit dem Indikativ = bloßes Nebeneinander der HS- und NbS-Handlung

Nebensatzart	Bezeichnung	Deutsche Wiedergabe	Besonderheiten
a. Temporalsatz	*cum inversum*	›da‹	HS Impf. oder Plqp., *cum*-Satz meist Perf. und Stellung nach HS
b. Temporalsatz	*cum iterativum*	›immer wenn, sooft‹	Antecedens iterativum beachten.
c. Temporalsatz	*cum explicativum*	›(eine Zeit), wo‹	wenn sich der Inhalt des *cum*-Satzes aus dem HS ergibt, Konj. im *cum*-Satz, v. a. nach *fuit (tempus), cum*
d. Temporalsatz		›damals, als‹ ›jetzt, wo‹	oft *tum / tunc* im HS oft mit *nunc* im HS
e. Temporalsatz	*cum temporale*	›sobald‹	*cum (primum)*, s. o.
f. Temporalsatz		›seitdem‹	*esse* + Zeitangabe im HS
g. Modalsatz	*cum identicum*	›indem; dadurch dass‹	dasselbe Tempus in HS und *cum*-Satz
h. Modalsatz		›dass‹	[nichtkl.: statt *quod* nach Verba affectuum und in Vertretung eines Satzteils im HS, meist mit einem demonstrativen Ausdruck]

a. *Vixdum epistulam tuam legeram, cum ad me [...] Postumus Curtius venit.* (Cic. *Att.* 9,2a,3)
›Kaum hatte ich Deinen Brief gelesen, da kam Postumus Curtius zu mir.‹ (Übers. nach Kasten 533)

b. *Gubernatores, cum [...] viderunt [...] delphinos se in portum conicientes, tempestatem significari putant.* (Cic. *div.* 2,145)
›Wenn Steuerleute feststellen, dass [...] Delfine eilends einen geschützten Platz aufsuchen, sehen sie darin Sturmzeichen.‹ (Übers. Schäublin 269)

c. *In id saeculum Romuli cecidit aetas, cum iam plena Graecia poetarum et musicorum esset.* (Cic. *rep.* 2,18)
›Die Lebenszeit des Romulus [fiel] in das Jahrhundert, als Griechenland schon reich an Dichtern und Musikern war.‹ (Übers. Nickel 165)

d. *Sex [sc. libros] de re publica, quos tum scripsimus, cum gubernacula rei publicae tenebamus.* (Cic. *div.* 2,3)
›Die sechs Bücher »Über den Staat«, die ich damals verfasste, als ich noch an der Leitung des Staates beteiligt war.‹ (Übers. Schäublin 137)

f. *Vicesimus annus est, cum omnes scelerati me unum petunt.* (Cic. *Phil.* 12,24)
›[E]s ist das zwanzigste Jahr, dass es sämtliche Verbrecher auf mich allein abgesehen haben.‹ (Übers. Fuhrmann, Bd. 7,388)

g. *Cum patiuntur, decernunt; cum tacent, clamant.* (Cic. *Catil.* 1,21)
›Sie dulden es – also beschließen sie; sie schweigen – also rufen sie laut.‹ (Übers. Fuhrmann, Bd. 2,238)

h. *Inter id, cum circum muros mittitur et cum contio advocatur, interesse tempus apparet.* (Varro *ling.* 6,93)
›Dass zwischen dem Umhersenden einer Person um die Mauer und der Einberufung der Versammlung Zeit liegt, ist offensichtlich.‹ (meine Übers.)

2) mit dem Konjunktiv = innerer Zusammenhang der HS- und NbS-Handlung

Nebensatzart	Bezeichnung	Deutsche Wiedergabe	Besonderheiten
Temporalsatz	*cum historicum / narrativum*	›als, nachdem‹	Übersetzung mit ›nachdem‹ bei Vorzeitigkeit
Temporalsatz		›wobei‹	*cum*-Satz steht nach dem HS
Kausalsatz	*cum causale*	›da, weil‹	*quippe cum* ›da ja, da nämlich‹ *praesertim cum* ›besonders da‹
Konzessivsatz	*cum concessivum*	›obgleich, obwohl‹	
Adversativsatz	*cum adversativum*	›während (hingegen)‹	

Vercingetorix, cum ad suos redisset, proditionis insimulatus [est], [...] quod cum omni equitatu discessisset. (Caes. *Gall.* 7,20,1)
›Als Vercingetorix zur Armee zurückkehrte, warf man ihm Verrat vor, weil er [...] sich mit der ganzen Reiterei entfernt [...] habe.‹ (Übers. Schönberger 335)

Curio [...] subito assedit, cum sibi venenis ereptam memoriam diceret. (Cic. *orat.* 129)
›Curio [...] setzte sich dann aber plötzlich nieder mit der Behauptung, sein Erinnerungsvermögen sei ihm durch Gift blockiert.‹ (Übers. Kytzler 107)

[Dixit] non facile Gallos Gallis negare potuisse, praesertim cum de recuperanda communi libertate consilium initum videretur. (Caes. *Gall.* 5,27,6)
›Als Gallier hätten sie Galliern die Teilnahme nicht gut abschlagen können, zumal der Beschluss wohl die Wiedergewinnung der allgemeinen Freiheit zum Ziel habe.‹ (Übers. Schönberger 223)

Socrates [...] cum facile posset educi e custodia, noluit. (Cic. *Tusc.* 1,71)
›Sokrates [...] wollte [...] nicht aus dem Gefängnis entführt werden, obschon es leicht möglich gewesen wäre.‹ (Übers. Gigon 69)

Nam ante id tempus nemo [...] a Caesare ad Pompeium transierat, cum paene cotidie a Pompeio ad Caesarem perfugerent. (Caes. *civ.* 3,61,2)
›Denn bis dahin war noch niemand [...] von Cäsar zu Pompeius übergelaufen, während fast täglich Leute von Pompeius zu Cäsar kamen.‹ (Übers. nach Schönberger 235 f.)

Hintergrund: Indirekte Frage

Indirekte Fragesätze können im Lateinischen Verben des Sagens (Verba dicendi), Fragens (Verba interrogandi), der sinnlichen und geistigen Wahrnehmung (Verba sentiendi), des Wissens und Nichtwissens, bisweilen auch Verben des (Be-)Wunderns und Fürchtens sowie nominale Ausdrücke dieser Bedeutungen (z. B. *ignarus, cognitio*) ergänzen. In der indirekten Frage steht im Lateinischen der Konjunktiv. Außerdem wird (wie nach verneinten Ausdrücken des Zweifelns + *quin*) die Nachzeitigkeit mit der Coniugatio periphrastica ausgedrückt.

Iam nunc mente et cogitatione prospicio, quae tum studia hominum, qui concursus futuri sint. (Cic. *div. in Caec.* 42).
›Schon jetzt kann ich mir in Gedanken das gespannte Interesse der Menschen ausmalen und mir lebhaft die Volksaufläufe vorstellen, die es dann geben wird.‹ (Übers. NM)

Wie bei der direkten Frage unterscheidet man zwischen **Satzfragen** (›ob‹) und Wortfragen. Indirekte Satzfragen sind leicht anhand der dt. Konjunktion ›ob‹ zu erkennen. Dt. ›ob‹ wird in indirekten Satzfragen gewöhnlich durch *num* oder *-nĕ* (›ob, ob nicht, ob etwa‹) wiedergegeben, ohne dass damit angedeutet wird, ob eine bejahende oder verneinende Antwort erwartet wird. *Num* kann allerdings eine negative Antwort erwarten. Nur nach *quaerere* steht bei Cicero bisweilen *nōnne* (RH § 233b, NM § 522). Für indirekte Satzfragen mit *an* s. das folgende Kapitel.

Die indirekten **Wortfragen** werden von denselben Fragewörtern eingeleitet wie eine direkte Wortfrage. Das Fragewort *ut* (›wie‹) wird klassisch allerdings nur in indirekten Fragen verwendet.

Ille tenet et scit, ut hostium copiae, tu, ut aquae pluviae arceantur. (Cic. *Mur.* 22)
›Er weiß genau, wie man feindliche Truppen, du, wie man Regenwasser abwehrt.‹ (Übers. NM)

Indirekte Wortfrage vs. Relativsatz (NM § 521)

In manchen Fällen steht statt der indirekten Wortfrage ein (zumeist) indikativischer Relativsatz und bisweilen ist die Entscheidung zwischen den beiden Konstruktionen schwierig. KS II S. 487 meinen, der indirekte Fragesatz kennzeichne den Inhalt des Nebensatzes »als etwas noch Ungewisses«. Diese Einschätzung stimmt mit der grundsätzlichen Funktion des Konjunktivs im Nebensatz überein. Der Konjunktiv nimmt gegenüber dem Indikativ auch in diesen Nebensätzen von der vorklassischen zur klassischen Sprache zu und ist klassisch die Regel (KS II S. 492). Es empfiehlt sich deshalb, sich die Ausnahmen einzuprägen, in denen klassisch der Indikativ stehen muss. Auch die syntaktischen Kriterien, die NM § 521 vorstellen, bieten hierfür und auch für den zwingenden Konjunktivgebrauch einen sicheren Anhaltspunkt.

1) Nach den Verba interrogandi (*quaerere, interrogare, rogare*) steht immer eine indirekte Wortfrage: *Non quaero, quid verum sit*. Ein indikativischer Relativsatz steht nur dann, wenn der untergeordnete Satz sich auf ein neutrales Pronomen (*id[em]* etc.) im übergeordneten Satz bezieht:

Quaerimus idem, quod in ceteris rebus maxime quaerendum est. (Cic. *de orat.* 2, 239)
›Wir stellen dieselbe Frage, die man auch in anderen Bereichen am ehesten stellen muss.‹ (Übers. Nüßlein 245)

2) Nach den Verba dicendi kann syntaktisch statt des indirekten Fragesatzes auch ein Relativsatz stehen, auf den eher selten mit einer entsprechenden Form von *is* im übergeordneten Satz Bezug genommen wird (Cic. *Caecin.* 5, *Cluent.* 160).[6] Der Relativsatz zielt auf die Objektivität, der Fragesatz auf die Subjektivität ab:

Sed antequam aggrediar ad ea, quae a te disputata sunt, de te ipso dicam, quid sentiam. (Cic. *nat. deor.* 1,57) (Meinungsäußerung)
›Doch bevor ich auf das eingehe, was du vorgetragen hast, möchte ich zuerst sagen, was ich über dich selbst denke.‹ (Übers. Gigon / Straume-Zimmermann 49)

Dicam enim, quod sentio et quod mecum sentiunt omnes. (Cic. *Sest.* 85) (Bericht über eine Meinungstatsache)
›Ich sage nämlich, was ich denke und was mit mir alle denken.‹ (Übers. Fuhrmann, Bd. 5,340)

3) Ebenso steht auch in klassischer Sprache nach den Verba sentiendi ein indikativischer Relativsatz, wenn der Sprecher gegenüber dem Angeredeten die Tatsächlichkeit des Gesagten hervorhebt. Dies ist bei Cicero nach Verben des Erkennens der Fall (vgl. KS II S. 492).

Nosti, quae sequuntur. (Cic. *Tusc.* 4,77)
Quae sunt [v.l., edd. *sint*] *gesta, cognoscite.* (Cic. *Verr.* 2,2,161)

4) Statt eines deutschen Relativsatzes steht ein lateinischer indirekter Fragesatz, wenn von einem Verbum

dicendi oder sentiendi ein substantivisches Objekt abhängt, das durch den deutschen Relativsatz näher bestimmt wird. Der deutsche Satz: ›Ich frage nicht nach der Ursache, die dich bewogen hat‹ ist im Lateinischen wiederzugeben mit *Non quaero, quae te causa impulerit,* weil man im Deutschen auch sagen könnte ›Ich frage nicht, welcher Grund dich bewogen hat‹ (Übers. NM).

5) Nach Verba timendi und mirandi steht eine uneigentliche indirekte Frage (KS II S. 487).
Quem ad modum accepturi, patres conscripti, sitis, horreo. (Cic. *Phil.* 7,8)
›Wie ihr das aufnehmen werdet, versammelte Väter, ist ein quälender Gedanke für mich.‹ (Übers. nach Fuhrmann, Bd. 7,289)

Weitere Besonderheiten des indirekten Fragesatzes (NM § 521)

1) Bei der Prolepse (Anticipatio) ist die Verschiebung eines Nomens zwischen übergeordnetem und untergeordnetem Satz genau umgekehrt wie bei 4). Bei diesem grammatischen Phänomen, das sich im Griechischen häufiger findet, wird das Subjekt des untergeordneten Satzes zum Objekt des übergeordneten Satzes. Die Prolepse findet sich auch bei indirekten Wortfragen.
Perspicitis genus hoc, quam sit facetum. (Cic. *de orat.* 2,241)
›Ihr seht genau, wie witzig […] diese Art ist.‹ (Übers. Nüßlein 247)

2) Das Fragewort *cur* des indirekten Fragesatzes entspricht einem deutschen ›dass, weil‹:
a) nach *admirari, accusare, indignari,* etc.
b) wenn das gesamte Satzgefüge nach dem Grund fragt oder ihn angibt. Hierbei werden Wendungen mit *quid est, nihil est,* etc. (s. NM § 413,2) und Ausdrücke mit *causa* verwendet.

3) Wenn das Prädikat zu zwei- oder mehrteiligen indirekten Wortfragen gehört, wird dt. ›oder nicht‹ entweder durch *aut non (non -ve)* oder die asyndetische Wiederholung des Fragewortes wiedergegeben.
Quid ab eo factum aut [v.l. *et*] *non factum sit, existimari potest.* (Cic. *Cluent.* 70)
›[Man] vermag sich vorzustellen, was er getan oder nicht getan hat.‹ (Übers. Fuhrmann, Bd. 2,48)

Hintergrund: Die Fragepartikel *an*

an ist etymologisch identisch mit gr. ἄν und got. *an* und »eine Partikel der Unbestimmtheit« mit der schwach affirmativen Grundbedeutung ›wohl, ja, denn‹ (HS S. 466). Daraus ergibt sich fließend die Funktion als Fragepartikel, die *an* im Lateinischen hat. Dort steht es in indirekten und direkten Fragen, jeweils in einfachen und in Doppelfragen.

1) einfache Fragen
a) In direkten Fragen hat *an* als Fragepartikel ein weitgespanntes Bedeutungs- und Verwendungsfeld. Seine verschiedenen Gebrauchsweisen lassen sich aber alle im Deutschen entweder mit ›etwa‹ (affirmative Grundbedeutung), ›oder‹ (disjunktive Bedeutung) oder ›oder … etwa‹ wiedergeben. Es drückt »einen Gegensatz zu einer vorausgehenden Aussage oder Frage aus« (KS II S. 517) und legt dem Gesprächspartner ein bestimmtes Urteil oder dessen Ablehnung nahe. Eine Entscheidung des Fragers ist dabei die Ausnahme. Diese dialogisch-argumentative Ausrichtung ist der Unterschied zu *num* und *nōnne*. Sehr häufig, wenn auch nicht ausschließlich, erscheint deshalb die 2. Person im *an*-Satz, zumeist im Prädikat. Bisweilen ist der Leser oder der Autor selbst der implizite Adressat.

an war bereits in den Dialogen der altlateinischen Szeniker Plautus und Terenz häufig und stand im Sinne von ›etwa‹ am Sprecherwechsel, um »die Aussage oder Behauptung eines anderen zu widerlegen« (KS II S. 518). Diese Verwendung findet sich bei Cicero noch in den philosophischen Dialogen:

[B.:] *Quam (rationem), nisi quid dicis, praetermittamus* […]. [A.:] *An tu, cum me in summam exspectationem adduxeris, deseris?* (*Tusc.* 1,39) (s. Cic. HA 5)
›Wenn du nichts dagegen hast, werden wir ihn übergehen […]. – Wie, willst du mich etwa jetzt im Stich lassen, nachdem du meine Erwartung auf das Höchste gespannt hast?‹ (Übers. nach Gigon 41)

In der klassischen Prosa findet sich *an* sonst in argumentierender Funktion im Sinne von ›(oder) … etwa‹. Seine Bedeutung kommt der rhetorischen Frage nahe. Die Frage hat negativen Sinn (es steht also *ullus* oder *quisquam*) und soll »die Ablehnung des Gegenteils« bekräftigen (KS II S. 519); hat sie positiven Sinn, steht *an non* (NM § 414,4a, KS II S. 518 f.). Syntaktisch lassen sich zwei Gebrauchsweisen unterscheiden:

α) Die Frage mit *an* steht nach einem Aussagesatz und soll ein schlagendes Argument ausdrücken, das die Widersinnigkeit einer vorausgehenden Meinung darlegen soll. Diese Funktion kann *an* auch haben, wenn es einen Einwand widerlegen soll, der dem Sprecher bloß vorschwebt und den sein Adressat erheben könnte (RH § 222, vgl. KS II S. 519).

Oratorem vero irasci minime decet, simulare non dedecet. An tibi irasci tum videmur, cum quid in causis acrius et vehementius dicimus? (Cic. *Tusc.* 4,55)

›Keineswegs darf aber der Redner in Zorn geraten, aber so tun als ob, ist ihm nicht verboten. Oder sollte es dir etwa scheinen, dass ich dann wirklich zornig bin, wenn ich im Prozess einen schärferen und härteren Ton anschlage?‹ (Übers. nach RH)

β) Außerdem steht *an* regelmäßig in einer Frage, die auf eine andere Frage antwortet. Dies ist meist eine Wortfrage (NM § 414,4d).

Quid tandem te impedit? [...] An invidiam posteritatis times? (Cic. *Catil.* 1,28)

›Was hindert dich denn, dies zu tun? Fürchtest du etwa den Unwillen der Nachwelt?‹ (Übers. RH)

In beiden syntaktischen Fällen liegt die ironische Nuance ›etwa‹ vor, bei der *an* dieselbe Bedeutung wie *num* hat.

Daneben hat *an* auch dieselbe Funktion wie *nonne* und entspricht dann dt. ›doch wohl‹.

Quidnam esse, Brute, causae putem, cur, cum constemus ex animo et corpore, [...] animi [...] medicina [....] pluribus etiam suspecta et invisa [sit]? An quod [...] animi morbum corpore non sentimus? (Cic. *Tusc.* 3,1; s. den Lösungsvorschlag HA 7)

›Was soll ich für eine Ursache annehmen, Brutus, dafür, dass [...], obwohl wir aus Leib und Seele bestehen, [...] ein Heilmittel für die Seele [...] vielmehr manchen verdächtig und verhasst [ist]? Ist es, weil wir [...] die Krankheit der Seele [...] mit dem Körper nicht empfinden?‹ (Übers. nach Gigon 173)

Nach Satzfragen mit *num* und *nōnne* heißt *an* ›oder vielmehr/doch‹. *Num igitur dubitamus? An sicut pleraque?* (Cic. *Tusc.* 1,40; s. Cic. Lösungsvorschlag HA 5).

b) In indirekten Fragen stehen *an* ›ob‹ und *an non* ›ob nicht‹ nach Ausdrücken des Nichtwissens und der Unsicherheit *(nescio, haud scio, incertum est)* (RH § 233b.3, NM § 187,4). Sie werden am besten mit ›vielleicht, vermutlich, wohl‹ wiedergegeben (NM § 187,4).

2) Doppelfragen oder disjunktive Fragen

a) Der häufigste Gebrauch von *an* als Fragepartikel in einer direkten Frage findet sich in der disjunktiven oder Doppelfrage. Hier steht *an* zwischen den beiden Möglichkeiten, die zur Auswahl gestellt werden (RH § 222, NM § 415). Ein frivoles, aber einprägsames Beispiel im Deutschen lautet ›Gehen wir zu dir oder zu mir?‹. Diese Frage kann durch eine Partikel eingeleitet werden *(utrum, -ne)*. Frivoler Merkspruch: *utrum – an, -ne – an*, nichts – *an*:

Haec utrum tandem lex est an legum omnium dissolutio? (Cic. *Phil.* 1,21)

›Was ist das nun: ein Gesetz oder die Auflösung aller Gesetze?‹ (Übers. Fuhrmann, Bd. 7,125)

b) Indirekte **disjunktive Fragen** werden durch *utrum (-nĕ) ... an* ›ob ... oder‹ eingeleitet (RH § 233c).

Utrum honestum an turpe sit, deliberari solet. (Cic. *off.* 1,10)

›Man überlegt gewöhnlich bei einer Sache, ob sie anständig oder unanständig ist.‹ (Übers. nach RH)

Hintergrund: Relative Satzverschränkung

Paragrafen: RH § 245, NM § 591, KS II S. 315–319

Man unterscheidet Konstruktionen mit:
1) Partizipialien (Partizipien, Supina, *nd*-Formen, Infinitivkonstruktionen)
2) Konjunktionalsätzen

Die relative Satzverschränkung lässt sich anhand einer Satzanalyse darstellen:

               A

1. *[…] cum recorder […] legiones nostras […] in eum locum saepe profectas alacri animo et erecto,* |
         α   a
unde se redituras numquam | *arbitrarentur.* (Cic. *Cato* 75)
› […] da ich mich gut daran erinnere, dass unsere Legionen sich oft munteren und entschlossenen Sinns zu einem Ort in Marsch gesetzt haben, von dem sie doch ihrer Meinung nach nie zurückkehren würden.‹ (meine Übers. nach RH)

        A   α   a
2. *Aberat omnis dolor,* | *qui si adesset* | *nec molliter ferret* [sc. *Epicurus*]. (Cic. *fin.* 2,64)
›Jeglicher Schmerz fehlte; wenn er vorhanden gewesen wäre, hätte er ihn keineswegs wehleidig ertragen.‹ (Übers. nach RH; oder ›den er im Falle seiner Anwesenheit keineswegs wehleidig ertragen würde.‹)

A: Hauptsatz bzw. übergeordneter Satz
a: Nebensatz 1. Ordnung
α: Nebensatz 2. Ordnung

Das Relativpronomen der verschränkten Wortgruppe (α) bestimmt ein Wort des Hauptsatzes näher; deshalb steht die Wortgruppe unmittelbar hinter diesem. Der Kasus des Relativpronomens richtet sich streng nach den syntaktischen Erfordernissen der Wortgruppe (α), in der es steht. Diese ist unmittelbar von dem Nebensatz der 1. Unterordnung (a) abhängig, welcher selbst von dem Hauptsatz abhängt.

Man unterscheidet zwischen notwendigen und nicht-notwendigen Ergänzungen. Eine nicht-notwendige Ergänzung liegt dann vor, wenn die relative Satzverschränkung sich wie ein relativer Satzanschluss auflösen und übersetzen lässt.

               A   α   a
De civium Romanorum condicione in arationibus dico, qui quemadmodum essent accepti, iudices, audistis ex ipsis. (Cic. *Verr.* 2,3,59)
›Über die Behandlung der römischen Bürger in der Landwirtschaft rede ich. Wie er da mit ihnen umgegangen ist, ihr Richter, das habt ihr von ihnen selbst vernommen.‹ (Übers. Fuhrmann, Bd. 4,44)

Statt *qui quemadmodum* könnte hier ebenso gut *quemadmodum ei* stehen.

Übersetzung der relativen Satzverschränkung

Bei der notwendigen wie nicht-notwendigen Ergänzung kann die Verbalgruppe, von welcher der AcI oder ein indirekter Fragesatz abhängen, wie ein Einschub (›wie wir meinen‹) bzw. eine Nominalisierung (›unserer Meinung nach‹, vgl. oben Cic. *Cato* 75) übersetzt werden. Oft kann das Relativpronomen im Akkusativ des AcI auch mit ›von dem / der / denen‹ bzw. ›über den / die‹ wiedergegeben werden, während der Infinitiv in einen *dass*-Satz tritt. Sonst empfiehlt sich oft die Nominalisierung des Relativsatzes (*quo qui potiatur* ›in dessen Besitz‹ / ›dessen Besitzer‹, vgl. unten Cic. *fin.* 5,83).

Alternativen zur relativen Satzverschränkung

Die relative Satzverschränkung ist in der klassischen Sprache ausgesprochen gängig. Alternativen sind selten und auf Sonderfälle beschränkt.

1) Demonstrativpronomen

Wie im Deutschen kann ein Konjunktionalsatz auch mit einem Demonstrativpronomen statt einer Verschränkung formuliert werden. Die klassische Sprache bietet für diese Alternativkonstruktion nur wenige Beispiele, die Verschränkung ist gängiger (KS II S. 316 Anm. 1).

> *Dio quidam fuit Halaesinus, qui, cum eius filio* (statt *cuius cum filio*) *praetore C. Sacerdote hereditas a propinquo permagna venisset, nihil habuit tum neque negoti neque controversiae.* (Cic. *Verr.* 2,1,27)
> ›Es gab einen gewissen Dio aus Halaesa, der, als seinem Sohn während der Prätur des C. Sacerdos eine sehr große Erbschaft von einem Verwandten zugefallen war, damals in dieser Sache keinerlei Schwierigkeit oder Streit hatte.‹ (Übers. nach Fuhrmann, Bd. 3,117)

Diese Umgehung funktioniert allerdings nur bei Konjunktionalsätzen und nicht bei abhängigen Fragesätzen und Relativsätzen, da sie dort oft in komplexen Konstruktionen vorkommen und eine notwendige Ergänzung darstellen, die nicht fortgelassen werden kann.

> *Errare mehercule malo cum Platone, quem tu quanti facias scio [...], quam cum istis vera sentire.* (Cic. *Tusc.* 1,39)
> ›Ich will wahrhaftig lieber mit Platon zusammen irren – ich weiß, wie sehr Du ihn schätzt [...] –, als mit jenen die Wahrheit glauben.‹ (Übers. Gigon 41)

Die Umwandlung *quanti eum facias scio* würde nur ohne die Fortsetzung *quam cum istis vera sentire* funktionieren.

> *[...] cum [...] idque bonum solum sit, quo qui potiatur, necesse est beatus sit.* (Cic. *fin.* 5,83)
> ›[...] und da nur das ein Gut sein kann, durch dessen Besitz man notwendigerweise glücklich wird.‹ (meine Übers.)

Da der Relativsatz hier eine notwendige Bestimmung enthält, scheidet eine Umwandlung in eine demonstrative Konstruktion aus.

FAZIT: Die Umwandlung in eine Demonstrativkonstruktion ist zu meiden, da sie selten und eine relative Satzverschränkung immer möglich ist.

2) indikativischer *ut*-Satz

Statt der Verschränkung mit dem AcI werden die Rück- und Vorverweise innerhalb des Textes – wie im Deutschen – in einen indikativischen *ut*-Satz gekleidet, weil der Erzählfluss der Ereignisse so nicht gestört wird und der Sprecher von ihm abgegrenzt wird (Cic. *orat.* 125). Oft wird die Periode durch diese Konstruktion auch übersichtlicher (Caes. *civ.* 1,31,2):

> *Castris ad eam partem oppidi positis Caesar, quae intermissa a flumine et a palude aditum, ut supra diximus, angustum habebat, aggerem apparare [...] coepit.* (Caes. *Gall.* 7,17,1)
> ›Cäsar hatte an der Seite der Stadt ein Lager aufgeschlagen, die, wie gesagt, nicht von Fluss und Sümpfen gedeckt, einen engen Zugang bot; hier begann er, einen Damm anzulegen [...].‹ (Übers. nach Schönberger 331)

Vergleich mit anderen Sprachen

Das Deutsche kann die relative Satzverschränkung, wie den AcI, nur bei Verben der Wahrnehmung nachahmen: ›Dort geht der Mann, den ich gestern auf der Hauptstraße Saxofon habe spielen hören.‹ Im Englischen hat die relative Satzverschränkung entsprechend der weiteren Verbreitung des AcI auch eine größere Reichweite. Der Verzicht auf Relativpronomen und einleitendes *that* verschleiert das Vorkommen hier: ›A song I thought I heard Buddy sing.‹ ~ *Carmen quod me Budionem cantantem* (AcP) / *cantare audivisse putavi.*

Wem die relative Satzverschränkung zu kompliziert ist – kein Problem: Es gibt Sprachen, die kommen ohne aus. Das Türkische hat etwa gar keine Relativsätze, sondern operiert mit Partizipien und Verbalnomina. Ein klassischer Kandidat für die relative Verschränkung (›Unser Lehrer, über den wir erfahren haben, dass sein Vater Türke ist, wird nächste Woche in die Türkei fahren‹ – *Magister noster, cuius patrem turcam esse cognovimus, proxima hebdomade / proximo nundino in Turciam vehetur*) heißt in dieser agglutinierenden Sprache: *Babasının Türk olduğunu öğrendiğimiz* (Erfahrenhaben-unser) *öğretmenimiz* (Lehrer-unser) *haftaya Türkiye'ye gelecek*.

Hintergrund: Irrealis in der Abhängigkeit

Paragrafen: KS II S. 405–410, NM § 564, RH § 260

Grundregel: Beim Irrealis in der Abhängigkeit bleibt die Protasis (*si*-Satz) in Tempus und Modus wie beim unabhängigen Kondizionalgefüge. Bei der Apodosis (Hauptsatz / übergeordneter Satz) sind zwei Fälle zu unterscheiden:

I. Infinitivkonstruktion
In diesem Fall steht der Infinitiv ohne Ansehen des Zeitverhältnisses und der Zeitstufe in der Form *-urus, -a, -um fuisse*. Die Zeitstufe des Gefüges geht aus dem Tempus der Protasis hervor.
Si id diceres / dixisses, te mentiturum / -am fuisse appāret.
›Wenn du dies sagtest / gesagt hättest, würdest du offenbar lügen / hättest du offenbar gelogen.‹

Verben, welche die entsprechende Coniugatio periphrastica nicht bilden können, werden vermieden.

Das Passiv wird durch Umwandlung ins Aktiv, Beifügung von *posse*, den Infinitiv Futur Passiv oder *futurum fuisse, ut* (statt *fore, ut* im Realis) mit Konjunktiv Imperfekt umschrieben.
Nisi […] nuntii de Caesaris victoria […] essent allati, existimabant plerique futurum fuisse, uti [sc. oppidum] amitteretur. (Caes. *civ.* 3,101,3)
›Wenn man nicht […] Nachrichten über Cäsars Sieg erhalten hätte, wäre es nach allgemeiner Ansicht zum Fall Messinas gekommen.‹ (Übers. nach Dorminger 277 u. Schönberger 285)

Ausdrücke des Könnens, Sollens, Müssens u. Ä. treten in den Infinitiv Perfekt.
At plerique existimant, si acrius [sc. Pompeianos] insequi voluisset [sc. P. Sulla], bellum eo die potuisse finiri. (Caes. *civ.* 3,51,3)
›Hätte P. Sulla mehr Energie auf die Verfolgung der Pompeianer verwendet, so hätte nach Meinung vieler der Krieg an dem Tag beendet werden können.‹ (Übers. RH)

II. Nebensatz
a) In diesem Fall wird der Irrealis der Gegenwart wie im unabhängigen Kondizionalgefüge mit dem Konjunktiv Imperfekt ausgedrückt.
Dubium non est (erat), quin, si hoc diceres, mentireris.
›Es gibt (gab) keinen Zweifel, dass du, wenn du dies sagtest, lügen würdest.‹

b) Die Vorzeitigkeit in der Apodosis wird dagegen mit der Sonderform *-urus, -a, -um fuerim* ausgedrückt, falls das PFA gebildet werden kann. Andernfalls steht der Konjunktiv Plusquamperfekt:
Dubium non est (erat), quin, si hoc dixisses, mentiturus / -a fueris.
›Es gibt (gab) keinen Zweifel, dass du, wenn du dies gesagt hättest, gelogen hättest.‹

Die Ausdrücke des Könnens, Sollens, Müssens u. ä. stehen gewöhnlich im Konjunktiv Perfekt, gelegentlich nach der Hauptregel im Konjunktiv Plusquamperfekt.
Non dubito, quin, si hoc fecisses, fugere debueris (debuisses).
›Ich zweifle nicht, dass du, wenn du dies getan hättest, hättest fliehen müssen.‹

---

1 In *de orat.* 2,273, das KS und NM gleichermaßen zitieren, ist neben *aliquot post annos* auch *aliquot post annis* überliefert. Diese Lesart setzt Kumaniecki, der Herausgeber der Teubneriana, sogar in den Text.

2 Eduard Schwyzer, Griechische Grammatik. HdA II.1. Bd. 2: Syntax und syntaktische Stilistik. Vervollständigt und hg. von Albert Debrunner. München. 1950 = ³1966, 113 f.

3 Ein Beispiel für einen AcI mit ausgefallenem *esse*.

4 Hier werden nur *ut*-Sätze mit Konjunktiv behandelt, da ja indikativisches *ut* ›wie‹ (z. B. *Cicero, ut dicis, est dissertus*) im Deutschen keinem *dass*-Satz entspricht.

5 Nur bei *ante* (wie bei *post*) steht klassisch der Ablativus mensurae mit *quam* (KS I S. 404).

6 Das Thema ist schon seit langem der Gegenstand zahlreicher Untersuchungen, freilich ohne eindeutiges Ergebnis, vgl. Günter Eckert, Thema, Rhema und Fokus. Eine Studie zur Klassifizierung von indirekten Fragesätzen und Relativsätzen im Lateinischen. Münster 1992, 26–52, aus dessen komplexer Untersuchung mit einem umfangreichem Begriffsinstrumentarium der modernen Linguistik sich keine Anwendungsregeln für den lateinischen Stil ableiten lassen.

Lateinische Stilübungen: Cäsar, *Bellum Gallicum*

Grammatischer Stoff

Vorausgesetzt (bei Bedarf im Selbststudium zu wiederholen):
Nominal- und Verbalmorphologie (a. Stammformen)
Orts- und Zeitbestimmungen, *nd*-Formen (RH §§ 174–176, NM §§ 509–517)
Komparativ-, Kausal-, Temporal-, Kondizional- und Konzessivsätze (RH §§ 246–263)

Wiederholung und Vertiefung von:
indirekte Rede (Oratio obliqua) (RH § 264, NM §§ 470–2)
›ohne dass / ohne zu‹, dass-Sätze, *quin*-Sätze (RH § 239)

Zu behandeln:
stilistische und syntaktische Eigentümlichkeiten der lateinischen Nomina, Demonstrativpronomina
(RH §§ 182–204, NM §§ 1–105)
Verbindung von Hauptsätzen, beiordnende Konjunktionen (RH §§ 223–225, NM §§ 427–453)
relativer Satzanschluss (RH § 244, NM § 590) und relative Satzverschränkung (RH § 245, NM § 591,
KS II S. 315–319)
Irrealis in der Abhängigkeit (RH § 260, NM § 564, KS II S. 405–410)

Vorschlag für den Verlauf einer Lehrveranstaltung

1. Sitzung: Generalia, Literatur, Modalitäten
2. Sitzung: Klausur 1: Eingangsklausur (Lektüre 1. Buch *BG*)
3. Sitzung: Besprechung
4. Sitzung: Klausur 2: (Lektüre 2. Buch *BG*), indirekte Rede
5. Sitzung: Besprechung
6. Sitzung: Klausur 3: (Lektüre 3. Buch *BG*), *dass*-Sätze
7. Sitzung: Besprechung
8. Sitzung: Klausur 4: (Lektüre 4. Buch *BG*), (*quin*-Sätze, relative Satzverschränkung, Ortsangaben bei Städten und kleinen Inseln)
9. Sitzung: Besprechung
10. Sitzung: Klausur 5: (Lektüre 5. Buch *BG*), (Irrealis in der Abhängigkeit)
11. Sitzung: Besprechung
12. Sitzung: Klausur 6: Übungsklausur (Lektüre 6. + 7. Buch *BG*)
13. Sitzung: Besprechung
14. Sitzung: Klausur 7: Abschlussklausur
15. Sitzung: Besprechung der Abschlussklausur

Klausur 1: Eingangsklausur *BG* 1,19

Übersetzen Sie bitte ins Lateinische.

Als nach Erkenntnis dieser Dinge zu diesen Verdächtigungen (übers. Pl. von ›Verdacht‹) die sehr gewissen (Tat-)Sachen hinzugefügt worden waren, (nämlich) dass Dumnorix die Helvetier durch das Gebiet der Häduer geführt hatte und dass er sie untereinander hatte Geiseln stellen (übersetze: geben) lassen, dass er dies alles nicht nur ohne seinen und des Stammes Befehl, sondern auch ohne beider Wissen getan hatte, dass er von der Verwaltung (Ausdruck: wie in Rom) der Häduer angeklagt wurde, (da) glaubte er (nämlich Cäsar), dass es Grund genug sei, warum er selbst ihn bestrafe oder den Stamm ihn bestrafen hieße.

All diesen Dingen stand entgegen, dass er die Liebe seines Bruders Diviciacus zum römischen Volk, seine hervorragende Treue, Gerechtigkeit und Mäßigung erkannt hatte. Er fürchtete nämlich, Diviciacus durch die Bestrafung seines Bruders zu verletzen. Deshalb ließ er, bevor er etwas unternähme, am 23. April Diviciacus zu sich rufen und unterhielt sich mit ihm nach Entfernung der Dolmetscher durch (wörtlich) C. Valerius, der an der Spitze der 4. Legion stand und dem er am meisten von allen Dingen Vertrauen schenkte.

Hilfen in den Klammern nicht mit übersetzen.

Lösungsvorschlag für die Klausur 1: Eingangsklausur (*BG* 1,19)

Quibus rebus cognitis cum ad has suspiciones certissimae res accederent, quod Dumnorix Helvetios per fines Haeduorum traduxisset, quod obsides inter eos dandos curavisset, quod ea (Caes.) / haec omnia non modo (Caes.) / solum suo et civitatis iniussu, sed etiam ipsis inscientibus fecisset, quod a magistratu Haeduorum accusaretur, putavit satis causae esse, cur eum ipse puniret aut civitatem eum punire iuberet.

Anmerkung zur Satzstruktur: Es handelt sich hier um eine lange, aus einem Hauptsatz und mehreren Nebensätzen bestehende Periode. Für eine Definition s. KS II S. 629 f.: »[Eine] Periode […] nennt man ein aus einem Hauptsatze und einem Nebensatze zusammengesetztes Satzgefüge, in dem sich die Einheit eines Gedankens darstellt. Dem Hauptsatze können zwei oder mehrere Nebensätze untergeordnet sein […]. Endlich können diesen Nebensätzen […] wieder Nebensätze und diesen wieder andere untergeordnet werden […]. Die Nebensätze erscheinen […] häufig in verkürzter Form als Partizipien.« Dies ist bei Cäsar oft ein Participium coniunctum oder Ablativus absolutus.

Quibus: Am Satzanfang kann statt eines (deutschen) Demonstrativums ein Relativpronomen stehen (relativer Satzanschluss) (RH § 244). Die Einstufung als Vertreter eines Demonstrativpronomens entspringt dem Vergleich mit den modernen Sprachen sowie der modernen Grammatik und Interpunktion. Syntaktisch bleibt das Relativpronomen ein solches und bietet deshalb eine ausreichende Verbindung mit dem vorangehenden Satz. Eine Ergänzung mit Konjunktionen wie *et, enim, nam, autem, vero, igitur, itaque* und *ideo*, die ja ebenfalls eine Verknüpfung mit dem Vorangehenden herstellen, verbietet sich deshalb (KS I S. 320). Nur *quidem* und *tamen* stehen im relativen Satzanschluss (NM § 590).

cognitis: *cognōscere, cognōvi, cógnitum* (aber *īgnōscere, īgnōvi, īgnōtum* ›verzeihen‹); *cognōscere* ›erkennen, Erkenntnis gewinnen‹; *intellegere* ›begreifen, einsehen‹ (MSyn Nr. 37).

certissimae: Hier elativischer Gebrauch des Superlativs *certissimus* ›sehr sicher‹ (RH § 46).

res: *res* ›(Tat-)Sachen‹; *certus* ›gewiss (intellektuell, im Sinne von ›ohne Zweifel‹)‹ vs. *tutus* ›sicher vor Gefahr‹ (obj.), *securus* ›sich sicher wähnend, frei von Sorge‹ (< *se* + *cura*) (MSyn Nr. 352).

accederent: *addere* und *adicere* sind aktivisch und müssten an der vorliegenden Stelle ins Passiv treten. Doch entspräche diese Verwendung bei beiden Verben nicht dem klassischen Sprachgebrauch. *adicere* ist klassisch nicht für Äußerungen und Gedanken belegt und *addere* in dieser Bedeutung erst nachklassisch im Passiv bezeugt (Neuer Georges s.vv.).

quod: faktisches *quod* nach Verben des Hinzufügens, Hinzukommens und Übergehens (NM § 541).

quod … traduxisset: Der oblique Konjunktiv steht in innerlich abhängigen Nebensätzen, »deren Inhalt nicht als Behauptung des Redenden oder Schreibenden, sondern als Gedanke einer anderen Person (besonders des Subjekts im regierenden Satze) hingestellt werden soll (oblique Nebensätze); natürlich kann diese Person mit dem Redenden oder Schreibenden identisch sein.« (KS II S. 199 f.) Im vorliegenden Fall wird der Umstand, dass Dumnorix die Helvetier durch das Gebiet der Häduer geführt hat, als Cäsars Gedanke gekennzeichnet. An unserer Stelle lässt sich der Konjunktiv zusätzlich aus der Attractio modi erklären. Hierbei wird der Modus eines Nebensatzes, der eigentlich im Indikativ steht, an den Konjunktiv im übergeordneten Satz angeglichen (KS II S. 201).

Helvetios per fines Haeduorum traduxisset: Nach den Verba traducendi (*traducere, traicere* (nur bei Cäsar), *transportare*) »steht der Akkusativ der Person und der Akkusativ des Gewässers, über den (das) jemand oder etwas hinübergeführt wird« (doppelter Akkusativ), z. B. *aliquem Rhenum traducere* (NM § 356,1). Hier aber: *aliquem per fines traducere* ›jn. durch ein Gebiet führen‹.

inter eos: *inter* + Pronomen *(nos, vos, se)* ist eine Möglichkeit, das reziproke (= wechselseitige) Verhältnis auszudrücken (für weitere Möglichkeiten wie *se / sibi + ipsi / ipsae* s. RH § 194, NM § 87 f.). Hier steht der Eindeutigkeit halber *inter eos*, da nicht klar wäre, ob sich *inter se* ›untereinander‹ auf die Stämme (direkte Reflexivität, s. RH § 193,1) oder auf Dumnorix bezieht, der das Subjekt des übergeordneten Satzes ist (indirekte Reflexivität, s. RH § 193,2, NM § 85). Solche Mehrdeutigkeiten zwischen indirekter und direkter Reflexivität werden manchmal, gerade aus rhetorisch-stilistischen Gründen, in Kauf genommen (RH § 193,3). Oft wird jedoch wie hier die entsprechende Form von *is, ea, id* gesetzt, um diese Mehrdeutigkeiten zu vermeiden (NM § 85,6b).

obsides ... dandos curavisset: *curare* wird wie die Verben des (Über-)Gebens, Nehmens, Besorgens, (Ver-)Mietens u. Ä. mit prädikativem Gerundivum im Akkusativ konstruiert, um einen Zweck auszudrücken (RH § 176). Wenn der Zweck betont werden soll, steht bei allen diesen Verben (außer *curare*) *ad* + Gerundium im Akk. (NM § 512).

Dt. ›lassen‹ (RH § 176 Anm. 1, NM § 494)

1) Aktivisch ›veranlassen‹
a) Der Ausdruck *curare aliquam rem faciendam* bedeutet ›lassen‹ im Sinne von ›Sorge dafür tragen‹. Im Akkusativ steht das eigentliche Objekt, aber nicht die Person, vermittels derer etwas auf Veranlassung des Subjekts ausgeführt wird (vgl. KS I S. 731). Soll diese Person ausgedrückt werden, wird eine der beiden folgenden Konstruktionen gewählt.
b) *imperare ut / iubere* + AcI ›befehlen‹ steht im Sinne von ›lassen‹, wenn die Veranlassung über eine mündliche oder schriftliche Anweisung, vorzugsweise in einem hierarchischen Verhältnis, erfolgt (Kinder, Sklaven, Soldaten, sonstige Untergebene).
c) Kausatives Aktiv: *Virgis quam multos ceciderit [Verres], quid ego commemorem?* (Cic. Verr. 2,5,140) ›Wie viele er mit Ruten peitschen ließ – wozu soll ich mich damit befassen?‹ (Übers. Fuhrmann, Bd. 4,307)

ACHTUNG: *facere* + AcI ›veranlassen‹ ist vor- und nachklassisch (KS I S. 694). Klassisch steht *facere / efficere / perficere, ut (ne)* im Sinne von ›bewirken‹ (NM § 533,1).

2) *sinere / pati* + AcI bedeutet ›zulassen, dulden‹.
ACHTUNG: ›Sich lassen‹, zumeist in der 3. Pers., ist im Deutschen oft eine elegante Umschreibung für eine passivische Möglichkeit. In diesem Fall können für ›sich lassen‹ im Deutschen ›man kann‹ oder ein Passiv mit ›können‹ eintreten. Das Passiv mit ›können‹ ist die einzige Wiedergabemöglichkeit dieser Konstruktion im Lateinischen.

Res diutius tegi dissimularique non potuit. (Caes. civ. 1,19,3)
›Sein Plan [ließ sich] nicht länger verbergen und verheimlichen.‹ (Übers. Schönberger 29) / ›Man konnte die Sache nicht länger verbergen und verheimlichen.‹ / ›Die Sache konnte nicht länger verheimlicht werden.‹ (wörtl. und im Deutschen schwerfällig)

3) Fiktional-auktoriales ›lassen‹ wird mit *facere / inducere* + AcP wiedergegeben (RH § 179,2, NM § 499,2): *Xenophon [...] facit [...] Socratem disputantem [...].* (Cic. nat. deor. 1,31) ›Xenophon lässt Sokrates darlegen.‹ (meine Übers.)

non modo / solum: *non solum ... sed etiam* ist bei Cäsar und Cicero reichlich belegt und kann getrost verwendet werden.

civitatis: Bei der Übersetzung von dt. ›Stamm‹ gilt, dass *civitas* die zu einem politischen Ganzen vereinigte Bürgerschaft (< *civis* ›Bürger‹) und *gens* den Clan bezeichnet, dessen gemeinsame Abstammung (< *gignere, genui*) und Bräuche betont werden (MSyn Nr. 211).

(in)iussu: + Gen. (für ein Personalpronomen tritt ein Possessivpronomen ein) ›auf / gegen js. Befehl / Geheiß‹. *imperium* bedeutet dagegen ›(Ober-)Befehl, Kommando‹.

ipsis: Gemeint sind Cäsar und Dumnorix' Mitbürger.[1] *ipse* steht statt *se* als indirektes Reflexivum in Bezug auf das Subjekt des übergeordneten Satzes, um Mehrdeutigkeiten zu vermeiden (NM § 85,3).
[Caesar] adhibitis centurionibus vehementer eos incusavit, [...] cur de sua (gemeint sind die Zenturionen) *virtute aut de ipsius* (gemeint ist *Caesar*) *diligentia desperarent.* (Caes. Gall. 1,40,4)
›Cäsar [...] zog die Zenturionen [...] hinzu und machte ihnen heftige Vorwürfe: [...] Warum sie der eigenen Tapferkeit oder seiner Umsicht misstrauen wollten?‹ (Übers. Schönberger 55, 57)

An der vorliegenden Stelle bezieht sich *ipsis* in indirekter Reflexivität auf Cäsar, der das Subjekt des übergeordneten Satzes ist *(putavit)*, schließt aber anders als in *Gall.* 1,40,4 inhaltlich eine weitere Personengruppe mit ein. *se* wäre wegen des vorausgehenden *suo*, das Cäsar bezeichnet, mehrdeutig.

inscientibus: *nescius* ›nicht wissend‹ (in einem bestimmten Fall), *inscius* ›unwissend‹ (dauernd), *insciens* ›unwissentlich, ohne Wissen‹, *ignarus* ›ohne Kenntnis, unkundig in einer Sache, von der sich Kenntnis gewinnen lässt (z. B. von Gesetzen)‹ (MSyn Nr. 320 ›unwissend‹).

a magistratu: Personen und als Person gedachte Sachen *(ab natura)* werden mit der Präposition *ab* angegeben, wenn sie beim Passiv den Urheber, das logische Subjekt der Handlung, bezeichnen (NM § 376,2, RH § 147).

Soll die Tätigkeit des Verursachers hervorgehoben werden, stehen *ope, opera, auxilio, beneficio* + der Person im Genetiv ›durch die Bemühungen, mit Hilfe von‹:
Ambiorix Caesaris operā stipendio liberatus est (Caes. *Gall.* 5,27,2). ›Ambiorix wurde durch Cäsar / durch Cäsars Hilfe von Abgaben befreit.‹ (Übers. NM) (NM § 376,2). Diese Gebrauchsweise erstreckt sich auf Politiker, Feldherren und Götter und hebt Verdienste hervor. Im Deutschen haben substantivische Wendungen eine vergleichbare präpositionale Funktion erlangt (›mit (der) Hilfe von‹) oder sind zu Präpositionen geworden (›dank‹, ›kraft‹).

Der Ablativus instrumentalis steht nur, wenn die Person(en) als Werkzeug gedacht werden (RH § 147): *Gladiatoribus et bestiariis opsedisse rem publicam.* (Cic. *Vatin.* 40) ›Mit Gladiatoren und Tierkämpfern den Staat terrorisiert zu haben.‹ (Übers. nach RH), *tam multis testibus convictus* (Cic. *Verr.* 2,1,1) ›durch so viele Zeugen überführt‹ (meine Übers.). Diese Gebrauchsweise tritt überwiegend im Plural auf und ist gerade bei Soldaten häufig (NM § 376,4).

magistratu: *magistratus* bezeichnet jedes öffentliche Amt, das vom Staat (bzw. von einem politisch organisierten Stamm) übertragen und im Namen des Staates (bzw. Stammes) verwaltet wird (MSyn Nr. 189).

putavit: MSyn Nr. 33 ›glauben, meinen‹:
- *putare* ›meinen, glauben‹ (subjektive Anschauung).
- *censēre* nach gehöriger Erwägung ›eine Meinung vertreten, dafür stimmen, dass‹ (gerne in Politik und Philosophie gebraucht).
- *opinari* ›vermuten, mutmaßen‹.
- *arbitrari* ›nach bestem Wissen und Gewissen glauben‹.
- *sentire* ›gesinnt sein, denken‹.
- *crēdere* ›glauben, aus Überzeugung für wahr halten‹.
- *existimare* ›glauben, meinen, als Sachkundiger erachten‹.

causae: Der Genetivus partitivus steht neben den Quantitätsadverbien *satis, parum, nimis* (RH § 130,4).

puniret: Wortfeld ›strafen‹ (MSyn Nr. 12):
- *punire, poena afficere aliquem* ›strafen‹ (allg.).
- *animadvertere aliquid* oder *in aliquem* ›etw. ahnden, strafend einschreiten gegen jn.‹ (v. a. vermöge einer Amtsgewalt, z. B. derjenigen eines Richters).
- *vindicare in aliquem* ›strafend einschreiten gegen jn.‹.
- *multare* ›mit einer Geldbuße belegen‹.

ACHTUNG: *poenam / poenas dare* ›büßen, bestraft werden‹.

aut: Bei *aut* schließen sich die beiden Möglichkeiten wechselseitig aus; *vel* lässt dagegen die Wahl zwischen beiden (›bzw.‹, ›und/oder‹) (RH § 224b).

1 C. Iulii Caesaris Commentarii De bello Gallico. Erklärt von Friedrich Kraner und Wilhelm Dittenberger. Achtzehnte Auflage von Heinrich Meusel. Nachwort und bibliographische Nachträge von Hans Oppermann. Berlin 1960, 121 a.l., Caesar, The Gallic war. With an English translation by H.J. Edwards. Cambridge, MA 1917, 31 »without the knowledge of either«.

Quibus omnibus rebus repugnabat quod fratris Diviciaci amorem erga/in populum Romanum, egregiam fidem, iustitiam, moderationem/temperantiam cognoverat. Verebatur enim ne animum Diviciaci puniendo fratre(m) offenderet.

repugnabat: Imperfekt, da statisch: Der Handlungsstrang geht während Cäsars Überlegung nicht weiter.
›entgegenstehen‹: *obstare* ›im Weg stehen‹; *repugnare* (Caes.) ›ankämpfen gegen etwas, Widerstand leisten‹ (MSyn Nr. 75).

fratris Diviciaci amorem erga/in populum Romanum: Genetivus subiectivus vs. Genetivus obiectivus (NM § 286, RH § 133, KS I S. 415 f.):

Bei Substantiven (zumeist Verbalsubstantiven), die Tätigkeiten oder Empfindungen bezeichnen, treten im Lateinischen sowohl der Urheber (= Genetivus subiectivus) als auch der betroffene Gegenstand (= Genetivus obiectivus) in den Genetiv. Im Deutschen steht der betroffene Gegenstand dagegen meist (aber: *die Furcht des Herrn,* d. h. die Furcht vor dem Herrn) in ein Präpositionalgefüge. *victoria Hannibalis* lässt sich deshalb sowohl als Genetivus obiectivus (›der Sieg über Hannibal‹) als auch als Genetivus subiectivus (›Hannibals Sieg‹) auffassen.

Bei Personalpronomina wird der Genetivus subiectivus durch das Possessivpronomen (*amor vester* ›eure Liebe‹) und der Genetivus obiectivus durch den Genetiv ausgedrückt (*amor vestri* ›die Liebe zu euch‹, *amor sui* ›Eigenliebe‹).

Treten beide Genetive gemeinsam auf, sind sie dadurch unterscheidbar, dass der Genetivus subiectivus vorangeht, da er die Quelle für die Tätigkeit oder Empfindung bezeichnet, die etwas Grundlegenderes als der Genetivus obiectivus darstellt.
a) Die beiden Genetive werden durch das Bezugswort getrennt: <u>*fratris*</u> *repulsam* <u>*consulatus*</u> (Cic. *Tusc.* 4,40) ›die Zurückweisung seines Bruders bei der Bewerbung ums Konsulat‹ (Übers. nach Gigon 277)
b) Die beiden Genetive können auch geschlossen vor oder hinter dem Bezugswort stehen (NM § 286,2): *in desperatione* <u>*omnium salutis*</u> (Caes. *civ.* 1,5,3) ›bei der Verzweiflung aller an der Rettung‹ (meine Übers.)

Bei Empfindungen kann der Genetivus obiectivus auch durch ein Präpositionalgefüge mit *in, erga, adversus* + Akk. ersetzt werden: *amor in (erga, adversus) parentes* – ›Elternliebe‹. Fehlt der Genetivus subiectivus, steht das Präpositionalgefüge allein hinter dem Bezugswort.

ACHTUNG: Bezeichnet das abhängige Nomen eine Sache, muss der Genetivus obiectivus stehen: *amor otii et pacis* (Cic. *rep.* 2,26). Wird der Urheber durch ein Possessivpronomen ausgedrückt, steht das Präpositionalgefüge *(meus in te amor).* Lässt das Bezugswort keine präpositionale Ergänzung zu (z. B. *memoria*), steht der Genetiv des Personalpronomens: *tua sui memoria* (Cic. *Att.* 13,1,3).

Steht der Genetivus subiectivus zusätzlich zu dem Präpositionalgefüge, geht er diesem auch in diesem Fall wie an der vorliegenden Cäsar-Stelle voran und steht vor dem Bezugswort. Das Präpositionalgefüge steht hinter dem Bezugswort oder, gerade bei weiteren Adjektivattributen, davor: *illius nefarium in nos* (v. l. *vos,* om.) *omnīs odium* (Cic. *Flacc.* 95) ›den ruchlosen Hass [...], mit dem er uns alle verfolgt hat‹ (Übers. nach Fuhrmann, Bd. 5,144)

egregiam: MSyn Nr. 303 ›ausgezeichnet, vorzüglich, vortrefflich‹:
- *egregius* [urspr. ›aus der Herde hervorragend‹, *e + grex*] ›vorzüglich, trefflich im Vergleich mit anderen Dingen derselben Gattung‹ *(victoria, liberalitas, poeta, vir, fides, in bellica laude).*
- *eximius* [< *eximere* ›(her)ausnehmen‹] ›ausnehmend, ungemein‹, bezeichnet einen Grad der Eigenschaft als Ausnahme vom Gewöhnlichen und kann nur von Dingen ausgesagt werden, die an sich und immer gut oder ideal sind *(gloria, pulchritudo, opinio virtutis, ingenium).*
- *praeclarus* ›hervorleuchtend, herrlich, durch bewundernswerte äußere oder innere Vorzüge ausgezeichnet‹ *(indoles, facinus, conatus, homo in philosophia, gens bello praeclara).*
- *praestans* ›vorzüglich, vortrefflich im Vergleich zu anderen, die an Bedeutung zurückstehen oder nicht die gleiche Fähigkeit haben, etwas Bedeutendes zu leisten‹.
- *excellens, praecellens* ›ausgezeichnet, vor seinesgleichen sich hervortuend‹.
- *unicus* und *singularis* ›einzig in seiner Art, außerordentlich‹.
- *praecipuus* ›außerordentlich, vorzüglich (im Guten und Schlimmen, von Personen und Sachen, die irgendetwas vor anderen voraus haben)‹.

fidem, iustitiam, moderationem: Verbindung von Gliedern einer Aufzählung (NM § 430):
a) unverbunden nebeneinander (Asyndeton).
b) alle Glieder werden mit *et* verbunden (Polysyndeton).
c) nur an das letzte Glied tritt *-que* (Monosyndeton).

moderationem: ACHTUNG: *modestia* heißt ›Bescheidenheit‹.

Verebatur: Ausdrücke der Furcht und Unruhe (MSyn Nr. 11 ›fürchten‹):
– *timēre* ›fürchten, sich fürchten, sich ängstigen‹, d. h. das lebhafte Gefühl der Angst oder Bangigkeit haben, weil man die eigene Schwäche fühlt oder feige ist, daher fast stets tadelnswert.
– *pertimescere* ›stark fürchten‹.
– *metuere* ›befürchten, besorgt sein‹, weil man die Gefährlichkeit einer Sache richtig erkennt und sie durch kluges Verhalten meiden möchte.
– *verēri* ›Ehrfurcht, Hochachtung, Scheu fühlen vor einer Person oder Sache‹, deren Größe und Bedeutung imponiert und mit dem Gefühl der Bescheidenheit oder Niedrigkeit erfüllt.
– *reformidare* (selten *formidare* < *formīdō, -inis* f. ›Schreckbild, Grausen‹) ›Grausen oder unwillkürlichen Widerwillen empfinden‹.
– *horrēre* ›schaudern, sich entsetzen‹.
– *pavēre* ›zagen, verzagt sein, bangen‹.
– *trepidare* ›in banger Angst, erregt sein‹.
– *sollicitari* ›in innerer Unruhe sein‹.

Da Cäsar sich im *Bellum Gallicum* in einem besonders guten Licht darstellt, verwendet er von dieser breiten Palette in Bezug auf sich keine Ausdrücke, die auf Panik, Irrationalität oder Kontrollverlust schließen lassen. Stattdessen stehen *metuere*, das seine Besonnenheit hervorhebt, und *vereri*, das seine *pietas* betont.

enim: *nam* steht (wie *etenim* und das seltene *namque*) begründend immer am Satzanfang, *enim* steht nie am Satzanfang, sondern an der zweiten Stelle eines Satzes (NM § 440).

animum Diviciaci: Statt der deutschen Reflexiv- oder Personalpronomina, die eine Einheitlichkeit des Menschen suggerieren, verwendet das Lateinische oft spezifischere Substantive, so *animum offendere / commovere / confirmare*, *corpus (corpora) exercere* ›sich üben / Leibesübungen betreiben‹, *memoriae mandare* ›sich einprägen‹ usw. (RH § 185,6).

puniendo fratre(m): Die *nd*-Form ist idiomatischer als *poena*; Cäsar gebraucht *supplicium*, das v. a. ›Hinrichtung‹ bedeutet. Im präpositionslosen Ablativ steht häufiger das Gerundivum als das Gerundium. Das Gerundium steht hier nur dann, wenn Einzelglieder betont werden sollen oder ein Gegensatz hervorgehoben werden soll (NM § 515,1). Diese Wiedergabe empfiehlt sich hier, weil der Bruder als naher Anverwandter betont ist und ebenso die Strafe, da sie im Gegensatz zu anderen Handlungsmöglichkeiten steht.

offenderet: MSyn Nr. 16 ›verletzen‹:
– *laedere* ›verletzen‹, ›beschädigen‹ (physisch und juristisch).
– *vulnerare* ›eine körperliche Wunde beibringen‹.
– *offendere* ›seelisch kränken‹ (hier der passende Ausdruck).
– *violare* ›entehren‹, ›entheiligen‹ (*templum, dignitatem consulis*).
– *sauciare* ›schwer verletzen‹.

Itaque priusquam quicquam conaretur, ante diem nonum Kalendas Maias Diciviacum ad se vocari iussit et cum eo remotis interpretibus per C. Valerium, qui quartae legioni praeerat cui omnium rerum summam fidem habebat, collocutus est.

quicquam: Das substantivische *quisquam, quidquam / quicquam* und das adjektivische *ullus, ulla, ullum* können nur in inhaltlich verneinten Sätzen, (rhetorischen) Fragen und in hypothetischen Perioden auftreten (NM § 91).

priusquam ... conaretur: Hier steht der Konjunktiv, da zum Zeitpunkt des Hauptsatzes noch keine Handlung stattgefunden hat (NM § 579, RH § 257). *priusquam* empfiehlt sich statt *antequam*, um die unschöne Doppelung mit *ante diem* zu vermeiden.

ante diem nonum Kalendas Maias: Römischer Kalender (RH § 276, NM S. 900 f.):

Die Römer gaben das Datum anhand von Fixtagen im Monat an (immer Plural f.):
Kalendae, arum f. – 1.
Nonae, arum f. – 5.
Idūs, Iduum f. –13.

In den Monaten, die man anhand ihrer Anfangsbuchstaben mit dem Merkwort MILMO bezeichnet (M = März, IL = Juli, M = Mai, O = Oktober), verschieben sich die Nonen und Iden um je zwei Tage. Die Nonen fielen also auf den 7. und die Iden auf den 15. Das prominenteste Beispiel sind die Iden des März = 15.3. (Datum von Cäsars Ermordung 44 v. Chr.).

Der Monatsname kongruierte als Adjektiv mit diesen Fixtagen. Fiel das Datum auf die Fixtage, stand der Fixtag im Ablativus temporis, also *Kalendis Octobribus* ›am ersten Oktober‹. Bei den übrigen Tagen wird vom nächsten Fixtag aus rückwärts gerechnet und das Datum mit *ante* + dem Fixtag im Akkusativ angegeben. Der Tag vor dem Fixtag wurde mit *pridie* ausgedrückt: *pridie Nonas Septembres* ›am 4. September‹. Bei den übrigen Tagen steht *ante diem* + dem Tagesabstand von dem Fixtag als Ordinalzahl: *ante diem tertium Idus Septembres* ›am 11. September‹. Der Fixtag, von dem aus gerechnet wird, zählt also mit.

Rechne deshalb für die Bestimmung der Ordinalzahl (außer bei einem Fixtag oder *pridie*): Fixtag (Kalenden, Nonen, Iden) + 1 (+ Gesamtzahl des betreffenden Monats bei den Kalenden, also 31 für Januar, 28 für Februar) – moderne Tageszahl im dt. Text = Zahl der lateinischen Ordinalzahl bei *diem*.

interpretibus: *vertere, interpretari* ›übersetzen‹.

per C. Valerium: *per* bei einer Person gibt den Mittelsmann an, über den eine Handlung zustande kommt, und bedeutet ›durch, vermittels, mit Hilfe von‹ (NM § 201,19c, § 376,2). Die Person ist oft wie im vorliegenden Fall ein Bote oder Gesandter (*Hoc per legatos rogandum est?*, Cic. *Phil.* 5,27). Der ursprüngliche räumliche Gedanke dieser Ausdrucksweise ist daran noch erkennbar.

qui ... cui: Zwei Relativsätze stehen asyndetisch nebeneinander, wenn sie nicht gleichwertig sind, sondern der erste enger zu seinem Bezugswort gehört und mit ihm bisweilen einen Begriff bildet; bei Gleichwertigkeit werden sie mit *et* oder *-que* verbunden (RH § 243,3).

Statt der Koordinierung zweier gleichwertiger Relativsätze mit *-que* steht bei Cicero zuweilen eine Form von *is, ea, id*, die mit *-que* (*off.* 2,40), *et* oder *neque* angeschlossen wird (NM § 589,3):

Sed omnes tum fere, qui nec extra urbem hanc vixerant neque eos aliqua barbaries domestica infuscaverat, recte loquebantur. (Cic. *Brut.* 258)
›Aber es pflegten doch dazumal fast alle richtig zu reden, soweit sie nicht außerhalb dieser Stadt lebten beziehungsweise unter einem schlechten familiären Einfluss litten.‹ (Übers. Kytzler 195)

Oft ist jedoch das Prädikat der beiden Relativsätze identisch (*de orat.* 2,299; *fin.* 1,42), dasselbe Verb (*fin.* 2,5) oder ein semantisch verwandtes Verb (*Tusc.* 3,16):

Pythagora[s] ..., quem [...] Pliuntem venisse ferunt eumque (statt *quemque* oder der Weglassung des Relativpronomens) *cum Leonte [...] disseruisse quaedam* (*Tusc.* 5,8).
›Pythagoras [...], der nach Phleius [Stadt in der nö. Peloponnes] gekommen sein und dort mit Leon [...] über dies und das diskutiert haben soll.‹ (meine Übers.)

Diese Konstruktion tritt bei Cicero nur 20mal auf, bei Cäsar ist sie gar nicht belegt (KS II S. 325). Deshalb ist sie keine lernenswerte Alternative für den aktiven Lateingebrauch. Ihre passive Kenntnis für die Übersetzung aus dem Lateinischen ist hinreichend.

praeerat: Dieses Verb bezeichnet einen Zustand. *praeficere aliquem alicui* ›an die Spitze stellen‹ ist dagegen aktiv-kausativ; ACHTUNG: *praestare (alicui)* ›sich auszeichnen (vor jm.)‹.

collocutus est: *colloqui cum aliquo* ›mit jm. reden, sich mit jm. unterhalten‹ (tätigkeitsorientiert); *dicere alicui aliquid* ›jm. etwas sagen‹ (zielorientiert).

Klausur 2: nach *BG* 1,43

indirekte Rede (RH § 264, NM §§ 470–2)
Wiederholung: Temporalsätze (RH §§ 255–58, NM §§ 573–581)
AWS Nr. 1, 18, 43, 58

Übersetzen Sie bitte den folgenden Text ins Lateinische.

Als man dorthin gekommen war, erwähnte Cäsar am Anfang seiner Rede (nominal) die Wohltaten des Senats, dass er [= Ariovist] (nämlich) König genannt worden sei. Diese Sache sei nur wenigen zuteil geworden. Er klärte auf (übersetze: lehrte), dass der Senat beschlossen habe, die Häduer sollten Freunde des römischen Volkes sein, wie sie zu jeder Zeit den Vorrang ganz Galliens gehabt hätten, auch (schon) bevor sie unsere Freundschaft erstrebt hätten. Folgendes sei die Angewohnheit des römischen Volkes: Es wolle, dass seine Bundesgenossen nicht nur nichts des Ihrigen verlören, sondern auch an Ehre und Würde zunähmen. Wer könne ertragen, dass ihnen das entrissen werde, was sie zur Freundschaft des römischen Volkes hinzugebracht (freier: in die Freundschaft eingebracht) hätten?

Er forderte darauf dasselbe, was er den Gesandten gesagt hatte: Er solle weder die Häduer noch ihre Bundesgenossen mit Krieg überziehen, die Geiseln zurückgeben und, wenn er die Germanen, die er über den Rhein habe kommen lassen, nicht zurückschicken könne, verhindern, dass weiter der Rhein überschritten werde.

Ariovist erwiderte, er wolle lieber (gemütlich) mit Cäsar auf der faulen Bärenhaut ein kühles Bier *(cervesia)* trinken, und fragte ihn, ob er bereit sei, ein leckeres Weinchen aus der Provence mitzubringen. (bitte auch übersetzen)

Hilfen in den Klammern nicht mit übersetzen.

Lösungsvorschlag für die Klausur 2: nach *BG* 1,43 (indirekte Rede, Temporalsätze)

Ubi eo ventum est, Caesar initio orationis beneficia senatus commemoravit, quod rex appellatus esset. Quam rem paucis contigisse.

Ubi: Übersetzung der Konjunktion ›als‹ (NM § 575, § 577,2):

Wenn ›als‹ rein temporal gebraucht wird und keinerlei Nebensinn enthält (also keine logische Beziehung zwischen der Handlung des Temporalsatzes und des Hauptsatzes besteht), der den Konjunktiv erfordert, ist *cum temporale* zu benutzen. Es steht »bei genauer Bestimmung des Zeitpunktes einer einmaligen Handlung des übergeordneten Satzes durch den Nebensatz (oft mit Korrelativ im übergeordneten Satz wie *nunc, tum, eo tempore* u. ä.): ›zu der Zeit, wo‹.« (RH § 253,1)

Sex [sc. libros] de re publica, quos tum scripsimus, cum gubernacula rei publicae tenebamus. (Cic. *div.* 2,3)

›Die sechs Bücher »Über den Staat«, die ich damals verfasste, als ich noch an der Leitung des Staates beteiligt war.‹ (Übers. Schäublin 137)

Zur Bezeichnung einer einmaligen vorzeitigen Handlung steht auch *ut / ubi (primum), simul(atque)* ›sobald‹ mit dem Indikativ Perfekt (RH § 256,1). Hierbei handelt es sich wie bei dem Perfekt nach *postquam* um ein absolutes Tempus.

Caesar [...], ubi se diutius duci intellexit, [...] graviter eos [sc. principes Haeduorum] accusat. (Caes. *Gall.* 1,16,5)

›Als Cäsar sah, dass man ihn immer nur hinhalte, [...] machte [er] ihnen [sc. den führenden Häduern] bittere Vorwürfe.‹ (Übers. Schönberger 25)

Auch in indikativischen Temporalsätzen kann der Modus an einen Konjunktiv im übergeordneten Satz angeglichen werden (sog. Attractio modi) (KS II S. 203).

eo: Die Lokaladverbien haben dieselben Bedeutungen wie die Demonstrativpronomina, von deren Stamm sie abgeleitet sind.

hic – huc – hinc (1. Pers.)
istic – istuc – istinc (2. Pers.)
illic – illuc – illinc (3. Pers.)
ibi – eo – inde (in der Rede)

ventum est: Wiedergabe von dt. ›man‹ (RH § 106, NM § 244, KS I S. 653 Anm. 21):

- Passive Form (bei transitiven Verben steht persönliches Passiv, bei intransitiven (wie hier) unpersönliches Passiv): *reprehendor* ›man tadelt mich‹, *templis parcitur* ›man schont die Tempel‹
- 1. Ps. Pl. Akt., wenn der Redende sich mit einschließt, oft für als allgemein menschlich angesehene Verhaltensweisen: *Quae volumus, et credimus libenter.* (Caes. *civ.* 2,27,2) ›Was man will, glaubt man gern.‹ (Übers. Schönberger 139)
- 2. Ps. Sg. Konj. Präsens bei einem angenommenen Zuhörer: *Credas, dicas* ›man kann glauben‹
- Auch in Nebensätzen, wo der Konjunktiv gefordert ist: *Nam et, cum [coni. quem] docilem velis facere, simul attentum facias oportet.* (Cic. *inv.* 1,23) ›Denn wenn man jemanden belehrbar machen will, muss man ihn zugleich aufmerksam machen.‹ (Übers. Nüßlein 51)
- 3. Ps. Ind. Pl. Akt. bei einem impliziten Kollektiv (vgl. dt. ›die Leute, sie‹), v. a. bei Verba dicendi: *ferunt, dicunt* ›man berichtet, sagt‹
- Durch die Indefinitpronomina *quis / aliquis* (*si quis dicit*) und *quispiam* (fast nur in der Wendung *dixerit quispiam* ›man könnte sagen‹)
- Bei Modalverben durch unpersönliche Ausdrücke wie *licet, oportet,* etc.

ANMERKUNG: Merke folgende Ausdrücke: *accepimus* ›wir haben vernommen, d.h. man weiß‹, *ut scriptum videmus* (Cic. *div.* 1,31) ›wie man geschrieben findet‹.

initio: Dt. ›am Anfang‹ wird entweder mit *initio* oder *(in) principio* wiedergegeben (NM § 153). *In initio* ist unklassisch.

Aristoteles principio Artis rhetoricae dicit. (Cic. *orat.* 114)

initio orationis: Phrasen zu ›Anfang, beginnen‹, ›Rede‹: *initium / finem dicendi facere* ›anfangen / aufhören zu reden‹; *orationem habere* ›eine Rede halten‹; *munus inire* ›ein Amt antreten‹.

Alle Partizipialkonstruktionen verfehlen den Sinn, da es nicht um den Beginn des Redens, d. h. des phonatorischen Aktes bzw. der Lautäußerung, sondern um den ersten Teil der Rede geht.

commemoravit: oder auch *commonefacere*. (Cic. Verr. 5,112, *fam.* 13,72,1) + Acc. *personae*, Gen. *rei* ›jn. an etwas erinnern, ermahnen, in Erinnerung bringen‹.

rex: *rex* bedeutet in Rom ›Tyrann‹ und kann sich deshalb schwerlich auf eine Auszeichnung beziehen, die Cäsar vom Senat zugebilligt wurde, d. h. das ›er‹ der Aufgabenstellung kann sich nur auf Ariovist beziehen.

quod rex appellatus esset: Wie im vorangehenden Lösungsvorschlag kennzeichnet der oblique Konjunktiv den Inhalt des faktischen *quod*-Satzes (›dass‹) als die Meinung des Sprechenden (NM § 457,2).

Docuit senatum constituisse, ut Haedui amici populi Romani essent, ut omni tempore principatum totius Galliae tenuissent, prius etiam quam amicitiam nostram petivissent.

Docuit: Dieses Verb heißt auch ›zeigen, nachweisen‹ (Neuer Georges s.v.). Dass Cäsar es für seine Ausführungen gegenüber Ariovist gebraucht, gibt ihnen gleichwohl einen herablassend-belehrenden Anstrich: Cäsar klärt Ariovist über die Hintergründe und römischen Gepflogenheiten auf.

constituisse: Übersetzung von dt. ›beschließen‹.
a) *statuere, constituere, decernere, alicui placet* et al. können sowohl mit *ut* als auch mit bloßem Inf. stehen. »Im allgemeinen überwiegt bei gleichem Subjekt der Inf., bei ungleichem *ut* oder AcI mit prädikativem Gerundivum« (RH § 234,3).

Statuunt, ut decem milia hominum [...] in oppidum submittantur. (Caes. *Gall.* 7,21,2)
›Sie beschließen, dass 10.000 Menschen in die Stadt geschickt werden sollten.‹ (Übers. RH)

Verre[s] [...] statuerat [...] non adesse. (Cic. Verr. 2,1,1)
›Verres hatte beschlossen, nicht anwesend zu sein.‹ (Übers. RH)

ACHTUNG: Mit AcI heißt *constituere* ›behaupten‹, *statuere* und *decernere* ›urteilen, meinen‹ (s. die Liste mit unterschiedlichen Bedeutungen je nach Konstruktion NM § 483).

b) *consilium capere* kann mit Infinitiv, *ut*-Satz oder Gerundium / Gerundiv im Genetiv stehen (übersichtliche Tabelle bei NM § 517,3). Hierbei muss die Stellung der abhängigen Konstruktionen berücksichtigt werden.

Wenn *consilium* ohne Attribut steht, kann sowohl ein Infinitiv als auch ein *ut*-Satz nachgestellt werden. Bei einer Gerundivkonstruktion steht das Gerundivum vor *consilium*. Bei medio-passiver Konstruktion des abhängigen Gliedsatzes wird der Infinitiv bzw. *ut*-Satz nachgestellt, eine Gerundivkonstruktion ist nicht möglich.

Hat *consilium* ein Attribut bei aktiver Konstruktion von *capere*, ist nur ein nachgestellter *ut*-Satz möglich, ebenso bei Subjektsverschiedenheit.

Wird *consilium capere* passivisch konstruiert, sind ein nachgestellter *ut*-Satz sowie eine Gerundivkonstruktion mit freier Stellung möglich.

Galli belli renovandi [...] consilium capiunt. (Caes. *Gall.* 3,2,2)
›Die Gallier fassen den Plan, den Krieg wieder aufzunehmen [...].‹ (Übers. RH)

ut ... tenuissent: *ut* dient der Einleitung eines indikativischen Vergleichssatzes (›wie‹) (NM § 570,3).

Ab hoc abaci vasa omnia, ut exposita fuerunt, abstulit. (Cic. Verr. 2,4,35)
›[Er] nahm alle Gefäße von der Anrichte weg, wie sie dort aufgestellt waren.‹ (Übers. Fuhrmann, Bd. 4,165 f.)

An der vorliegenden Stelle ergibt sich der Konjunktiv aus der indirekten Rede bzw. der Attractio modi.

Bei Cäsar leitet *ut* oft einen indikativischen Einschub ein, der einen Verweis innerhalb der Rede enthält, zumeist auf zuvor Gesagtes (NM § 60,2).

Dissipatis ac perterritis hostibus, ut demonstravimus, manus erat nulla, quae parvam modo causam timoris adferret. (*Gall.* 6,35,3)
›Da der Feind, wie gesagt, versprengt und eingeschüchtert war, gab es keine Streitmacht, die auch nur im geringsten zu fürchten war.‹ (Übers. Schönberger 299, 301)

Nach Verba sentiendi steht ein konjunktivischer indirekter Fragesatz, vgl. Hor. *carm.* 1,9,1 f.: *Vides ut alta stet nive candidum / Soracte?* ›Siehst du Soractes Gipfel im tiefen Schnee erglänzen?‹ (Übers. Färber 21) und Cic. *Mur.* 22: *Ille tenet et scit, ut hostium copiae, tu, ut aquae pluviae arceantur.* ›Er weiß genau, wie man feindliche Truppen, du, wie man Regenwasser abwehrt.‹ (Übers. NM)

Tamquam und *velut* stehen nur vor einzelnen Wörtern, mit *si* leiten sie einen kondizionalen Vergleichssatz ›wie wenn‹, ›als ob‹ ein (NM § 571).

prius etiam quam: Die Konjunktionen *ante(a)quam* und *priusquam* sind aus zwei Bestandteilen zusammengewachsen (›früher / eher ... als‹), die klassisch noch getrennt und sogar auf Neben- und Hauptsatz verteilt werden können (NM § 579, KS II S. 366 f.).

Eaque ante efficit paene, quam cogitat. (Cic. *div.* 1,120) ›Es [führt] diese Bewegungen beinahe eher aus, als es den Gedanken dazu fasst.‹ (Übers. Schäublin 119)

prius etiam quam ... petivissent: Bei *antequam* und *priusquam* steht der Konjunktiv zum Ausdruck einer finalen oder potentialen Bedeutung, d. h. der Unwirklichkeit oder Unmöglichkeit der Nebensatzhandlung zum Zeitpunkt des Hauptsatzes. Hier erscheint der Konjunktiv, weil es sich um Cäsars Aussage handelt. Im Indikativ steht wie nach *postquam* mit Bezug auf ein Vergangenheitstempus im Hauptsatz absolutes Tempus (d. h. Perfekt) (RH § 257, KS II S. 367). Weitere Details zur Tempus- und Modusgebung nach *antequam* und *priusquam* s. NM § 579, KS II S. 366–372.

Hanc esse consuetudinem populi Romani, ut velit socios non solum nihil sui deperdere, sed etiam honore et dignitate augeri. Quis pateretur eis id eripi, quod ad amicitiam populi Romani attulissent?

Hanc: Das Relativ-, Interrogativ- und Demonstrativpronomen als Prädikatsnomen bei *esse* kongruiert mit seinem Bezugswort und steht nicht wie im Deutschen im Neutrum (RH § 108b,2, NM § 258: *ista quidem vis est* (Suet. *Iul.* 82,1) ›Das [d. h. dein Verhalten] ist ja Gewalt‹ [Übers. nach RH]). Bezieht es sich dagegen auf einen Haupt- oder Gliedsatz, steht es im Neutrum. In dieser Funktion wird auch *res* + Demonstrativpronomen gebraucht (NM § 68,7).

esse consuetudinem: *consuetudo est, ut* folgt der allgemeinen Regel:

Substantiv (a. *locus, moris, mos, tempus, occasio*) + *est, ut* (konsekutivischer Substantivsatz); besonders wie hier in Verbindung mit einem demonstrativen oder relativen Pronomen (KS II S. 244, RH § 237).

ANMERKUNG: Bei *mos* ist auch ein Genetivus possessivus (RH § 131,2b) möglich (NM § 536,2, KS II S. 244): *moris est*.

Ohne *esse* steht dagegen der Genetiv einer *nd*-Form (NM § 513,2a):

Conloquendi Caesari causa visa non est. (Caes. *Gall.* 1,47,2)
›Cäsar meinte, es sei kein Anlass für ein Gespräch gegeben.‹ (Übers. NM)

AUSNAHME: Bei der Verbindung mit *esse* steht ein Infinitiv, wenn der Verbalinhalt und das Substantiv keine Einheit bilden. Probe: Im Deutschen lässt sich kein Kompositum bilden (NM § 517,2a): *Erat enim ars difficilis recte rem publicam regere.* (Cic. *Att.* 7,25) ›Es war nämlich eine schwierige Kunst, den Staat richtig zu führen.‹ (meine Übers.) Hier gehört nicht *regere*, sondern *difficilis* näher zu *ars*.

velit: Ausreichende semantische Differenzierung. *id studeo, ut* ist nicht erforderlich. Nach Verba voluntatis steht bei Subjektsgleichheit der Infinitiv, sonst der AcI (RH § 169). Der Konjunktiv mit oder ohne *ut* ist auf kurze, umgangssprachliche Sätze beschränkt, meist in der ersten Singular (NM § 482). In Perioden wie der vorliegenden ist er zu vermeiden.

deperdere: Dt. ›verlieren‹ (MSyn Nr. 79):
- *amittere* (allg.) – durch Zufall, Nachlässigkeit, unbeabsichtigt.
- *deperdere* – durch eigene Schuld vergeuden oder zugrunde richten, so dass die Sache unwiederbringlich verloren ist.

augeri: Übersetzung von ›wachsen, zunehmen‹:
- *crēscere* (im Sinne von αὐξάνεσθαι), als biologisch-natürlicher Prozess wie von Pflanzen und Tieren.

- *augeri* + Abl. *copiae* (vgl. NM § 378,1g, vgl. NM § 378 »Der Ablativus copiae bezeichnet die Menge, mit der etwas angefüllt wird, von der etwas voll ist oder die jemand besitzt.«) Das Verb steht bei den Verben des Anfüllens, Vollseins und Reichseins und bei Abstrakta und sozialen Gütern, deren Umfang zunimmt (MSyn Nr. 112).

[…] ut Sullanos possessores divitiis augeatis, periculo liberetis? (Cic. *leg. agr.* 2,69)
›[…] damit ihr die sullanischen Besitzer mit Reichtümern mästet und von der Bedrohung befreit?‹ (Übers. Fuhrmann, Bd. 2,171)

in dies hostium numerum augeri (Caes. *Gall.* 3,23,7)
›dass die Zahl der Feinde von Tag zu Tag zunehme‹ (meine Übers.)

corrorbare ›erstarken‹ ist zwar klassisch, verbindet sich aber nicht mit sozialem Prestige.

Quis pateretur: Deklarative rhetorische Fragen treten bei der Umwandlung in die Oratio obliqua auch dann in einen AcI, wenn sie durch ein Fragepronomen eingeleitet werden (NM § 470,4). Diese Umwandlung unterbleibt hier, da es sich um einen anderen Typ der rhetorischen Frage handelt. Bereits in der direkten Rede müsste nämlich der Coniunctivus indignationis stehen (NM § 470,5), wie im Deutschen am idiomatischen Modalverb ›könne‹ erkennbar (vgl. NM § 495).

pateretur: Übersetzung von ›ertragen‹ (KS I S. 694d, MSyn Nr. 59):
- *ferre* bedeutet »etwas Unangenehmes, Lästiges ertragen oder vertragen entsprechend dem eigenen Wesen und Charakter«.
- *pati:* »Unangenehmes geduldig ertragen, sich gefallen lassen, ohne sich dagegen zu sträuben oder zu widersetzen«.
- *tolerare:* »ein Leiden, eine Beschwerde mit Kraft und Ausdauer ertragen, d. h. auf sich nehmen und aushalten, ohne zu erliegen.«

In unserem Fall ist *ferre* oder *pati* zu benutzen.
Konstruktion: *Ferre* üblicherweise mit AcI (z. B. Cic. *de orat.* 2, 344). Oft auch: *Ferendum non est* + AcI / *quod*. *Perferre* mit Inf. / AcI ist unklassisch.

ACHTUNG: *suscipere* bedeutet ›auf sich nehmen‹, *tolerare* und *sustinere* + AcI sind klassisch ungebräuchlich (KS I S. 694d).

Tum idem postulavit, quod legatis dixerat: Ne Haeduis aut eorum sociis bellum inferret, obsides redderet, si Germanos, quos Rhenum transire passus esset, remittere non posset, impediret, quominus / ne amplius Rhenus transiretur.

Tum: *tum* wird für den zeitlichen Fortgang und die gedankliche Fortführung (Aufzählungen u. a.) verwendet, das seltenere *tunc* nur für die zeitliche Abfolge (NM § 155).

postulavit: Zur Konstruktion von *poscere / postulare* (NM § 355,3a):
Bei *poscere, reposcere, flagitare* steht der doppelte Akkusativ der Person und Sache *(aliquem aliquid)* oder *aliquid ab aliquo;* es kann jedoch kein Nebensatz angeschlossen werden.
Postulare wird dagegen entweder mit *aliquid ab aliquo;* konstruiert, oder das Sachobjekt wird durch einen finalen Gliedsatz ausgedrückt *(ut / ne),* was klassisch bei *poscere* nicht belegt ist.

si … non: »*Nisi* und *si non* (»wenn nicht«) unterscheiden sich insofern, als *nisi* die Geltung des Folgerungssatzes einschränkt (»nicht in dem Fall, dass«, »außer wenn«), *si non* ein einzelnes Wort des Bedingungssatzes oder den Bedingungssatz selbst verneint.« (RH § 261,1, Einzelheiten s. NM § 565) Hier wird im Wesentlichen *remittere* eingeschränkt (in Opposition zu *transire*).

a) *Memoria minuitur […], nisi eam exerceas.* (Cic. *Cato* 21)
b) *Caesar […] imperat, si sustinere non possit [Labienus], deductis cohortibus eruptione pugnet.* (Caes. *Gall.* 7,86,2)
›Cäsar […] befahl, wenn er [sc. Labienus] nicht standhalten könne, solle er die Kohorten vom Wall holen und einen Ausfall machen.‹ (Übers. Schönberger 417)

Die Konjunktion *ni* ist selten und kann sowohl für *nisi* als auch für *si non* stehen (NM § 565). Wegen ihrer Seltenheit empfiehlt sie sich allerdings nicht als Passepartout-Lösung, um die Unterscheidung zwischen *nisi* und *si non* zu umgehen.

passus esset: Zur Übersetzung von ›lassen‹ (KS I S. 694) (für eine ausführliche Darstellung s. den letzten Lösungsvorschlag): *facere* + AcI ›veranlassen‹ ist vor- und nachklassisch. Klassisch *facere/ efficere/perficere, ut (ne)* stehen nur im Sinne von ›bewirken‹. Hier empfiehlt sich *pati* ›zulassen‹, da das Folgende zeigt, dass sich die Völkerwanderung eher im Windschatten Ariovists als in dessen Auftrag vollzieht.

amplius: oder *perseverare* + Inf. (Cic.) ›bei etwas verharren, etwas fortsetzen‹.

Ariovistus respondit se malle cum Caesare in pelle ursi stratum gelidam cervesiam bibere et ex eo quaesivit, nonne paratus esset dulce vinum Provincia ortum adferre.

malle: Klassisch steht *praeferre* nicht mit verbaler Ergänzung.

nonne: Indirekte Satzfragen werden gewöhnlich durch *num* oder *-ně* (›ob, ob nicht, ob etwa‹) eingeleitet, ohne dass damit angedeutet wird, ob eine bejahende oder verneinende Antwort erwartet wird. *num* kann allerdings eine negative Antwort erwarten. Nur nach *quaerere* steht bei Cicero bisweilen *nōnne* im Sinne von ›ob‹ (NM § 522). *an* ›ob‹ und *an non* ›ob nicht‹ stehen nur nach Ausdrücken des Nichtwissens und der Unsicherheit *(nescio, haud scio, incertum est)* (RH § 233b, NM § 187,4; zum Gebrauch von *haud* s. NM § 149,1).

paratus: *paratus esse* + Infinitiv (NM § 474,1d, KS I S. 669); ohne *esse* wird *paratus* mit *ad* + Gerundium/Gerundiv ergänzt (NM § 513,1a, RH § 174,3), doch steht bei Cäsar auch *paratus* ohne *esse* + Infinitiv (KS I S. 669): *civ.* 2,32,8 (Rede), 3,9,5.

Klausur 3: nach *BG* 1,16–18 (*dass*-Sätze)

AWS Nr. 2, 3, 19, 32, 40, 48

Übersetzen Sie bitte den folgenden Text ins Lateinische.

Als Cäsar ein paar Tage später sah, dass der Tag anstand, an dem den Soldaten das Getreide zugeteilt werden musste, beschuldigte er nach Zusammenrufen der Fürsten der Häduer, von denen eine große Zahl in seinem Lager war, am 10. Mai diese, dass er von ihnen keine Hilfe erfahre, besonders da er großenteils auf ihre Bitten hin in den Krieg eingetreten sei.

Nachdem Cäsar sich beklagt hatte, dass die Häduer ihm kein Getreide geliefert hätten, sagte Lusticus, es gebe einige, deren Ansehen beim Volk sehr stark sei. Diese schreckten die Menge mit unredlicher Rede ab, das Getreide zusammenzubringen, das zu liefern sie versprochen habe. Sie zweifelten nicht, dass die Römer, wenn sie die Helvetier überwunden hätten, den Häduern zusammen mit dem übrigen Gallien die Freiheit entreißen würden. Es bestehe ja sogar die Gefahr, dass sie von den Römern versklavt würden.

Cäsar merkte, dass mit dieser Rede Pustefix bezeichnet wurde (freier: sie auf ihn abzielte). Er freute sich, diese Dinge erfahren zu haben. Weil er jedoch fürchtete, dass diese Dinge in Anwesenheit mehrerer Personen verhandelt würden, entließ er schnell den Rat und behielt Lusticus zurück.

Hilfen in den Klammern nicht mit übersetzen.

Lösungsvorschlag für die Klausur 3: nach *BG* 1,16–18 (*dass*-Sätze)

Cum Caesar nonnullis diebus post videret, diem instare, quo (die) militibus frumentum tribui (Caes. metiri) oporteret, convocatis Haeduorum principibus, quorum magnus numerus in castris erat, ante diem sextum Idus Maias eos accusavit, quod ab eis non adiuvaretur / sibi auxilium non ferretur, praesertim cum magna ex parte precibus eorum adductus (Caes.) / rogatu eorum, bellum suscepisset.

nonnullis diebus post: S. den Hintergrund *Zeiträume*.

quo: *quo,* da *dies, diei,* m. ›Tag‹; *dies, diei,* f. ›Termin‹.

tribui: Der Infinitiv Passiv wird im AcI gesetzt, um Mehrdeutigkeiten bezüglich des Subjekts- und Objektsakkusativs zu vermeiden (RH § 170,2, NM § 480,3).

oporteret: Bei einer *nd*-Form wird der Dativ *militibus* ambivalent. *Debere* ist persönlich.

quorum: »Statt des partitiven Genetivs stehen oft die Präpositionen *de* und namentlich *ex* (selten *in,* ganz vereinzelt *ab* [...])« (KS I S. 425). *ex* steht »von dem Ganzen in Beziehung auf seine Teile« (KS I S. 506). Das partitive *de* bezeichnet »[d]as Ganze, von dem ein Teil genommen wird.« (KS I S. 499). *ex* oder *de* treten statt eines Genetivus partitivus nur zu einem Substantiv im Sg., das eine Ganzheit bezeichnet *(quis de plebe),* indeklinablen Zahlwörtern und pluralischen Zahladjektiven (RH § 130 [S. 147], vgl. NM § 292 f.). *Numerus* ist aber ein klassisches Bezugswort für einen Genetivus partitivus.

praesertim: Dt. ›besonders‹ (Georges Dt.-Lat. s.v., NM § 172):

– *imprimis* ›in erster Linie, wie nur wenige, unter den ersten, zuerst vor allen‹. Verwendung fast ausschließlich mit positiven Ausdrücken, schreibt dem Subjekt oder Prädikat den Vorrang vor allen Übrigen zu.
– *praesertim* ›zumal, noch dazu‹, bezieht sich auf eine ausgezeichnete Bedingung oder Ursache, wodurch das Gesagte noch größeres Gewicht erhält. Verwendung ausschließlich in kausalen oder kondizionalen Sätzen. Der Grund oder die Bedingung wird oft durch einen verkürzten Satz oder einen Gliedsatz ausgedrückt.
– *maxime* ›am meisten‹, zielt auf den Grad.
– *insigniter, singulariter, eximie, egregie* ›äußerst, absolut, vorzüglich‹, ausgezeichnet durch Beschaffenheit und Güte.
– *praecipue* ›vor allen anderen, vorzugsweise‹; bezeichnet eine Auszeichnung, die man genießt, und steht nur mit Verben.

praesertim cum: *praesertim cum* oder *quippe cum* ›besonders weil‹. *praesertim* steht vor *cum/si* (NM § 172,2). *Praecipue/maxime* u. Ä. sind in dieser Funktion nicht üblich (vgl. NM § 172,1).

cum: *cum causale* ist subjektiv-argumentierend, d. h. es gibt den logischen Grund an (KS II 346), kausales *quod* hebt auf das Faktische ab und gibt den realen Grund an (KS II S. 383, NM § 582). Merke: *quoniam* ›da ja‹ zielt auf ein vorauszusetzendes Faktum, das bereits erwähnt oder allseits bekannt ist.

magna ex parte: *magnam partem* ›großenteils‹ ist adverbialer Akkusativ (RH § 118,2, NM § 360,2; weiterführend HS S. 46 f.). Seit Cicero und Cäsar wird auch *magna ex parte* verwendet (zu beiden: KS I S. 305 f.). *Magnam partem* impliziert eher eine Ausdehnung, während sich der Ablativ *magna ex parte* eher auf die Bitten bezieht und damit einen Grund für die Handlung angibt.

precibus: *preces, precum,* f.

adductus: Zum Ablativus causae tritt oft ein Partizip der Vorzeitigkeit als Stützpartizip, das im Deutschen unübersetzt bleibt (RH § 151,1, KS I S. 395 Anm. 13).

rogatu: *rogatu* + Gen. ›auf Bitten‹. »Einige Substantive der u-Deklination erscheinen fast nur im Ablativus causae.« Zu nennen wäre hier noch *iussu* ›auf Befehl‹. »Sie stehen i. d. R. mit einem Genetivus possessivus oder einem Possessivpronomen« (NM § 379,7).

rogatu eorum: Eine *nd*-Form im Gen. + *causa* kommt nicht in Frage, da sie einen Zweck ausdrückt und keinen subjektiven Grund, wie er hier vorliegt.

bellum suscepisset: MM S. 195 f.
- *bellum suscipere* ›sich auf einen Krieg einlassen‹.
- *bellum inferre (alicui)* ›jn. mit Krieg überziehen, Krieg anfangen‹ (gegen jn.).
- *bellum gerere (cum aliquo)* ›Krieg führen‹ (mit jm. / gegen jn.).
- *bellum administrare* ›einen Krieg leiten, in leitender Position führen‹.
- *bellum oritur* ›ein Krieg bricht aus‹ (Cic. prov. 32).

Cum Caesar questus esset Haeduos sibi frumentum non attulisse / contulisse / suppeditare, dixit Lusticus esse nonnullos, quorum auctoritas apud plebem plurimum valeret.

Cum: Dt. ›nachdem‹:
- *postquam* (+ Perf., absolutes Tempus) gibt eine einmalige vorzeitige Handlung an (NM § 577,1a).
- *cum (iterativum), ubi, simulatque* sowie – in Verbindung mit *quisque* und *quotienscumque* – *ut* bezeichnet eine wiederholte vorzeitige Handlung (NM § 578). In diesen Sätzen (sowie in Relativsätzen) steht, abweichend vom Deutschen, das Gleichzeitigkeit verwendet, ein vorzeitiges Tempus (sog. Antecedens iterativum, NM § 460).
- *cum historicum* + Konj. und Vorzeitigkeit (NM § 577,3) bezeichnet einen »inneren Zusammenhang«. Er ist das Wesensmerkmal des *cum* + Konj., ganz gleich ob dieses »in temporaler, kausaler, konzessiver oder sonst welcher Bedeutung« steht (KS II S. 343).

Hier muss *cum historicum* stehen, da ein innerer Zusammenhang zwischen Cäsars Beschwerde und Lusticus' Antwort besteht.

Caesar questus esset Haeduos sibi frumentum non attulisse: Nach den Verba querendi et criminandi stehen AcI oder ein *quod*-Satz (NM § 542,1).

frumentum non: ›Kein Getreide‹ heißt nicht *nullum frumentum*, da *nullus* nur das Substantiv verneint, auf das es sich bezieht. In diesem Fall könnte man dann mutmaßen, dass die Haeduer z. B. nur Kohlköpfe, aber kein Getreide geliefert hätten. Cäsar will aber wohl ausdrücken, dass gar nichts geliefert wurde; daher muss die ganze Lieferung verneint werden und *nōn* vor das Prädikat treten (RH § 203).

suppeditare: *ministrare* ›liefern‹ bezieht sich entweder auf das Aufwarten bei Tisch oder unorganische Gerätschaften (MSyn Nr. 26). *subministrare* ist dagegen in der vorliegenden Junktur bei Cäsar belegt (Neuer Georges s.v.).

plebem: MSyn Nr. 211 ›Volk‹:
- *populus*: ein Volk, das ein politisches Ganzes bildet, mit gemeinschaftlicher Regierung, gleichen Gesetzen und Einrichtungen.
- *gens, natio*: Eine einzelne ›Völkerschaft‹, ein Volksstamm mit Rücksicht auf gemeinsame Abstammung und Sprache.
- *plebs*: Das nichtadelige Volk, der niedere Bürgerstand, der gemeine Mann im Gegensatz zu Adeligen und Vornehmen (*patricii, patres, optimates*).
- *vulgus*: ›der Pöbel‹, ›das ungebildete Volk, der große ungebildete Haufen‹.
- *multitudo* ›die große Menge, Volksmenge‹.
- Die *multitudo* »[wird] zur *turba*, wenn sie verworren und zügellos ist«.

Quos multitudinem improba oratione deterrere, ne frumentum conferrent, quod se allaturos esse promisissent / polliciti essent.

improba: Dt. ›schlecht, schändlich‹ (MSyn Nr. 300 f.):
- *improbus* ›unredlich, moralisch schlecht‹.
- *turpis* ›schimpflich, schändlich‹ (bringt sittliche Schande).
- *nefandus* ›unsagbar, gräulich‹.

deterrere: *terreo* (trans.) ›jn. erschrecken‹
- *horreo* (refl.) ›sich erschrecken, (er)schaudern, sich entsetzen‹

deterrere, ne: Nach *(de)terreo (de, a)* und *(per)moveo* ›jn. abschrecken‹ steht *quominus* oder *ne* (NM § 530,1).

multitudinem … conferrent: Wie im Falle des folgenden Plurals *(promisissent)* handelt es sich hier um eine Constructio ad sensum (κατὰ σύνεσιν), d. h. die Numerus- und Genuskongruenz erfolgt nicht nach der Grammatik, sondern der Logik bzw. der außersprachlichen Realität (strukturalistisch gesprochen dem Referenten). Dabei werden überwiegend Personen bezeichnet, zumeist durch kollektive Ausdrücke.

Magna pars morem hunc induxerunt. (Plaut. *Most.* 114 f.)
›Ein großer Teil hat sich dieses Verhalten zu eigen gemacht.‹ (meine Übers.)

Diese Konstruktion ist in der Dichtung und vorklassisch viel verbreiteter als in der klassischen Prosa. In ihr tritt die Constructio ad sensum nur auf, wenn das Bezugswort und das kongruierende Wort auf verschiedene Teilsätze verteilt sind (wenige Ausnahmen bei Cäsar, bei Cicero nie innerhalb desselben Teilsatzes [KS I S. 23]), und beschränkt sich auf folgende Fälle:

1) Kollektiva, die von Personen gebraucht werden und eine unbestimmte Menge bezeichnen, wie *pars, vis, multitudo, iuventus, plebs* etc. (seltener bei einer geordneten Menge wie *exercitus, legio, cohors, equitatus, classis* etc.) (KS I S. 22).

a) Sie kongruieren wie im vorliegenden Fall mit dem Plural (RH § 108b,4, KS I S. 22–25, die sogar unsere Stelle zitieren).

Orgetorix […] civitati persuasit, ut de finibus suis cum omnibus copiis exirent. (Caes. *Gall.* 1,2,1) ›Orgetorix […] überredete den Stamm, mit der gesamten Habe sein Gebiet zu verlassen.‹ (Übers. Schönberger 9)

b) Auch Pronomina, welche auf diese Kollektiva verweisen, folgen der Constructio ad sensum, »wenn das Pronomen nicht mit dem Kollektivum kongruieren kann, ohne dass es zu einem Verstoß gegen die Regeln des lateinischen Stils oder der Logik käme« (NM § 260,1a, vgl. KS I S. 22).

Itaque ad consilium rem deferunt, magnaque inter eos existit controversia. (Caes. *Gall.* 5,28,2)
›So trugen sie die Sache dem Kriegsrat vor, und hier erhob sich ein großer Streit unter ihnen.‹ (Übers. Schönberger 223)

Bei einem Relativum ist die Constructio ad sensum in diesem Fall nicht zwingend (NM § 260,1a).

2) *mancipium* ›Sklave‹ kongruiert wie dt. *Mädchen* oft nach seinem natürlichen Geschlecht (NM § 260,1e).

In mancipio vendendo dicendane vitia […] haec (sc. *eum*) *mendacem esse, aleatorem, furacem, ebriosum?* (Cic. *off.* 3,91)
›Ob man beim Verkauf eines Sklaven seine Fehler nennen müsse […], wenn er ein Lügner oder ein Spieler ist und zum Diebstahl und zur Trunksucht neigt.‹ (Übers. Nickel 281)

3) Auch Pronomina wie *quis, quisque, quisquam, uter, neuter, nemo, nullus* können, wenn sie ein Kollektivum bezeichnen, der Constructio ad sensum folgen. Dieser Gebrauch beschränkt sich klassisch auf *uterque* (KS I S. 22, 25).

Hic cum uterque me intueretur seseque ad audiendum significarent paratos. (Cic. *fin.* 2,1)
›Hier sahen mich nun beide an und gaben mir durch ein Zeichen ihre Bereitwilligkeit zu verstehen, jetzt wieder mir zuzuhören.‹ (Übers. Kabza 73)

se allaturos esse promisissent / polliciti essent: Bei den Verben des Hoffens, Versprechens, Gelobens, Schwörens und Drohens (z. B. *sperare, polliceri, promittere, minari*) steht (NM § 479,3), abweichend vom Deutschen, der AcI des Futurs, wenn die Ausführung der Handlung in der Zukunft liegt (Näheres s. den Hintergrund *dass*-Sätze).

Zuweilen wird der Infinitiv Präsens nach den Verben des Versprechens gesetzt, wenn der Sprechende andeuten möchte, dass er sein Versprechen sofort realisieren möchte. Auch im vorliegenden Fall könnte man *afferre* statt *allaturos esse* setzen, um auf die vorgespielte Eilfertigkeit der Häduer abzuheben.

Eos non dubitare, quin Romani Helvetiis superatis Haeduis una cum reliqua Gallia libertatem erepturi essent.

non dubitare, quin: Nach verneinten Ausdrücken des Zweifelns (a. *controversia*) steht *quin* (RH § 239,1).

reliqua: Dt. ›übrig‹ (NM § 53):
- *relĭqui:* ›die Übrigen, die Sonstigen‹, als Rest oder Anhang eines Ganzen.
  Nam erant perpauci reliqui, ceteri dimissi. (*Verr.* 2,5,87)
- *ceteri:* ›die anderen, die Übrigen‹, insofern sie den schon Genannten selbständig und gleichberechtigt gegenüberstehen.
  Vendo meum [sc. *frumentum*] *non pluris quam ceteri, fortasse etiam minoris.* (Cic. *off.* 3,51)
  ›Ich verkaufe meins [sc. das Getreide] nicht teurer als die anderen, vielleicht sogar etwas billiger.‹ (Übers. nach Nickel 247)

ANMERKUNG: Der Singular von *ceteri* kommt nur selten vor, der Nominativ Sg. ist bei Cicero und Cäsar nicht belegt.

libertatem erepturi: oder: *libertate privari.*
Dt. ›rauben, berauben‹ (MSyn Nr. 17):

- *privare* ist der allgemeine Ausdruck für dt. ›berauben‹ und zielt auf die gewaltsame Wegnahme des Eigentums *(vitā, oculis, somno, libertate)*.
- *spoliare* meint urspr. den im Kampf getöteten Gegner seiner Rüstung und sonstiger Dinge von Wert und Ehrenzeichen berauben (daher *spolia opīma* ›Rüstung des feindlichen Feldherrn, der vom römischen Oberkommandierenden im Zweikampf getötet worden war‹ und ital. *spoliare* ›ausziehen‹) und bedeutet dann ›jn. dessen berauben, was ihn ziert‹ *(dignitate, regno paterno)*.
- *orbare* (< *orbus* ›Waise‹), urspr. ›verwaisen‹, ›der Eltern und Kinder berauben‹, dann ›des Teuersten und des Glücks berauben‹, ›einsam und hilflos machen‹.

erepturi essent: Die Coniugatio periphrastica erscheint in der Regel nur in *quin*-Sätzen nach ›nicht zweifeln‹ o. Ä. sowie in indirekten Fragen. Ansonsten wird zur Bezeichnung der Nachzeitigkeit anstelle der Coniugatio periphrastica entsprechend der Consecutio temporum der Konjunktiv Präsens oder Imperfekt verwendet (KS II S. 179 f., NM § 463).

Quin etiam esse periculum, ne a Romanis in servitutem abducerentur.

Quin etiam: Klassisch steht für dt. ›ja sogar‹ *quin etiam* am Satzanfang (RH § 224a, KS II S. 53).

ne: Nach Ausdrücken der Furcht und Besorgnis (z. B. *timere, metuere, vereri* und *periculum est*) heißt ›dass‹ – *nē;* ›dass nicht‹ – *nē nōn*, ein zweiter abhängiger Satz wird mit *et* bzw. *aut* angeschlossen (KS II S. 252 f., RH § 236,1).

servitutem: *servitium* ›Sklavendienst‹ ≠ *servitus* ›Sklavenstand‹.

in servitutem abducerentur: Bedeutungsunterschied *in servitutem abducere* vs. *in servitutem redigere:*
- *in servitutem redigere* ›jn. zu einem Sklaven machen‹, ›jn. in den Sklavenstand versetzen‹ (im juristischen Sinn).
- *in servitutem abducere* ›in die Sklaverei fortführen‹, ›in die Sklaverei deportieren‹ (bei einer Gefangennahme im Krieg, Betonung der physischen Fremdbestimmung).

Caesar sensit hac oratione Pustifigem designari. Gaudebat se haec comperisse. Cum autem metueret, ne ea/eas res (Caes.) *pluribus praesentibus* (Caes.) */ coram aliis agerentur, cito concilium dimisit, Lusticum retinuit.*

sensit: MSyn Nr. 37 ›sehen, betrachten, erkennen‹:
- *cernere* mit den Augen oder dem Geist ›scharf wahrnehmen, erkennen‹.
- *animadvertere* allg. ›beobachten = mit dem Geist wahrnehmen, bemerken‹, absichtlich oder unabsichtlich; das Entscheidende ist, dass etwas ins Bewusstsein *(animus)* tritt.
- *sentire* ›fühlen, spüren, merken‹, d. h. etwas intuitiv bemerken (*sentire* entspricht ziemlich genau dem dt. ›(be-)merken‹), daher der parallele Gebrauch für

die sinnliche Wahrnehmung, der sich im Romanischen erhalten hat (ital. *sentire* ›hören‹, frz. *sentir* ›riechen‹). Wenn Cäsar dieses Verb in Bezug auf sich gebraucht, dann mindert er damit nicht die Verstandesschärfe, die er sich sonst zuschreibt, sondern ergänzt seine kognitiven Fähigkeiten um Intuition, also das, was man im Deutschen umgangssprachlich ›den siebten Sinn‹ oder ›einen guten Riecher‹ nennt.
- *intellegere* ›einsehen, verstehen‹; mit dem Verstand das Wesen einer Sache erfassen, begreifen.
- *comprehendere* ›begreifen, verstehen‹, im Geist zu einem deutlichen Bild ›zusammenfassen‹ (> frz. *comprendre*, span. *comprender* ›verstehen‹). Klassisch steht diese abstrakte Bedeutung immer mit *animo / is* (am häufigsten), *cogitatione, mente, scientiā*. Ohne Zusatz hat dieses Verb seine ursprüngliche konkrete Bedeutung ›ergreifen, umfassen‹.
- *cognoscere* ›erkennen‹, Kenntnis eines Gegenstandes durch Wahrnehmung, Erfahrung und Beobachtung, durch Studium oder Belehrung gewinnen.
- *agnoscere* ›anerkennen‹, als das, was wirklich ist, oder als zu Recht bestehend.
- *recognoscere* ›wieder erkennen, sich erneut an etw. erinnern‹, prüfend, musternd ›durchsehen, durchgehen, mustern, besichtigen‹ (Neuer Georges s.v.).

designari: heißt ›bezeichnen, angeben, bestimmen‹, so hier *oratione Dumnorigem* – ›auf jn. anspielen‹ (vgl. Neuer Georges s.v.).

Dagegen bedeutet *significare* (durch Zeichen, Worte, Gebärden) ›zu erkennen geben, bemerkbar machen, andeuten‹ (MSyn Nr. 30).

haec: Die Formen des Neutrum Pl. von Adjektiven und Pronomina, die nicht durch Form oder Kontext als Neutrum erkennbar sind *(haec, bona)*, werden mit *res* umschrieben, wie *omnibus in rebus* (RH § 189,2b). Cäsar gebraucht weiter unten *eas res* statt *ea*, weil es sich hierbei um einen beträchtlichen Gedankenkomplex handelt.

comperisse: MSyn Nr. 38b ›erfahren‹:
- *audire, accipere* ›hören, vernehmen‹.
- *comperire* ›sichere Kunde erlangen, zuverlässig erfahren‹ (von anderen).
- *certiorem fieri* ›benachrichtigt werden‹ (durch andere); bei *certiorem facere aliquem de aliqua re* (RH § 121,1) ›benachrichtigen‹ ist der Informant das Subjekt und der Empfänger der Nachricht das Objekt.
- *experīri* ›durch eigene Erfahrung kennen lernen‹; der Betreffende gelangt selbst zur Erkenntnis.

pluribus: Hier steht ›mehrere‹ im Gegensatz zu der einen Person, die für eine nähere Befragung zurückgehalten wird. Deshalb ist nicht *complures* ›mehrere‹ möglich.

Im Lateinischen wird anders als im Deutschen i. d. R. bei Einzelpersonen oder -gruppen zu Adjektiven und Pronomina im Plural kein stützendes Bezugswort ›Personen‹ bzw. ›Menschen‹ gesetzt, allenfalls lobend *vir(i)* oder mit Geltung für alle Menschen *homines*. *Persona* ist auf das Theaterwesen beschränkt.

[...] omnes translatis et alienis magis delectentur verbis quam propriis. (Cic. de orat. 3,159)
›Alle [finden] an übertragenen, uneigentlichen Wörtern mehr Gefallen als an eigentlichen.‹ (Übers. Nüßlein 385)

coram: + Abl. (RH § 159,2).

cito: Merke die besondere Adverbialbildung auf *-ō* bei *tuto, falso, necessario, crebro* ›häufig‹, *subito* etc. (weitere s. RH § 52,1).

concilium: *concilium* ›Ratsversammlung (konkretes Kollektivum), Vornehme, Delegierte‹ (> engl. *council* ›Ratsversammlung‹) ≠ *consilium* ›Plan, Rat, Absicht, Beschluss (Abstraktum), konkrete Beratung eines Kollegiums‹ (> frz. *conseil* ›Ratschlag‹) (MSyn Nr. 210).

Klausur 4: nach *BG* 2,13f. (*quin*-Sätze, relative Satzverschränkung, Ortsangaben)

AWS Nr. 5, 6, 9, 33, 37, 46

Übersetzen Sie bitte den folgenden Text ins Lateinische.

Nach der Entgegennahme von Geiseln führte Cäsar am 4. März das Heer aus dem Gebiet der Sosones, nach deren Unterwerfung er hoffte, dass es keinen Stamm geben werde, der ihm nicht gehorchte, in das Gebiet der Bellovufi. Als diese sich und all ihre Habe in die Stadt Brunsbuttelum verbracht hatten (im Lateinischen ein komplikationsloses Zeugma) und sahen, dass nicht viel fehlte, dass Cäsar dorthin gelangte, weil er mit seinem Heer ungefähr fünf Meilen von dieser Stadt entfernt war, verließen alle älteren Personen die Stadt und (unterordnen!) erbaten, dass die Römer mit dem Stamm Frieden schlössen, ohne dass[1] er seine Waffen abgeben müsste. Wenn er dies tue, werde er das Ansehen der Häduer bei allen Belgern vergrößern, mit deren Beistand sie Kriege zu führen pflegten, wenn irgendwelche ausbrechen sollten.

Für sie sprach außerdem Diviciacus, der, wie wir gesagt haben, nach der Entlassung der Truppen der Häduer zu ihm (d. h. Cäsar) zurückgekehrt war: Es sei unstrittig, dass die Bellovufi zu jeder Zeit in der Freundschaft der Häduer gewesen seien. Veranlasst von ihren Fürsten, die behaupteten, die Häduer seien von Cäsar in die Knechtschaft gebracht worden, seien sie von den Häduern abgefallen. Die Urheber dieses Entschlusses – einen wie großen Schaden er dem Stamm gebracht habe, sähen sie ein – seien aus Lyon nach London *(Londinium),* einer sehr prächtigen Stadt in Britannien, geflohen.

Hilfen in den Klammern nicht mit übersetzen.

[1] Übersetzungshilfe: Hier handelt es sich um eine Bedingung.

Lösungsvorschlag für die Klausur 4: nach *BG* 2,13 f.
(*quin*-Sätze, relative Satzverschränkung, Ortsangaben)

Obsidibus acceptis Caesar ante diem quartum Nonas Martias exercitum e finibus Sosonum, quibus subiectis / superatis sperabat nullam fore gentem, quae non / quin sibi pareret, in fines Bellofuvorum / in Bellovufos (Caes.) duxit.

fore: Nach den Verben des Hoffens, Versprechens, Gelobens, Schwörens und Drohens *(sperare, desperare, polliceri, promittere, minari, minitari, iurare)* steht im AcI der Inf. Fut., wenn die Handlung des AcI in die Zukunft fällt, im Deutschen dagegen meist der Inf. Präs. (RH § 170,1,2; NM § 279,3). Näheres s. den Hintergrund *dass*-Sätze.

quae non / quin: Nach einem inhaltlich verneinten übergeordneten Satz steht *quin* in der Funktion eines konsekutiven Relativsatzes mit Sinn von *qui non, quae non, quod non* oder in der Funktion eines verneinten Konsekutivsatzes mit *ut non*. Die verneinten Relativpronomina oder *ut non* stehen, wenn »die Negation nachdrücklicher hervorgehoben werden soll oder einem einzelnen Worte angehört« (KS II S. 267–269). Näheres s. den Hintergrund *quin*-Sätze.

pareret: Dt. ›gehorchen‹ (MSyn Nr. 4:):
- *dicto audiens esse* – ›botmäßig sein‹, ›aufs Wort gehorchen‹ (wie ein Soldat).

- *parēre* – bildet das Gegenstück zu *imperare*. Es meint im Verhältnis eines Unter- zu einem Übergeordneten ›gehorsam sein‹. Dies kann aus Zwang oder Einsicht der Fall sein.
- *obtemperare* – ›sich mäßigen, sich fügen‹. Dies geschieht aus eigenem Antrieb.

Folgende Ausdrücke können hier nicht verwendet werden:
- *oboedire* – ›hören auf, den Befehl / Willen ausführen‹.
- *obsequi* – ›zu Willen sein‹. Dies geschieht aus opportunistischen Gründen und ohne Einsicht.

Bellovufos: Der eigentliche Name des Stammes lautet *Bellovaci*. Zur Herkunft und etymologischen Bedeutung der keltischen Stammesnamen s. Patrizia de Bernardo Stempel, Linguistically Celtic Ethnonyms: towards a classification. In: Juan Luis García Alonso (Hg.), Celtic and other languages in Ancient Europe. Aquilafuente 127 Salamanca. Salamanca 2008, 101–118.

Qui cum se et omnia sua in oppidum Brunsbuttelum contulissent et viderent non multum abesse, quin Caesar eo perveniret, quod cum exercitu circiter quinque milia passuum ab eo oppido abesset, omnes maiores natu (ex) oppido egressi petiverunt / egressi sunt rogatum, ut Romani cum civitate pacem facerent ea lege / condicione, ne arma tradi oporteret.

oppidum: Übersetzung von ›Stadt‹ (MSyn Nr. 214):
- *urbs* meint die (größere) Stadt, die städtisches Leben zu bieten hat (*urbanus* ›großstädtisch‹); besonders häufig bezeichnet *urbs* Rom *(urbs Roma)*.
- *oppidum* meint die Stadt als festen Ort im Gegensatz zu offenen Dörfern oder dem platten Land, besonders eine kleinere Landstadt (*oppidanus* ›kleinstädtisch‹). Dieser Ausdruck wird meist für nichtrömische Städte verwendet.
- *municipium:* bezeichnet die römische Landstadt.

se … contulissent: Merke: *se conferre* ›sich begeben‹.

non multum abesse, quin: Hier steht ein *quin*-Satz ›dass‹ nach ›nicht viel / wenig fehlen‹ (NM § 539,4).

Ein anderer, ebenfalls unpersönlicher und schwieriger Ausdruck mit *abest* ist *tantum abest, ut …, ut* (RH § 237; NM § 553). Diese Konstruktion gliedert sich in einen konsekutiven Subjektsatz zu *abest* (RH § 237, s. den Hintergrund *dass*-Sätze) und einen nachfolgenden Konsekutivsatz zu *tantum*.

Tantum abest, ut id miremur (Subjektsatz zu *abest*), *ut etiam reprehendamus* (Adverbialsatz zu *tantum*). ›Wir sind so weit davon entfernt, dies zu bewundern, dass wir es vielmehr tadeln.‹ Freier: ›Weit entfernt, dies zu bewundern, tadeln wir es vielmehr.‹

Auch im Lateinischen ist diese Konstruktion schwerfällig. Sie lässt sich vermeiden durch:

1) *ita...ut* + Konjunktiv:
Id ita non miramur, ut reprehendamus.
›Wir bewundern es so (sehr) nicht, dass wir es tadeln.‹

2) Ersetzung des ersten *ut*-Satzes (Subjektsatz) durch *ab* + Abstraktum:
Tantum absumus ab admiratione, ut reprehendamus.
›Wir sind so weit von einer Bewunderung (dieser Sache) entfernt, dass wir sie vielmehr tadeln.‹

ACHTUNG: Im zweiten Gliedsatz steht nie *potius*, allenfalls *etiam, (etiam) maxime, maxime etiam*.

circiter: Übersetzung von ›gegen, ungefähr‹; ›beinahe‹, ›fast‹ (NM § 173):
Das Adverb *fere* (Adv. zu *ferus* ›wild‹, vgl. dt. *grob*, engl. *roughly*)

1) gibt bei Zahlwörtern, Zeit- und Maßangaben u. Ä. einen Schätzwert an (›ungefähr, annähernd, etwa‹), der über, aber auch unter dem tatsächlichen liegen kann.

2) bedeutet in Verbindung mit Ausdrücken, die nicht gesteigert oder vermindert werden können (z. B. *nemo, nullus, nihil, omnis, totus, semper*), ›fast‹, ›beinahe‹, ›so ziemlich‹; ›wohl‹. Diese Bedeutung ist logisch, da bei diesen Ausdrücken eine Abweichung in die entgegengesetzte Richtung ausgeschlossen ist.

In diesen beiden Verwendungen tritt *fere* gewöhnlich hinter das Wort, auf das es sich bezieht, vor allem aber hinter Negationen und Zahlwörtern.

3) hat die Bedeutung eines abgeschwächten *semper* (›fast immer, meistens, gewöhnlich‹), wenn es auf den ganzen Satz bezogen ist.
non fere hat die Bedeutung ›nicht leicht, sicher nicht, in der Regel nicht‹.

paene und *prope* drücken eine fast erreichte Vollständigkeit aus (›fast, beinahe‹) *(paene totum oppidum)*. Wie *fere* bei *nemo* drücken sie also nur aus, dass der Wert unterhalb der Bezugsgröße liegt und nicht darüber, was bei *fere* im Sinne von ›ungefähr‹ der Fall ist. Sie können vor oder hinter dem Wort stehen, das sie näher bestimmen.

Das deutsche ›gegen‹ bei ungefähren Zahlangaben (›an‹ + Akk., ›ungefähr‹) wird mit *ad* oder den Adverbien *fere* oder *circiter* wiedergegeben, bei ungefähren Zeitangaben stehen *sub* + Akk. oder das Adverb *circiter* (NM § 211,3 f.), bei Datumsangaben steht jedoch in der Regel ein präpositionales *circiter* + Akk. (NM § 201,6).

Da hier die Entfernung mit den in dieser Funktion einschlägigen Kasus angegeben wird, verbietet sich die Präposition *ad*, die besonders bei Zeitangaben steht (KS I S. 521: *ad vesperum*), und empfiehlt sich das Adverb *circiter*.

circa ist in dieser Bedeutung unklassisch. Klassisch steht es nur lokal für den Zustand der Ruhe (›bei, um, in der Umgebung von‹) (NM § 201,5).

quinque milia passuum: Folgt ein Substantiv unmittelbar auf den Plural von *mille*, muss es im Gen. Pl. stehen (RH § 65,3).

ab eo oppido abesset: Entfernungsangaben (RH § 117,1, § 153,2, NM § 359,4b & 5):

1) Der Accusativus durativus (Akkusativ der räumlichen und zeitlichen Ausdehnung) steht auf die Frage ›Wie weit entfernt?‹ vor allem bei den Verben *abesse* und *distare* (aber ebenso gut auch bei anderen Verben wie *ponere* [*Gall.* 1,22,5]).
Is locus ab hoste circiter passus sescentos, uti dictum est, aberat (möglich wäre *a. distabat*). (Caes. *Gall.* 1,49,3)
›Dieser Platz war, wie erwähnt, vom Feind etwa sechshundert Schritte entfernt.‹ (Übers. Schönberger 71)

2) Ebenso gut kann der Ablativus mensurae (NM § 380,1) eine Entfernung angeben.
Ariovistus [...] milibus passuum sex a Caesaris castris sub monte consedit. (Caes. *Gall.* 1,48,1)
›Ariovist [...] bezog sechs Meilen von Caesars Standort am Fuß eines Berges Lager.‹ (Übers. Schönberger 69)

3) Die Substantive *spatium* und *intervallum* stehen fast immer im Ablativ in Verbindung mit einem Genetivus quantitatis (NM § 359,5, 294,1).
Oppidum [sc. *Sulmo*] *a Corfinio septem milium intervallo abest.* (Caes. *civ.* 1,18,1)
›Diese Stadt liegt sieben Meilen von Corfinium entfernt.‹ (Übers. Dorminger 27)

spatium und *intervallum* können sogar ausfallen, so dass nur noch der Genetiv steht.
Castra [...] aberant bidui (sc. *spatio*). (Cic. *Att.* 5,16,4)

Die Möglichkeiten 1) bis 3) sind austauschbar, sofern mit *a* + Abl. der Ausgangspunkt angegeben wird, von dem aus die Entfernung gemessen wird (s. die Übersicht bei RH § 153,2).

4) Fehlt dagegen der Ausgangspunkt, von dem aus die Entfernung gemessen wird, muss die Entfernung im Ablativ mit *a* angegeben werden.
> *A milibus passuum minus duobus castra posuerunt.* (Caes. *Gall.* 2,7,3)
> ›Sie [...] schlugen nicht ganz zwei Meilen davon entfernt ein Lager auf.‹ (Übers. nach Schönberger 85)

abesset: Konjunktiv, da Cäsars Entfernung aus der Perspektive der Bellovufer wahrgenommen wird.

maiores natu: MSyn Nr. 297: ›alt‹:
- *antiquus* – steht im Sinne von ›was in alter Zeit war und jetzt nicht mehr ist‹ oder ›was aus alter Zeit bis jetzt fortdauert‹ (›von alters her‹). Es hat oft einen lobenden Unterton (›altehrwürdig‹).
- *vetus* – wird verwendet im Sinne von ›was es schon lange gibt und bis jetzt fortdauert‹ oder ›was es lange Zeit gab und im Gegensatz zum Neuen steht‹. Es kann einen lobenden oder tadelnden Unterton haben.
- *vetulus* – oft scherzhaft und verächtlich. Als Wort mit hoher emotionaler Aufladung hat es sich in den romanischen Sprachen durchgesetzt (**vetlus* > vulglat. *veclus* > ital. *vecchio*, span. *viejo*, frz. *vieux*, *vieille*).
- *priscus* – ›altertümlich, uralt, der grauen Vorzeit angehörig‹. Es betont den Charakter des Altertums im Gegensatz zur Gegenwart.
- *pristinus* – ›vormalig, früher‹. Es vergleicht den jetzigen Zustand mit einem früheren.
- *senex, grandis / maior natu* – bedeutet ›alt‹ im Sinne von ›bejahrt, hochbetagt‹.
- *maiores* ›die Vorfahren‹ steht nur im genealogischen Sinne.

(ex) oppido egressi: Für den Ablativus separativus, auch bei diesem Verb, s. NM § 363,2.

egressi: ›Verlassen‹ steht hier im Sinne von ›hinausgehen‹ und kann deshalb nicht mit *relinquere* übersetzt werden.

pacem facerent: Wendungen mit *pax* bei Cäsar:
- *Pacem petere ab aliquo:* ›Frieden erbitten von jemandem‹ (*petere* steht »ohne die Hilfsbedürftigkeit des Bittenden hervorzuheben« [MSyn Nr. 48]) (Caes. *Gall.* 2,13,3).
- *Pacem facere cum aliquo:* ›Frieden schließen mit jemandem‹ (Caes. *Gall.* 1,14,6).

ea lege / condicione, ne: Hier ist der Gebrauch von *ea lege / condicione, ut* (Negation *ne* oder *ut ne*; konsekutivisch nur, wenn der Inhalt als Folge oder Faktum aufgefasst werden soll [NM § 551,1]) besser als *armis traditis*, weil der Ablativus absolutus den Vollzug impliziert, und einer Formulierung mit einer *nd*-Form vorzuziehen, da eine *nd*-Form + *non* die Bedeutung ›nicht dürfen‹ hat.

arma tradi oporteret: Statt – wie im Deutschen – eines Infinitivs mit Akkusativobjekt (NM § 480,1) steht nach unpersönlichen Ausdrücken wie *decet, necesse est, nihil attinet, oportet* und *opus est* ein AcI mit Infinitiv Passiv, wenn ein tätiges Subjekt fehlt (KS I S. 718).

arma tradi: Formulierungen für ›die Waffen abgeben‹, ›der Waffen berauben‹, ›entwaffnen‹ bei Cäsar:
- *despoliare aliquem re* (Intensivum zu *spoliare*) (›der Waffenrüstung entkleiden‹) steht in der Bedeutung ›jemanden einer Sache (die ihn ehrt oder ziert) berauben‹, z. B. *aliquem torque, dignitate*.
- *tradere alicui rem* steht in der Bedeutung ›eine Sache übergeben / ausliefern (zur Besitznahme, Aufbewahrung, Besorgung)‹.

Quod si faceret (Caes. *fecerit*), *auctoritatem Haeduorum apud omnes Belgas amplificaturum esse, quorum auxilio* (Caes. *-is*) / *quibus adiuvantibus bella gerere solerent* (*consuevissent*), *si quae* (Caes. *qua*) *orirentur* (Caes. *inciderint*).

Quod si faceret: *Caesar* ist zu weit entfernt für einen relativen Satzanschluss mit *quem / qui*.

Quod si faceret / fecerit: In Nebensätzen der Oratio obliqua steht der Konjunktiv. Seine Zeitgebung folgt den Regeln der Consecutio temporum (KS II S. 542).

Die dort angeführte Stelle Caes. *Gall.* 1,13,3 bietet eine frappante Parallele für die Zeitenfolge entsprechend einem Nebentempus in einem Kondizionalgefüge mit einem Infinitiv der Nachzeitigkeit im übergeordneten AcI:

Divico [...] ita cum Caesare egit: si pacem p. R. cum Helvetiis faceret, in eam partem ituros atque ibi futuros Helvetios, ubi eos Caesar constituisset.

›Divico [...] trug Cäsar Folgendes vor: Schließe das römische Volk mit den Helvetiern Frieden, so würden sie dorthin ziehen und dort bleiben, wo ihnen Cäsar Land zuweise.‹ (Übers. Schönberger 21)

Bei lebhafter Darstellung findet sich jedoch auch nach einem Präteritum eine Zeitenfolge wie nach einem Haupttempus (RH § 264,2).

amplificaturum: *aucturum* wäre semantisch möglich, würde aber eine unschöne Doppelung mit *auctoritatem* erzeugen.

auxilio: Für dt. ›Hilfe‹ s. MSyn Nr. 63A. *subsidium* heißt ›Reserve, Rückhalt für Not und Gefahr‹.

Pro his (Caes.) *praeterea Diviciacus locutus est / verba fecit* (Caes.), *quem dimissis copiis Haeduorum ad eum revertisse diximus: controversiam non esse, quin Bellovufi omni tempore in amicitia Haeduorum fuissent.*

locutus est / verba fecit: *verba facere* ist der einschlägige Ausdruck, da er das Reden vor einer Versammlung bezeichnet (MSyn Nr. 44).

revertisse: MSyn Nr. 86 ›zurückkehren‹:
- *reverti* ›umkehren‹: momentaner Akt des Umkehrens, Anfang des Zurückkehrens.
- *redire* ›zurückkehren‹: dauerhafte Handlung des Zurückgehens, die zwischen Umkehr und Rückkunft liegt.

- *revenire* steht nur in der Junktur *in domum revenire* für die Vollendung der Rückkehr.
- *regredi* heißt bei den Klassikern nur ›zurückgehen‹, ›sich zurückziehen‹. Nur bei Sallust und Livius steht es für *redire*.

in amicitia Haeduorum: Dt. ›jn. haben zu / gebrauchen als‹: *utor aliquo pro aliquo (me imperatore)*; ›etw. gebrauchen als‹ *utor aliqua re pro aliqua re* (NM § 397,2, Neuer Georges s.v. *utor*).

Adductos (Caes. *impulsos*) *a principibus, qui dixissent Haeduos a Caesare in servitutem redactos esse, ab Haeduis defecisse.*

a principibus: Ist der Urheber einer Handlung, die im Passiv steht, eine Person, wird er mit *a, ab* angegeben, die sachliche Ursache steht im Ablativus instrumenti. Personen erscheinen nur dann im Ablativus instrumenti, wenn sie als Mittel zum Zwecke angesehen werden (Diener, Soldaten o. Ä.) (RH § 147, NM § 202,1c, § 376,2–4).

defecisse: Konstruktionsmöglichkeiten von *deficere* (RH § 113; NM § 339,1):

transitiv:
- *deficere aliquem* ›jemandem mangeln / ausgehen / fehlen‹
- *defici (ab) aliqua re* ›im Stich gelassen werden von etwas‹

intransitiv:
- *deficere ab aliquo* ›von jemandem abfallen‹ (hier gefordert)
- *deficere animo* ›den Mut sinken lassen‹

Auctores eius consilii, quod quantam calamitatem (Caes.) *civitati intulisset, intellegerent, (e/a) Lugduno Londinium, in oppidum clarissimum Britanniae, profugisse* (Caes.) / *fugisse*.

calamitatem: MSyn Nr. 139 ›Unglück, Beschwerde‹, Nr. 140 ›Schaden‹:
- *damnum* durch eigenes Verschulden oder durch die Umstände bedingter Schaden.
- *detrimentum* von anderen oder durch Handlungen und Verhältnisse verursachte Verminderung des Besitzes (Ggs. *emolumentum*).
- *iactura* freiwilliges, kalkuliertes Opfer, um Schaden abzuwenden oder Gewinn zu erzielen.
- *calamitas* ›Unglück, Unheil‹, schwerer Schaden für den Einzelnen oder den Staat.

quod quantam … intulisset, intellegerent: Relative Satzverschränkung. Parenthesen sind im Lateinischen eher selten und müssen mit einer beiordnenden kausalen Konjunktion wie *nam, enim, etenim, namque* oder seltener den Adversativkonjunktionen *autem* oder *sed* markiert werden (NM § 444). Ein Einschub des übergeordneten Verbs mit *ut* verbietet sich, weil es sich um keinen Autorenkommentar handelt.

(e/a) Lugduno Londinium: *ex* (seltener) und *ab* stehen oft bei einer Herkunftsangabe, wenn der Zielort angegeben wird (NM § 364,2b).
  Caesar [...] itaque ab Arimino M. Antonium cum cohortibus quinque Arretium mittit. (Caes. *civ.* 1,11,4) ›Deshalb sandte er M. Antonius mit 5 Cohorten von Ariminum nach Arretium.‹ (Übers. Schönberger 19).

Londinium, in oppidum clarissimum Britanniae: Ergänzt eine Apposition mit Attribut im Lateinischen eine Orts-, Richtungs- oder Herkunftsangabe, so tritt sie in der Regel mit *in* bzw. *ex* + dem passenden Kasus hinter ihr Bezugswort (NM § 358,5, § 364,4, § 389,4).

fugisse: *perfugere* ist in konkreter Bedeutung bei Cäsar belegt (*civ.* 2,23,3), also klassisch, hebt aber auf die Schwierigkeit der Flucht ab. Bei Cicero steht dieses Kompositum auch in dem übertragenen Sinne ›seine Zuflucht suchen‹ (Neuer Georges s.v.).

Klausur 5: nach *BG* 4,7f., 11 (Irrealis in der Abhängigkeit)

AWS Nr. 7, 23, 35, 36, 57

Übersetzen Sie bitte den folgenden Text ins Lateinische.

Nach Beschaffung von Lebensmitteln und der Aushebung von Reitern begann er am 22. Juni in die Gegend zu marschieren, in der, wie er hörte, Germanen waren. Als er von ihnen wenige Tagesreisen entfernt war, kamen von ihnen Gesandte. Sie beteuerten, hätten die Sueben, denen nur die unsterblichen Götter gewachsen seien, sie nicht überwunden, so hätten sie nie den Rhein überquert.

Cäsar erwiderte, er zweifle nicht, dass sie ihre Wohnsitze nicht verlassen hätten, wenn sie nicht von den Sueben bedrängt worden wären. Wenn sie behaupten wollten, diese seien unbesiegbar, irrten sie sich, fügte er hinzu. Er fürchtete, dass, wenn er die Germanen nicht aus Gallien hinauswürfe, sie ganz Gallien in Unruhe versetzen würden, und versprach deshalb (Hauptsatz, Vorausgehendes bitte unterordnen), wenn sie in ihre Heimat zurückkehren wollten, werde er ihnen gegen die Sueben helfen.

Als nach Entlassung der Gesandten nach drei Tagen die (sc. Cäsars) Späher zu ihm zurückkehrten, baten sie, dass er nicht weiter vorrückte. Als sie dies nicht erreichten, baten sie, er möge denjenigen Reitern, die dem Zug vorangingen, den Kampf verbieten und ihnen die Möglichkeit geben, Gesandte zu den Ubiern zu schicken. Es stehe außer Frage, dass sie, wenn deren Fürsten und Senat sich ihm eidlich verpflichteten (übersetze: Vertrauen machen), die Bedingung, die Cäsar stelle (übersetze: tragen), annehmen (übersetze: gebrauchen) würden.

Hilfen in den Klammern nicht mit übersetzen.

Lösungsvorschlag für die Klausur 5: nach *BG* 4,7f., 11 (Irrealis in der Abhängigkeit)

Re frumentaria comparata et equitibus conscriptis / delectis (Caes.) *ante diem decimum Kalendas Quintiles iter in ea loca facere coepit, in quibus Germanos esse audivit.*

Re frumentaria: MSyn Nr. 274 / 277:
- *alimentum* (< *alere* ›ernähren‹) ›Nahrungsmittel‹ als Existenzmittel; womit jemand sein Leben fristet.
- *cibaria, -orum,* n. ›Rationen für die Soldaten und das Vieh‹ (dt. *Ziborium* ›Kelch zur Aufbewahrung der Hostien in der katholischen Kirche‹).
- *cena* ›Hauptmahlzeit‹ (> ital., span. *cena,* rum. *cină* ›Abendmahlzeit‹).
- *commeatus* ›Nachschub‹ (besonders Lebensmittel, Proviant).
- *frumentum* ›Getreide‹ (> ital. *frumento,* frz. *froment* ›Weizen‹, d. h. das Getreide schlechthin).
- *pabulum* ›Futter, Fressen‹ (für das Vieh).
- *pabulatum* [Supinum I] *ire* ›furagieren gehen‹, d. h. Lebensmittel / Futter empfangen oder beschaffen (militärisch).
- *res frumentaria* ›Lebensmittel‹; merke: *rem frumentariam comparare / supportare* (Caes.).

comparata: *provisa* kann auch zu *frumentum* gesetzt werden, heißt aber »im Voraus Proviant besorgen« (RH § 126).

conscriptis / delectis: Merke aber: *dilectum habere* ›eine Aushebung vornehmen‹.

Quintiles: Der Juli wurde erst nach Cäsars Tod zu seinen Ehren nach ihm benannt.

iter ... facere coepit: Der Ausdruck ›zu marschieren beginnen‹ kann im Lateinischen unmöglich durch die Wortfolge *proficisci incipere* (›aufzubrechen beginnen‹) wiedergegeben werden, da sie redundant ist. Allerdings ist die Wiedergabe durch *proficisci* allein möglich.

in ea loca ..., in quibus Germanos esse audivit: Die relative Satzverschränkung kann hier nicht durch einen Einschub mit *ut* umgangen werden, da es sich um das Hören der Figur Cäsar und nicht des Erzählers ›Cäsar‹ handelt.

A quibus cum iter paucorum dierum abesset (Caes.), *legati ab his venerunt. Affirmaverunt se numquam, nisi Suebi, quibus soli di immortales pares essent, se superavissent, Rhenum transituros fuisse.*

iter paucorum dierum: gängige Konstruktion bei Cäsar, merke aber: *magnis itineribus* (z. B. *contendere*) ›in Eilmärschen‹; *abesse* und *distare* stehen sonst mit dem Akkusativ (NM § 359,4b).

cum ... abesset: Das Entsenden der Botschafter reagiert auf Cäsars Heranrücken. Daher steht hier der Konjunktiv. Die Indikative *afuit / aberat* würden ein zufälliges Eintreffen suggerieren, was sachlich absurd ist. Denn welcher politisch Verantwortliche schickt aufs Geratewohl und ohne Anlass Gesandte aus?

Affirmaverunt: MSyn Nr. 44 ›sagen, reden, sprechen‹, Neuer Georges s.vv.:

- *affirmare* + AcI ›als gewiss behaupten‹ (im Gegensatz zu Zweifeln und Gerüchten); ›beteuern, versichern‹; ›durch Beweise bestätigen‹ (Cicero).
- *confirmare* + AcI (a. mit Inf. Fut.) ›durch Eide, Zeugen, Beweise bekräftigen‹, dann ›versichern‹ (Cicero, Cäsar). Nur bei Cäsar:
- *confirmare* + *ne:* ›versichern, dass nicht‹.

nisi: Für den Unterschied zwischen *nisi* und *si non* s. den Lösungsvorschlag für die Klausur 2.

soli: Der Plural von *unus* steht nur bei Pluralia tantum (RH § 67).

di: besser *di / dis* (statt *dei / deis*) zur Unterscheidung von weiblichen Gottheiten (*deabus*).

pares essent: *alicui par esse:* ›jemandem gewachsen sein‹, d. h. ›ihm die Stirn bieten können, standhalten, beikommen‹ (in einem praktischen Kräftemessen).

(ad)aequare + Akk. ›gleichkommen‹ (in einem objektiven Vergleich).

sustinere ›ertragen, aushalten‹ wird als mil. t.t. (›aushalten, standhalten‹) nur absolut gebraucht (Neuer Georges s.v.).

transituros fuisse: Der Infinitiv des AcI wird im Irrealis in der Abhängigkeit mit dem Partizip Futur Aktiv + *fuisse* ausgedrückt (RH § 260). Das Partizip kongruiert dabei genauso wie im Inf. Fut. Akt. mit dem Subjektsakkusativ.

transituros: *traducere* erfordert ein geführtes Objekt (vgl. NM § 356).

Caesar respondit se non dubitare, quin sedes relicturi non fuerint, nisi a Suebis pressi / pulsi (essent). Si contenderent illos invictos esse, eos errare / erraturos fuisse addidit. Metuens, ne Germani Galliam omnem perturbarent, nisi eos e Gallia eiceret / expelleret, pollicitus est se eos adiuturum esse contra Suebos, si in patriam reverterentur.

sedes: Das Possessivpronomen *suas* erübrigt sich, da der Bezug auf die Germanen klar hervorgeht (KS I S. 596).
MSyn Nr. 217 / 218:
- *sedes*: Sitz; natürlicher oder künstlicher Platz zum Sitzen oder fester Wohnsitz, wo man sich häuslich niedergelassen hat und wohnt.
- *domicilium*: Wohnplatz, Wohnsitz, den jemand innehat und wo er zu Hause ist.

Vgl. *aliud domicilium, alias sedes […] petant* (Caes. Gall. 1,31,14)

Si contenderent … eos errare / erraturos fuisse: Hängt ein Potentialis von einem Nebentempus ab, steht in der Protasis wie beim Irrealis der Konj. Impf., im AcI jedoch der Infinitiv der Gleichzeitigkeit statt des irrealen Infinitivs auf *-urus, -a, -um fuisse* (NM § 563). Inhaltlich wie grammatisch sind hier Potentialis und Irrealis möglich, da die Germanen die fragliche Aussage nicht treffen bzw. getroffen haben und Cäsar sie nur hypothetisch unterstellt. Der Irrealis würde die Glaubwürdigkeit der Aussage stärker vermindern.

contenderent: Das deutsche Modalverb ›wollen‹ ist in Verbindung mit ›sagen‹ phraseologisch und wird nicht übersetzt (NM § 495). *decernere* + AcI ›feststellen‹ passt hier nicht, da es dazu der Zustimmung Cäsars bedürfte. Nach *obtinere* ›(intellektuell) behaupten‹ steht kein AcI.

illos: *eos* steht für die unbenannte Gruppe der Germanen, *illos* für den Volksstamm der Sueben und *se* für Cäsar. Der Einsatz von *ipse* zur Vermeidung von Zweideutigkeiten (s. den Lösungsvorschlag für die Klausur 1: Eingangsklausur) ist also nicht erforderlich.

invictos: *in(ex)superabilis* ist nachklassisch.

invictos esse: Auch eine Übersetzung mit *fieri non potest* ist möglich. Dieser Ausdruck kennt zwei Konstruktionsmöglichkeiten (NM §§ 536, 538, RH § 239,3; Näheres s. den Hintergrund *quin*-Sätze):
a) *fieri non potest, quin:* ›es kann nicht geschehen, dass nicht‹, d. h. ›es kann nicht anders kommen, als dass‹; ›notwendigerweise‹.
b) *fieri (non) potest, ut:* ›es ist (un)möglich, dass‹.

Hier ist nur b) möglich, da Cäsar der Germanengruppe unterstellt, sie könnte behaupten, die Sueben seien unbesiegbar.

addidit: Hier steht *addere* mit AcI statt mit *quod* (KS II S. 273; so oft *adde, quod*), da es als Verbum dicendi fungiert (KS I S. 692).

Galliam omnem: MSyn Nr. 355 ›all, ganz‹:
- *omnis* »mit Rücksicht auf die Vollständigkeit oder Vollzähligkeit (= in der Gesamtheit, ausnahmslos) im Ggs. zu einzelnen Stücken (Ausnahmen)« – jeder gallische Stamm wäre in Aufruhr, es fände eine Kettenreaktion statt.
- *tōtus* »alle Teile der Gesamtmasse als Einheit, als ungeteiltes Ganzes« – die Stämme verschmelzen zu einer revolutionären Einheit.

perturbarent: Für Wendungen mit *seditio* s. MM S. 174. Merke auch: *seditionem facere* ›einen Aufstand machen, meutern‹.

expelleret: *expellere e(x)* (NM § 363,2).

Cum dimissis legatis triduo post speculatores / exploratores ad eum revertissent, oraverunt / petiverunt, ne longius (Caes.) */ amplius progrederetur* (Caes.) */ procederet.*

triduo post: S. den Hintergrund *Zeiträume*.

ne: *ut non* steht in verneinten Finalsätzen nur, wenn ein Wort gezielt verneint werden soll. In diesem Fall steht *non* unmittelbar vor diesem (NM § 524,3).

amplius: Dieser Komparativ passt hier, weil er die räumliche und zeitliche Ausdehnung bezeichnet und ohne Vergleichspunkt oder inhaltlichen Umfang stehen kann (NM § 33,4). Für Möglichkeiten, den Vergleichspunkt anzugeben, s. NM § 367,6.

Quod cum non impetravissent, rogaverunt, ut eos equites, qui agmen antecessissent (Caes.), *pugna prohiberet* (Caes.) *et sibi facultatem daret legatos ad Ubios mittendi. Dubium non esse / controversiam non esse, quin, si eorum principes ac senatus ei iure iurando fidem facerent, ea condicione, quam Caesar ferret, usuri essent.*

impetravissent: durch Bitten. Für alternative Ausdrücke s. MSyn Nr. 52.

agmen: bezeichnet das gesamte Heer auf dem Marsch; *impedimenta* bezeichnet nur den Tross, das Gepäck (MSyn Nr. 155, 166).

antecessissent: *praecedere* ist nachklassisch. *praeeo* und *procedo* (+ Akk.) sind in dieser Bedeutung klassisch nicht belegt. *anteeo* kommt klassisch vor, ist aber (mit Dat. der Person und Abl. des Gegenstandes) in der Bedeutung ›übertreffen‹ häufiger.

prohiberet: Das, was verboten wird, tritt im Lateinischen in den Ablativus separativus, der als bloßer Ablativ bei den Verben des Beraubens, Befreiens, Entbehrens steht (RH § 143,1). Die Person, der die Einschränkung auferlegt wird, steht bei *prohibere* im Akkusativ (vgl. dt. ›jn. fern- bzw. abhalten‹): *aliquem prohibere calamitate* (so auch *vetare*, freilich mit dem Abl. sep. nur nachklassisch).

Bei *interdicere* erscheint die Person aber im Dat. (analog nach *dicere alicui*), *interdicere alicui aliqua re* (NM § 322,5) merke: *interdicere alicui aqua et igni* ›jn. ächten, für vogelfrei erklären‹.

Bei der Ergänzung durch Nebensätze verbinden sich die Verben des Widerstrebens und Hinderns (Verba recusandi et impediendi) mit *ne* oder *quominus* ›dass‹ (RH § 236,2); sind sie verneint, steht auch *quin* ›dass‹ (NM § 530,1); auf *interdicere* folgt nur *ne* (RH § 236,1, NM § 530,4). *prohibere* verbindet sich auch mit dem AcI (NM § 481,4). An *vetare* wird nur der AcI bzw. NcI angeschlossen. Die Menge-Synonymik (Nr. 75) bietet keine Unterscheidung bezüglich der Semantik der beiden Verben.

facultatem: *possibilitas* ist nachklassisch, *opportunitas* bedeutet ›günstige Gelegenheit‹.

facultatem daret: *do facultatem* + Gen. Gerund. / *ad* + Akk. Gerund. (Cic. Neuer Georges s.v. *facultas*); *do, facio potestatem / facultatem / occasionem, ut* (KS II S. 244); *habeo facultatem* + Inf. ist nachklassisch (KS I S. 744).

usuri essent: In abhängigen Fragesätzen und nach *non dubito quin* u. Ä. wird die Nachzeitigkeit im konjunktivischen Nebensatz durch die Coniugatio periphrastica mit *-urus, -a, -um sim / essem* entsprechend der Consecutio temporum ausgedrückt (RH § 230,1).

Klausur 6: nach *BG* 5,54

Präpositionen (RH §§ 157–161, NM §§ 198–232)
AWS Nr. 44, 45, 47, 54

Doch Cäsar rief die Fürsten jedes Stammes zu sich hinaus (unterordnen) und hielt bald durch Einschüchterung, da er vorgab, er wisse, was geschehe, bald durch Ermahnen einen großen Teil Galliens in der Pflicht (wörtlich).

Trotzdem waren die Sosonen – dieser Stamm ist besonders stark und von großem Ansehen bei den Galliern – nicht botmäßig: Sie schickten zu Cäsar Gesandte wegen der Genugtuung, obwohl dieser befohlen hatte, der ganze Senat solle zu ihm kommen. Zuvor hatten sie den Gambrinus aus Königreich und Haus vertrieben, den Cäsar bei ihnen als König eingesetzt hatte, dessen Bruder bei Cäsars Ankunft und dessen Vorfahren die Königsherrschaft innegehabt hatten, nachdem sie (diesen) kraft eines öffentlichen Beschlusses zu töten versucht hatten und (ihn), da er es zuvor geahnt hatte und geflohen war, bis zur Grenze verfolgt hatten (partizipial unterordnen). (Bitte übersetzen Sie den Abschnitt in einer Periode.)

So viel war es bei den barbarischen Menschen wert, dass sich irgendwelche Anführer zur Kriegseröffnung gefunden hatten, und dies brachte eine so große Willensänderung, dass außer den Häduern, die Cäsar immer in einer vorzüglichen Ehre wegen der alten Treue gegenüber dem römischen Volk hatte, kein Stamm uns nicht verdächtig war.

Hilfen in den Klammern nicht mit übersetzen.

Lösungsvorschlag für die Klausur 6: nach *BG* 5,54

At Caesar principibus cuiusque civitatis ad se evocatis magnam partem Galliae alias terrendo, cum simularet se scire, quid fieret / quae fierent (Caes.), *alias admonendo in officio tenuit.*

At: Das deutsche ›aber‹ kann durch drei adversative Konjunktionen wiedergegeben werden (RH § 224c, NM § 439):
1. *sed* bezeichnet einen Gegensatz, der das Vorhergehende ganz oder teilweise aufhebt oder beschränkt. Bisweilen bezeichnet es keinen Gegensatz, sondern den Abbruch der bisherigen Ausführungen und den Übergang zu einem neuen Thema.
2. *at* ist die stärkste adversative Konjunktion. Sie steht bei einem lebhaften Einwand oder einem scharfen Gegensatz.
3. *autem* ist die schwächste Partikel. Wie gr. δέ wird sie nachgestellt und führt die Rede weiter.

cuiusque: ›jeder‹ (RH § 202, NM § 99):
– *omnis* bezeichnet das Kollektiv (›insgesamt, alle‹) und wird adjektivisch verwendet.
– *quisque* bedeutet ›jeder einzelne‹ und meint den einzelnen von mehreren. *quisque* ist enklitisch und kann nur bei Reflexiv- (hier *se*), Relativ-, Fragepronomen, Superlativen und Ordinalzahlen stehen. Fehlt ein Stützwort, steht die entsprechende Form von *unusquisque*. Nichtenklitisch steht *quisque* im Sinne von ›(je)der einzelne‹ und bei *certus*.
– *quivis* und *quilibet* heißen ›jeder beliebige‹ und haben oft eine abschätzige Konnotation (NM § 100). *quivis* steht wie *omnes* oder *nemo non* für *quisque* im kollektiven (›wirklich alle‹) statt distributiven Sinne (NM § 99,4). Merkhilfe: *quivis* und *quilibet* sind mit einer Verbform als zweitem Bestandteil gebildet und fungierten urspr. als kurzer Relativsatz. Aus der relativen hat sich dann die infinite Bedeutung entwickelt (KS I S. 649). Da zwei finite Verbformen in demselben Teilsatz syntaktisch nicht möglich sind, stehen *quivis* und *quilibet* nicht in verallgemeinernden Relativsätzen. Stattdessen wird *quicumque* verwendet.
– *universus* ›sämtlich, gesamt, allgemein‹ betrachtet wie *totus* die Teile als Einheit, d. h. alle Teile als Gesamtheit zusammengefasst, verschmilzt sie jedoch nicht wie *totus* (MSyn Nr. 355).

alias ... alias: ›bald ... bald‹ (NM § 429):
– *tum ... tum* und *modo ... modo* setzen voraus, dass die erste Aussage nicht zeitgleich zur zweiten stattfindet. Da es durchaus denkbar ist, dass Cäsar zwischen den beiden Reaktionen wechselt, ist eine Wiedergabe mit diesen beiden korrespondierenden Konjunktionen möglich.
– *alias ... alias* ist in jedem Fall möglich, weil auch beide Handlungen zeitgleich stattfinden können. Es kann außerdem im Sinne von *partim ... partim* (›teils ... teils‹) verwendet werden.
– *partim ... partim* drückt die Teilung einer Gesamtheit aus, so dass von jedem Teil etwas anderes ausgesagt wird. *partim ... partim* kann in unserem Fall nicht verwendet werden, da Cäsar zwei unabhängige Reaktionen zeigt, die keine Einheit bilden.
– *simul ... simul* ist klassisch nur einmal belegt und bedeutet ›ebenso ... wie‹ (NM § 428,5).

Bei mehr als zwei Gliedern stehen in der Regel dieselben Wörter in wiederholter Folge: *modo ... modo ... modo / tum ... tum ... tum* (NM § 429,2).

simularet: NM § 478,2a: *Simulare* ›vorgeben; so tun, als ob‹ + AcI; *insimulare* heißt ›(fälschlich) bezichtigen‹.

Die Verba dicendi (z. B. *declarare* ›erklären‹, *certiorem facere* ›benachrichtigen‹, *affirmare* ›versichern‹ und eben auch *simulare*) werden durch AcI ergänzt (RH § 168,1).

admonendo: Rein grammatikalisch wäre auch *cohortatus* möglich, da dieses wie das Partizip Perfekt Passiv vieler Deponentien und Semideponentien für Gleichzeitigkeit gebraucht werden kann (NM § 497,1). Stilistisch verbietet sich jedoch *cohortatus*, da es den Gleichklang von *admonendo* und *terrendo* zerstören würde. Als Faustregel lässt sich formulieren: Der Ablativ des Gerundiums drückt ein Mittel aus (›indem, dadurch dass‹, vgl. KS I S. 751–3), das Partizip Aktiv einen begleitenden Umstand (›wobei‹, KS I S. 777). Doch sind bereits klassisch die Grenzen fließend, ohne dass es zu einer vollständigen Austauschbarkeit kommt. Die modale Verwendung des Gerundiums im Ablativ ist bei Cicero »vereinzelt«, bei Cäsar gar nicht belegt (KS I S. 752).

Tamen Sosones, quae est civitas in primis firma et magnae apud Gallos auctoritatis, Gambrinum, quem Caesar apud eos regem constituerat, cuius frater adventu Caesaris cuiusque maiores regnum obtinuerant, publico consilio interficere conati et, cum praesensisset ac profugisset, usque ad fines persecuti e regno domoque expulerunt et legatis satisfaciendi causa ad Caesarem missis, cum is iussisset totum senatum ad se venire, dicto audientes non fuerunt.

Tamen: Stattdessen ist auch *nihilo minus/setius* ›nichtsdestominder/-weniger‹ möglich (NM § 439,5, KS II S. 98 f.).

quae est civitas: Tritt im Lateinischen ein Relativsatz zu einer Apposition, wird diese in den Relativsatz gezogen (RH § 243,2b).

in primis: S. den Lösungsvorschlag für die Klausur 3.

firma: bezieht sich auf die militärisch-numerische Stärke. Daher ist eine Wiedergabe mit *magnopere* (vgl. dazu RH § 176,2) nicht möglich.

magnae … auctoritatis: Für den Genetivus qualitatis s. den Hintergrund Ablativus qualitatis vs. Genetivus qualitatis.

est … auctoritatis: Alternativ ist auch der Ausdruck *multum (plus, plurimum) valere/posse apud aliquem* möglich.

auctoritatis: Dt. ›Ansehen, Ehre‹ (MSyn Nr. 14):
– *honor:* ›äußere Ehre, äußere Auszeichnung‹.
– *dignitas:* ›äußeres Ansehen, ehrenvolle Stellung‹.
– *honestas:* ›innere Ehre, Ehrenhaftigkeit‹.
– *auctoritas:* ›persönliches Ansehen, persönliche Bedeutung‹.

constituerat: ›jemanden als König einsetzen‹ heißt *aliquem regem facere/constituere/instituere* (mit doppeltem Akkusativ, NM § 351,3), nicht *praeficere*, da dies sich auf eine Personalentscheidung innerhalb einer (meist römischen) Organisation bezieht, z. B. ›einen Legaten einer Legion an die Spitze zu stellen‹. *designare* bezieht sich auf die Bekanntmachung eines Amtsantritts *(consul designatus)*.

Merke auch: *aliquem in regnum restituere* – ›jn. wieder als König einsetzen‹ (Nep. *Iph.* 2,1; Neuer Georges s.v. *restituo*).

adventu: *ad* bezeichnet den Zeitpunkt nur bei Substantiven mit einer temporalen Bedeutung (vgl. NM § 201,1b), zumeist mit einer normativen Implikation *(ad tempus* ›zur bestimmten/rechten Zeit‹, *ad diem* ›zum vereinbarten Termin‹), daneben die zeitliche Erstreckung *(ad paucos dies* ›für wenige Tage‹) oder den ungefähren Zeitpunkt *(ad vesperum* ›gegen Abend‹, *ad lucem* ›gegen Sonnenaufgang‹). Lokal dient *ad* wie *apud* zur Angabe der Umgebung *(ad Capuam esse)* (NM § 201,1a), v. a. bei Schlachten *(pugna ad Cannas)* (KS I S. 520).

regnum: Wie der (Ehren-)Titel *rex* ›König‹ ist dieses Nomen nur für außerrömische politische Verhältnisse akzeptabel. *imperium* bezeichnet eine militärische Befehlsgewalt (MSyn Nr. 188 ›Kraft, Macht, Herrschaft‹).

obtinuerant: *occupare* hebt livianisch auf den aggressiven Akt der Aneignung ab.

interficere: MSyn Nr. 19: ›töten‹:
– *interficere* – neutraler Ausdruck für ›töten‹ ohne jegliche Akzentuierung. Es kann jede Todesart gemeint sein.
– *necare* – trägt einen brutalen Unterton. Eine treffende Übersetzung ist ›morden‹. Meist wird der Tod durch Brachialgewalt herbeigeführt.
– *occīdere* – wird im Sinne von ›niederhauen‹ verwendet, besonders in einer Schlacht. Es ist auch in der Bedeutung von ›(eine Truppenmenge) niedermetzeln‹ gebräuchlich.
– *percutere* – bedeutet ›hinrichten‹.

conati: bedeutet ›etwas mit Mut und Selbstvertrauen in Angriff nehmen‹; *temptare* bedeutet dagegen ›vorsichtig prüfen‹ (MSyn Nr. 51 ›versuchen, wagen‹).

fines: Das Wort ›Grenze‹ wird meistens durch den Plural *fines* wiedergegeben. *finis* im Singular bedeutet in der Regel ›Ziel, Ende‹.

regno domoque: *et* ist die allgemeinste und geläufigste Wiedergabe von dt. ›und‹, die auch Teilsätze verbinden kann; das enklitische *-que* verbindet die beiden Gegenstände zu einer Einheit *(senatus populusque Romanus)*; *atque* fügt Wichtigeres an (vgl. dt. ›sowie‹) oder verbindet Synonyme und Antonyme (NM § 427,1).

domoque: Einzig mögliche Ablativform bei *domus* (vgl. RH § 36,6).

expulerunt: Verbalkomposita verlieren die Reduplikation im Perfekt (hier zum Simplex *pepuli*). *exigere* verbindet sich auch mit *rex*.

cum: *quamquam* + Ind. hebt auf die Tatsächlichkeit ab (NM § 584,2), *cum concessivum* umfasst die subjektiv-argumentative Perspektive und kennzeichnet eine Einräumung (KS II S. 348). Ebenso ist auch das Verhältnis von *cum causale* und indikativischem *quod* (s. den Lösungsvorschlag für die Klausur 3).

totum senatum: Hier wird das Kollektiv als ungeteilte Einheit betrachtet (s. den Lösungsvorschlag für die Klausur 5).

dicto audientes: S. den Lösungsvorschlag für die Klausur 4.

Tantum apud homines barbaros valuit aliquos principes belli inferendi repertos esse et tantam commutationem voluntatis attulit, ut praeter Haeduos, quos Caesar semper in praecipuo honore habuit propter veterem fidem erga populum Romanum, nulla civitas nobis non suspecta esset.

valuit: hier im Sinne von ›vermögen‹. *tanti est, ut* + Konj. drückt dagegen die Wertschätzung oder die Anteilnahme aus.

attulit, ut: Unpersönlicher Faktor. *facere / efficere / perficere, ut (ne)* – ›bewirken‹ drückt dagegen ein persönliches Wirken aus.

praeter: *non ... nisi* dient der faktischen Hervorhebung, es kann hier wegen der doppelten Verneinung nicht gesetzt werden.

in praecipuo honore habuit: *honorem habere alicui* heißt ›jm. (praktisch eine) Ehre erweisen‹.

propter: *propter* ›wegen‹ gibt den objektiven Grund an (NM § 227,1). Die Postpositionen *causā* und *gratiā* (beide mit Gen.) bezeichnen wie dt. ›um ... willen‹ den Zweck (NM § 230).

fidem erga populum Romanum: S. den Lösungsvorschlag für die Klausur 1: Eingangsklausur.

fidem: *fides* ist ein Grundbegriff des römischen Soziallebens und umfasst beide Partner der sozialen Interaktion. Dieses Substantiv bezeichnet nämlich sowohl die Treue, die man jemandem hält, als auch das Vertrauen, das man jemandem schenkt, aber auch die Eigenschaft der Vertrauenswürdigkeit, die man genießt.
MM S. 124–6:
– *fidem facere (alicui)* ›(bei jm.) Vertrauen finden‹
– *fidem habere alicui* ›jm. Vertrauen schenken‹
– *fidem colere / servare* ›die Treue halten‹
– *fidem praestare* ›die Treue unter Beweis stellen‹

nobis: Das klassische Latein kennt nur einen Pluralis modestiae, mit dem sich oft der Autor bezeichnet. Indem er die Angesprochenen mit einbezieht, tritt er hinter sie zurück. Der Pluralis modestiae ist bei Cäsar sogar häufiger als die 1. Sg. (NM § 60). Der Pluralis maiestatis kam erst in der Spätantike auf, als mehrere Kaiser zusammen regierten (HS S. 20).

suspecta: ›Verdächtig‹ kann nicht mit *suspiciosus* übersetzt werden, da dies ›Argwohn erregend‹ oder ›argwöhnisch‹ heißt. In unserem Fall erregen die Gallier ja nicht mehr nur Argwohn, sondern stehen bereits im Verdacht. Alternativ kann auch die entsprechende finite Verbform von *suspicari* verwendet werden (das Verb *suspicere* ist klassisch nur in der Bed. ›nach oben blicken, bewundern‹ belegt).

Klausur 7: Abschlussklausur

Während dies in Alesia betrieben wurde, beschlossen die Gallier am 13. März nach Einberufung eines Fürstenrates, dass nicht alle, die Waffen tragen könnten, zusammenzurufen seien, wie Vercingetorix meinte, sondern dass eine bestimmte (Engl. und Frz.: gewisse) Anzahl jeder Bürgerschaft auferlegt (übers.: befohlen) werden müsse, damit sie nicht aufgrund der Verwirrung einer so großen Menge weder die Ihrigen unterscheiden noch Lebensmittel beschaffen könnten. [.... es folgt die Aufzählung der einzelnen Stämme und ihrer Kontingente]

Von diesen brachten die Bellovaci ihre Zahl nicht bei, weil sie sagten, sie würden (Futur) unter der Führung ihrer Könige mit den Römern Krieg führen. Von Comicus gebeten, sandten sie gleichwohl 2.000 Reiter nach Alesia.

Das treue Werk dieses Comicus hatte Cäsar, wie wir zuvor gezeigt haben, zwei Jahre zuvor in Britannien gebraucht, für welche Verdienste jener dessen Bürgerschaft befohlen hatte, ihn als König einzusetzen. So groß war gleichwohl die Übereinstimmung ganz Galliens, den früheren Kriegsruhm wiederzuerlangen, dass sie nicht einmal durch die Erinnerung an die Freundschaft abgeschreckt wurden, Cäsar zu verraten. Und es gab nicht irgendjemanden von allen, der zweifelte, dass der Ansturm einer so großen Menge die Feinde überwältigen werde, besonders da man die Belagerten gebeten hatte, den Hilfstruppen durch einen Ausbruch aus der Stadt zu Hilfe zu kommen.

Hilfen in den Klammern nicht mit übersetzen.

Lösungsvorschlag für die Klausur 7: Abschlussklausur (*BG* 7,75 f.)

Dum haec Alesiae geruntur, Galli ante diem tertium Idus Martias concilio principum convocato (Caes.: indicto) non omnes, qui arma ferre possent, ut censuit Vercingetorix, convocandos esse statuerunt (Caes.: statuunt), sed certum numerum cuique civitati imperandum esse, ne tanta multitudine confusa nec discernere suos nec rem frumentariam comparare possent.

Dum ... geruntur: Nach *dum* steht das Präsens auch bei einem Vergangenheitstempus im übergeordneten Satz.

Alesiae: Der Lokativ steht bei Städten und kleinen Inseln der *a/o*-Dekl. im Sg.

concilio: S. den Lösungsvorschlag für die Klausur 3.

ferre: *ferre* bezieht sich auf eine leichte Last, *portare* auf eine schwere Bürde (auf den Schultern, auf einem Fuhrwerk) (MSyn Nr. 59 ›bringen, tragen, ertragen‹).

statuerunt: Für lateinische Verben für ›beschließen‹ und ihre Konstruktionen s. die Lösung zu Klausur 2.

multitudine: Abstrakta auf *-tudo, -tudinis* sind *feminini generis*.

certum numerum cuique: Bei *certus* steht *quisque* nichtenklitisch und bedeutet ›jeder einzelne‹ (s. den Lösungsvorschlag für die Klausur 6).

certum numerum ... imperandum: Beim Passiv transitiver Verben tritt im Lateinischen das Akkusativobjekt in den Nominativ (KS I S. 100 f.). Im AcI wird es zum Subjektakkusativ.

imperandum: *iubere* steht klassisch mit AcI. Deshalb lässt sich der Text nicht mit diesem Verb konstruieren.

discernere: *differre* heißt ›sich unterscheiden‹ (wie engl. *differ*). *discernere* heißt allgemein ›unterscheiden‹, *distinguere* ›unterscheiden‹ nach Kennzeichen und Merkmalen (MSyn Nr. 81b).

rem frumentariam: S. den Lösungsvorschlag für die Klausur 5.

Ex his Bellovaci numerum suum non contulerunt, quod se suis regibus ducibus bellum cum Romanis gesturos esse dicebant. Rogati a Comico tamen duo milia equitum Alesiam miserunt.

Ex his: S. den Lösungsvorschlag für die Klausur 3.

suum: Das Possessivpronomen muss hier wegen der distributiven Funktion auch im Lateinischen gesetzt werden (›die ihnen auferlegte Zahl‹).

gesturos esse: Das Futur ist logisch notwendig, da man sonst über die Modalitäten der Kampfhandlungen nicht mehr debattieren könnte, und auch nach der deutschen Syntax erforderlich, da hier eine Umwandlung in den Konj. II nicht möglich ist; ›würden‹ ist also keine Konjunktivparaphrase, sondern der Konjunktiv des futurbildenden Hilfsverbs ›werden‹.

Rogati: *petere aliquam rem ab aliquo* → Die Person, die um etwas gebeten wird, kann bei diesem Verb nicht Subjekt einer Passivkonstruktion werden. Deshalb kann *petere* hier nicht verwendet werden.

duo milia equitum: Folgt ein Substantiv unmittelbar auf den Plural von *mille*, muss es im Gen. Pl. stehen (RH § 65,3).

Huius opera Comici, ut ante(a) demonstravimus, fideli biennio ante / duobus annis ante Caesar in Britannia usus erat, quibus ille pro meritis civitatem eius eum in regnum restituere iusserat.

fideli: *fidus* heißt ›zuverlässig, getreu‹ im emotionalen Sinne, *fidelis* ›getreu‹ im Sinne der Pflichttreue bei der Übernahme eines Dienstes (MSyn Nr. 182).

duobus annis ante: S. den Lösungsvorschlag für die Klausur 5.

quibus ille pro meritis: Hineinziehung einer Apposition in den Relativsatz (RH § 243,2b).

pro: *pro* kann, wie hier der Fall, eine Entsprechung ausdrücken (NM § 202,7d). Deshalb wurde es in der Aufgabenstellung mit dt. ›für‹ übersetzt. Die übrigen lateinischen Möglichkeiten, dt. ›wegen‹ wiederzugeben (Ablativus causae o. instrumenti, *propter* + Akk., Gen. + *causa*, vgl. NM § 227), scheiden wegen der hier vorliegenden Sonderbedeutung aus.

in regnum restituere: S. den Hintergrund *Zeiträume*.

Tamen tanta totius (Caes.: universae) Galliae fuit consensio pristinae belli laudis recuperandae, ut ne memoria quidem amicitiae deterrerentur, quin Caesarem proderent.

totius: S. den Lösungsvorschlag für die Klausur 5.

consensio: Die Wendung *consuetudo, locus, moris, mos, tempus, occasio* + *est* (als Vollverb), *ut* (konsekutivischer Substantivsatz) tritt besonders in Verbindung mit einem demonstrativen oder relativen Pronomen auf (RH § 237, KS II S. 244). Da *est* hier Kopula ist (mit *tanta* als Prädikatsnomen), trifft diese Regel nicht zu. Stattdessen steht der Genetiv einer *nd*-Form. *Consensus in* + Abl. wird bei Cicero nur substantivisch und nicht durch ein Verbalnomen ergänzt (Neuer Georges s.v.). Weiterführend s. den Lösungsvorschlag für die Klausur 2.

pristinae: S. den Lösungsvorschlag für die Klausur 4.

recuperandae: *recipere* im Sinne von ›wieder erhalten‹ bleibt klassisch an die Vorstellung eines Austauschverhältnisses (Ggs. *dare, credere, tradere*) oder ein Konkretum (*Tarentum*; Ggs. *perdere, amittere*) gebunden (vgl. Neuer Georges s.v.).

laudis recuperandae: Steht die *nd*-Form in einem Genetiv Singular, ist das Gerundivum häufiger, aber nicht zwingend (NM § 517,1).

ne ... quidem: *nē ... quidem* ›nicht einmal‹ umschließt das Wort, auf das es sich bezieht (wie die frz. Negation *ne ... pas*).

deterrerentur: S. den Lösungsvorschlag für die Klausur 3.

quin: Nach verneinten Verba impediendi und recusandi wird dt. ›dass‹ mit *quin* wiedergegeben (RH § 239,2).

proderent: *tradere* im Sinne von ›verraten‹ ist vor- und nachklassisch (vgl. frz. *trahir, trahison*, engl. *treason*). *enuntiare* bezieht sich auf Dinge bzw. Bewusstseinsinhalte und bedeutet dann ›ausplaudern‹.

Neque erat omnium quisquam, qui dubitaret, quin impetus tantae multitudinis hostes superaturus esset, praesertim cum ii, qui obsidebantur, rogati essent, ut auxiliis eruptione ex oppido subvenirent.

Neque erat omnium quisquam, qui dubitaret: *neque erat omnium quisquam* entspricht inhaltlich *nemo est, qui*. Deshalb steht wie nach dieser Wendung der Konjunktiv (RH § 242,2b).

Neque erat omnium quisquam: D. h. ›niemand‹. *omnium* dient hier der Verstärkung. Dieser Gebrauch findet sich in Verbindung mit *unus* beim Superlativ (vgl. dt. ›aller-‹) und bei komparativen Ausdrücken und Verben (NM § 34,4):

Aristidis fuga, qui unus omnium iustissimus fuisse traditur. (Cic. *Sest.* 141)

›die Verbannung des Aristides, welcher der Überlieferung nach bei weitem der gerechteste war.‹ (meine Übers.)

Für die Ergänzungsmöglichkeiten von *nemo* allgemein (Genetivus totius, Attribut oder Prädikativum, Präpositionalausdruck) s. NM § 293,5.

quisquam: S. den Lösungsvorschlag für die Klausur 1.

multitudinis: ›die große Menge, Volksmenge‹; sie wird zur *turba,* wenn sie verworren und zügellos ist (MSyn Nr. 211).

superaturus esset: Die Coniugatio periphrastica erscheint gewöhnlich nur (wie hier) nach *non dubito, quin* und in indirekten Fragen zum Ausdruck der Nachzeitigkeit in konjunktivischen Nebensätzen. In anderen Gliedsätzen steht zum Ausdruck der Nachzeitigkeit in der Regel anstelle der Coniugatio periphrastica entsprechend der Consecutio temporum der Konjunktiv Präsens bzw. Imperfekt (NM § 463, RH § 230).

praesertim cum: S. den Lösungsvorschlag für die Klausur 3.

obsidebantur: *oppugnare* heißt ›angreifen‹. Das fehlende Partizip Passiv Präsens von *obsidere* wird durch die Umschreibung mit *is, qui* wiedergegeben.

auxiliis: Für ›Hilfstruppen‹ kann auch *auxiliares, -ium,* m. gesetzt werden.

Lateinische Stilübungen: Cicero, *Catilinarien* und *Tusculanen*

Grammatischer Stoff

Vorausgesetzt (bei Bedarf im Selbststudium zu wiederholen):
Orts- und Zeitbestimmungen, *nd*-Formen (RH §§ 174–176, NM §§ 509–517)
›ohne dass‹/›ohne zu‹, dass-Sätze, *quin*-Sätze (RH § 239)
Fragesätze, Doppelfragen (RH §§ 221 f., NM §§ 407–420)

Wiederholung und Vertiefung:
Komparativ-, Kausal-, Temporal-, Kondizional- und Konzessivsätze (RH §§ 246–263, NM §§ 551–586)
indirekte Rede / Oratio obliqua (RH § 264, NM §§ 470–2)

Zu behandeln:
stilistische und syntaktische Eigentümlichkeiten der lateinischen Nomina, Demonstrativpronomina
(RH §§ 182–204, NM §§ 1–105)
Verbindung von Hauptsätzen, beiordnende Konjunktionen (RH §§ 223–225, NM §§ 427–453)
Adverbgebrauch (NM §§ 145–197)
Tropen, Figuren, Wortstellung und Satzbau (RH §§ 265–268, NM §§ 597–600)
relativer Satzanschluss (RH § 244, NM § 590) und relative Satzverschränkung (RH § 245; NM § 591, KS II S. 315–319)
Irrealis in der Abhängigkeit (RH § 260, NM § 564, KS II S. 405–410)

Vorschlag für den Verlauf einer Lehrveranstaltung

1. Sitzung: Eröffnung, Modalitäten der Veranstaltung und des Scheinerwerbs
2. Sitzung: Lektüre Cic. *Catil.* 1, Besprechung der HA 1 »Eingangsklausur«
3. Sitzung: Lektüre Cic. *Catil.* 2, HA 2 Demonstrativpronomina
4. Sitzung: Lektüre Cic. *Catil.* 3, HA 3 Adverbgebrauch
5. Sitzung: Lektüre Cic. *Catil.* 4, HA 4 Tropen, Figuren, Wortstellung und Satzbau
6. Sitzung: Zwischenklausur (Cic. *Catil.*)
7. Sitzung: Rückgabe und Besprechung der Zwischenklausur
8. Sitzung: Lektüre Cic. *Tusc.* 1, HA 5: Relative Satzverschränkung
9. Sitzung: Lektüre Cic. *Tusc.* 2, HA 6: Philosophica, Textbesprechungsvokabular
10. Sitzung: Lektüre Cic. *Tusc.* 3, HA 7: Relativische Satzverschränkung, Hypotaxe
11. Sitzung: Lektüre Cic. *Tusc.* 4, HA 8: Verbindung von Hauptsätzen, beiordnende Konjunktionen
12. Sitzung: Lektüre Cic. *Tusc.* 5, HA 9: Irrealis in der Abhängigkeit, Kondizionalsätze, indirekte Rede / Oratio obliqua
13. Sitzung: HA 10 (Klausurübung), Abschlussklausur (Cic. *Tusc.*)
14. Sitzung: Rückgabe und Besprechung der Abschlussklausur, Scheinausgabe

Hausaufgabe 1

AWS Nr. 42, 54, 55

Ich sagte, ebenfalls im Senat, du habest den Entschluss gefasst, den Adel durch die Bewaffnung schändlicher Sklaven am 28. Oktober zu ermorden – damals, als zahlreiche führende Männer unserer Bürgerschaft aus Rom aufs Land geflohen sind, nicht nur um sich zu Hause in Sicherheit zu bringen (übers.: zu retten), sondern um zu verhindern, dass du den Staat ihrer beraubtest.

Wagst du etwa zu leugnen, dass du dich, weil du von meinen Mannschaften umstellt warst, an jenem Tage nicht gegen den Staat zu bewegen vermochtest, als du sagtest, es fehle nicht viel, dass du unser aller Ermordung vollenden werdest? Wie? Als du hofftest, du könnest Capua genau am 1. November durch einen nächtlichen Angriff besetzen, hast du da gemerkt, dass ich befohlen hatte, die Kolonie einem klugen Zenturio zur Verteidigung zu übergeben? Du tust nichts, du denkst nichts, ohne dass ich's erfahre und sogar sehe.

Betrachte endlich mit mir, was du vor drei Tagen in der Nacht getan hast, in der du dich in das Haus des M. Laeca begeben haben sollst. Ich werde dich überführen, wenn du es nicht einmal jetzt zugibst. Sehr verehrte Herren Senatoren, wo in aller Welt sind wir denn?

Hilfen:
Z. 2: führende Männer: denken Sie an die Bezeichnung des Herrschers in der frühen Kaiserzeit
Z. 4: verhindern: *reprimere*

Lösungsvorschlag HA 1 (nach Cic. *Catil.* 1,7–9 (Auszüge))

Dixi ego idem in senatu te consilium cepisse nobiles / optimates (Cic.) *armandis turpibus servis ante diem quintum Kalendas Novembrīs occidere / interficere, tum, cum multi principes huius / nostrae civitatis Roma rus fugerunt, non modo ut se domi servarent, sed etiam ut reprimerent, ne rem publicam se privarent.*

īdem: *īdem* ist Nominativ Sg. Maskulinum und ergänzt *ego,* d. h. Cicero hat zwei verschiedene Aussagen vor demselben Gremium (dem Senat) gemacht. *quoque* würde bedeuten, dass Cicero dieselbe Aussage vor zwei verschiedenen Gremien gemacht hätte. Hier liegt das korrespondierende *idem* vor, das ausdrückt, »dass ein Gegenstand oder eine Person zwei Eigenschaften zugleich besitzt« (NM § 81,2). Oft ergänzt *idem* wie hier das Subjekt. Für die Bezeichnung zweier Äußerungen desselben Sprechers liefert Caes. *Gall.* 1,32,3 eine frappante Parallele: *Idem Diviciacus Haeduus respondit.* ›Da antwortete auch wieder der Häduer Diviciacus.‹ (Übers. NM)

consilium cepisse: Für die Konstruktion von *consilium capere* s. die tabellarische Übersicht in NM § 517,3. Hier steht diese Wendung aktivisch, mit gleichem Subjekt, *consilium* ohne Attribut: Daher wird der Infinitiv gesetzt. Eher unüblich ist der *ut*-Satz (einmal in den Cicerobriefen [Att. 7,10] und der Rede *Pro Tullio* [34]). Die *nd*-Form ist hier nur korrekt, wenn der Inhalt des Beschlusses *consilium* vorangeht *(interficiendi nobiles consilium cepisse).*

nobiles / optimates: Bereits klassisch können Abstrakta wie *iuventus, posteritas, peregrinitas* und *nobilitas* nicht nur die Zugehörigkeit zu einer Gruppe, sondern auch die Gruppe selbst bezeichnen (NM § 16, KS I S. 81). Wenn Cicero hier nicht *nobilitas* schreibt, so liegt dies an dem stark personalen Akt des Tötens, der den Adligen zugedacht ist.

armandis turpibus servis: Im Ablativus purus ist das Gerundivum häufiger (s. Übersicht NM § 517,1). Das Gerundium steht nur in einem Gegensatz oder um den Verbalbegriff zu betonen (NM § 515,1).

armandis: Die *nd*-Form drückt das Mittel (›durch‹) aus, *armatis* höbe auf die Vorzeitigkeit und Vollendung ab.

turpibus: Dt. ›schlecht, schändlich‹ (MSyn Nr. 300 f.):
– *improbus* ›unredlich, moralisch schlecht‹.
– *turpis* ›schimpflich, schändlich‹ (bringt sittliche Schande).
– *nefandus* ›unsagbar, gräulich‹.

servis: MSyn Nr. 204 ›Sklave, Diener‹:
– *servus* bezeichnet den Sklaven im Ggs. zu Freien und seinem Herrn und ist das gewöhnliche Wort.
– *famulus* gehört zur Hausgemeinschaft. Die Gesamtheit dieser Sklaven heißt *familia*.
– *verna* ist der im Hause geborene Sklave.
– *mancipium* ist der Sklave als käufliche Ware und Eigentum des Herrn (man beachte das Neutrum). Die Etymologie des Wortes (< *manus* + *capere*) lässt erkennen, dass das Eigentumsverhältnis durch Gefangennahme begründet wurde.
– *puer* entspricht dem dt. ›Bursche‹. Dieser Sklave verrichtet Dienstleistungen im persönlichen Umfeld.

ante diem quintum Kalendas Novembrīs: S. den Lösungsvorschlag für die Klausur 1 (Cäsar).

Novembrīs: Sowohl bei konsonantischen Stämmen wie bei *i*-Stämmen erscheinen klassisch im Akk. Pl. die Endungen *-īs* und *-ēs*, ohne dass sich hieraus eine klare Regel und zwingende Norm ableiten ließe (KHW S. 334–5). Empfehlenswert ist die Koppelung der Verwendung von *-īs* an den abnehmenden *i*-Charakter der Deklinationsklassen (reine, gemischte, kons.), die RH §§ 37–40 bieten.

occidere / interficere: Cicero formuliert den Sachverhalt nominal *(caedem optimatium).*
MSyn Nr. 19: ›töten‹:
– *interficere* – neutraler Ausdruck für ›töten‹ ohne jegliche Akzentuierung. Es kann jede Todesart gemeint sein.
– *necare* – trägt einen brutalen Unterton. Günstige Übersetzung ist ›morden‹. Meist wird der Tod durch Brachialgewalt herbeigeführt.

- *occīdere* – wird im Sinne von ›niederhauen‹ verwendet, besonders in einer Schlacht. Es ist auch in der Bedeutung von ›(eine Truppenmenge) niedermetzeln‹ gebräuchlich.
- *percutere* – bedeutet ›hinrichten‹.

huius / nostrae: Das Demonstrativpronomen *hic, haec, hoc* verweist auf etwas, das im Bereich des Sprechers liegt, es ist also der 1. Person zugeordnet. Näheres s. den Hintergrund *Deixis*.

domi: *domi, ruri* ›auf dem Land‹ und *humi* ›auf dem Boden‹ sind die einzigen Lokative bei Appellativa (= Nicht-Eigennamen). Näheres s. den Hintergrund *Ortsangaben*.

ut reprimerent: Den Zweck durch einen *ut*-Satz auszudrücken ist die eleganteste Lösung. Cicero verwendet Gerundivum + *causa*, sogar *consiliorum tuorum reprimendorum causa*. ad + Akk. der *nd*-Form geht hier nicht, da diese Konstruktion nur bei Verben und Adjektiven steht, die ohnehin mit *ad* konstruiert werden oder deren Bedeutung eine Absicht, einen Zweck oder eine Beziehung enthält (KS I S. 749 f.).

privares: *privare* steht nur mit Ablativus purus (NM § 366,1). Ebenso ist für das verwandte *orbare* auch bei Personen im staatlichen Kontext (*Res publica orbata est tutoribus.* [Cic. *p. red. in sen.* 4]) nur der Ablativus purus belegt (NM § 366,1).

Num negare / infitiari (Cic.) *audes te circumclusum* (Cic.) */ circumdatum meis praesidiis illo die contra rem publicam (te movere) / moveri* (Cic.: *te commovere*) *non potuisse, cum dixisti non multum abesse, quin caedem nostrum / nostram omnium perficeres.*

Num: Einfache Satzfragen (RH § 221,2, NM § 414): Das Lateinische markiert – wie das Griechische, Russische und Polnische *(czy)* – Entscheidungsfragen mit Partikeln und nicht durch Inversion wie das Deutsche oder teils Französische oder durch eine Periphrase mit einem Hilfsverb wie das Englische *(Do you …?)*. Wie im Griechischen stehen unterschiedliche Partikeln, je nach der Antwort, die der Fragesteller erwartet:

a) *-nĕ* markiert eine ergebnisoffene Frage (gr. ἦ, ἄρα). Diese Partikel ist enklitisch und wird an das Wort angehängt, nach dem gefragt wird (vgl. russ. ли). Dabei handelt es sich meist um das Verb (*Dixitne tandem causam C. Fidiculanius […]?* [Cic. *Cluent.* 103]), in seltenen Fällen aber auch eine andere Wortart (*vestramne […] fidem implorem?* [Cic. *S. Rosc.* 29] ›Soll sich mein Flehen auf […] euch [verlassen]?‹ [Übers. Fuhrmann, Bd. 1,120]). *-ne* und das Wort, an das es angehängt wird, werden zusammengeschrieben und stehen fast stets am Satzanfang.

b) *nōnne* ›etwa nicht, doch wohl‹ suggeriert, dass der Redende eine bejahende Antwort (›doch‹) erwartet (gr. ἆρ' οὐ).

c) *num* ›etwa, doch wohl nicht‹ leitet eine Frage ein, auf die der Redende eine verneinende Antwort (›nein‹) erwartet (gr. ἆρα μή).

circumclusum: Setzt man statt des eleganten Participium coniunctum einen Kausalsatz, verbietet sich ein passivisches Zustandsimperfekt (wie *cingitur*), da es hier um keinen andauernden Zustand, sondern eine einmalige Einkreisung geht (KS I S. 118).

praesidiis: ›Schutz, Posten, Besatzung‹ (vgl. dt. *Polizeipräsidium*). Verwandte Ausdrücke: *custodiae* ›Schildwache, Leibwache‹, *vigiliae* ›Wachtposten, Streifen‹ (auf der Straße und im Lager bei Nacht), *stationes* ›Vorposten, Schutzposten‹ (gegen den Feind) (MSyn Nr. 191, Neuer Georges s.vv.).

moveri: In der idg. Grundsprache, aus der sich Latein, Griechisch und viele andere Sprachen entwickelt haben, gab es ursprünglich zwei Genera verbi (Fachbegriff: Diathese, gr. für Zustand des Verbs), nämlich Aktiv und Medium. Das Medium bezeichnet eine Handlung, die sich auf den Urheber (d. h. das Subjekt) zurückbezieht, es ist also ein Reflexivum und betraf meist Verben der geistig-seelischen und körperlichen Tätigkeit. Aus dem Medium entwickelte sich das Passiv, also eine Handlung, die das Subjekt betrifft, aber nicht von ihm ausgeht. Diese Entwicklung ist im Griechischen noch gut zu sehen, wo nur das Futur und der Aorist vom Medium geschiedene Passivformen haben. Im Lateinischen ist das Medium noch im reflexiven Gebrauch des Passivs bewahrt. Er betrifft einmal die Deponentien, die keine eigenen aktiven Formen haben und vielfach aus dem Idg. ererbte Media sind (lat. *sequor* ~ gr. ἕπομαι) und die reflexiv-mediale Verwendung fortsetzen *(laetor)*. Vielfach ist das Subjekt nicht das direkte Objekt, sondern der Nutznießer der Handlung (z. B. bei den Verben für ›erlangen‹ und ›sich bemächtigen‹). Die traditionelle Bezeichnung Deponentien (also Verben, die ihre aktive Form zugunsten einer passiven abgelegt haben) ignoriert gänzlich diesen medialen Hintergrund. Außerdem bildet das Passiv wie im vorliegenden Fall reflexive Formen zu aktiven Verben, die meist den Körper und seine Bewegung *(lavor, moveor, vertor)* oder Zustandsänderungen des Subjekts *(mutor)* betreffen. Daneben kann bei diesen Verben das Reflexivum auch mit dem Aktiv + *me, te, se* etc. ausgedrückt werden, wenn die Tätigkeit des Subjekts betont werden soll (KS I S. 104–7). Ab dem Vulgärlatein haben die Bildungen mit den Reflexivpronomina die passiv-medialen Reflexivformen verdrängt. In den modernen romanischen Sprachen sind sie die einzige Bildung des Reflexivums *(je me lave)*.

non potuisse: Die lateinische Kunstprosa verwendete nach dem Vorbild der griechischen metrische Elemente. Dabei gelten dieselben prosodischen Regeln wie im Vers. Es wird allerdings nicht der gesamte Text, sondern nur die Teile, die vor einem Einschnitt standen, mit sog. Prosaklauseln gestaltet, die auch innerhalb eines Wortes einsetzen konnten. Die häufigsten sind der Ditrochäus *(ēssĕ pōssĭt)*, der Doppelkretikus *(tēstēs cĭtārī iŭbēt)*, der katalektische Doppelkretikus *(ēssĕ vŏlŭērŭnt)* und der Doppelspondeus *(cōndēmnāssĕ)*. Die sog. heroische Klausel, die aus den beiden letzten Füßen des Hexameters besteht, wird dagegen gemieden (RH § 266,2a). Hier steht sie nur *(nōn pŏtŭīssĕ)*, weil es grammatisch keine Alternative zur vorliegenden Formulierung gibt. Die Umstellung, sonst ein probates Mittel zur Vermeidung dieser Klausel, ist nicht möglich († *potuisse non*): *non* kann nicht vorgezogen werden, da es zu *potuisse* gehört, und das Perfekt des Infinitivs ist inhaltlich gefordert.

cum dixisti: Der Indikativ steht im *cum*-Satz wegen des reinen Zeitverhältnisses *(illo die)*.

non multum abesse, quin: ›es fehlt nicht viel / nichts, dass‹ *non (haud) multum / non longe / non longius / non (haud) procul / paulum // nihil abest, quin* (immer unpersönlich); nach positivem Vorsatz (›es fehlt viel, dass‹) steht dagegen *ut* (NM § 539,4 Anm. 1). Diese Konstruktion ist klassisch allerdings sehr spärlich bezeugt (KS II S. 237). Die einzige Belegstelle (Cic. *ac.* 2,117: *Ille longe aberit, ut argumentis credat philosophorum*) scheint eher persönlich konstruiert und lässt sich nur unter der Annahme einer Prolepse unpersönlich deuten (NM § 539,4).

caedem: Keine distributive Verwendung des Plurals (RH § 182,1), da es sich um ein Abstraktum handelt, das eine Handlung bezeichnet. Es ist gewissermaßen ein einziges Blutbad. Eine *nd*-Form ist grammatisch nicht möglich, da *perficere* ein Akkusativobjekt braucht; dies wäre bei einem Verbalabstraktum der Infinitiv. *perficere* lässt aber nur eine Ergänzung mit *ut/ne* zu.

nostrum / nostram omnium: Dt. ›unser / euer aller‹ (ugs. ›von uns / euch allen‹) wird im Lateinischen durch den Genetivus partitivus des Personalpronomens + *omnium* oder (seltener) durch das Possessivpronomen + *omnium* ausgedrückt (RH S. 148, NM § 58,3). N.B.: Bei Cicero fehlt hier *omnium*.

perficeres: In indirekten Fragesätzen, nach Ausdrücken des Zweifelns (v. a. *non dubito, quin*, aber auch abhängigen Fragesätzen, so Cic. *Manil.* 45: *Et quisquam dubitabit, quid virtute perfecturus sit, qui tantum auctoritate perfecerit?* ›Und da hegt jemand Zweifel, was der durch seine Tüchtigkeit erreichen wird, der so viel durch sein Ansehen erreicht hat?‹ (Übers. Fuhrmann, Bd. 1,349)) sowie bisweilen nach Verba timendi wird die Nachzeitigkeit durch die Coniugatio periphrastica – entsprechend der Consecutio temporum – ausgedrückt. Ansonsten steht bei Nachzeitigkeit – wieder entsprechend der Consecutio temporum – der Konjunktiv Präsens oder Imperfekt (KS II S. 179–181, NM § 463, RH § 230).

Quid? Cum sperares te Capuam ipsis Kalendis Novembribus nocturno impetu occupaturum esse, sensistin(e) me iussisse coloniam prudenti centurioni defendendam tradi?

Quid? *quid?* ohne Prädikat fungiert als Übergang zu einer weiteren Frage und kündigt einen stärkeren Punkt der Argumentation an (NM § 409).

ipsis Kalendis: *Ipse* kann oft nicht wörtlich wiedergegeben werden, sondern muss mit ›von selbst, gerade, genau, eben, persönlich, allein, an sich sogar, unmittelbar, wirklich usw.‹ umschrieben werden (NM

§ 78,3). In Verbindung mit Kardinalzahlen bedeutet es ›genau‹ (NM § 78,4).

sperares ... occupaturum esse: Bei den Verben des Hoffens, Versprechens, Gelobens, Schwörens und Drohens (z. B. *sperare, polliceri, promittere, min(it)ari*) steht abweichend vom Deutschen der AcI des Futurs, wenn das Geschehen in der Zukunft liegt (NM § 479,3). Näheres s. den Hintergrund *dass*-Sätze.

sensisti: Nicht *intellegere*, da dies ›einsehen, verstehen‹ bedeutet. Die bloße geistige Wahrnehmung eines Sachverhaltes lässt sich gut mit *sentire* ausdrücken (Weiteres s. u. zu *Recognosce / vide*).

sensistin(e): Wird die Fragepartikel *-nĕ* an ein Wort angehängt, das auf einen Vokal auslautet, kann sie zu *-n* verkürzt werden. Diese Verkürzung ist häufig bei Plautus und Terenz anzutreffen und wird daher der Volkssprache zugerechnet (KHW S. 135 f., die kein Beispiel aus Cäsar oder Cicero bieten). An der vorliegenden Stelle überliefert nur ein Teil der Handschriften die verkürzte Form, der Herausgeber der Teubneriana setzt sie gleichwohl in den Text. Die Verkürzung soll wohl einen Hiat mit dem hier folgenden *illam* vermeiden. In den Stilübungen fährt man am sichersten, wenn man auf die Verkürzung verzichtet, da sie umgangssprachlich ist.

coloniam ... centurioni defendendam tradi: Nach Verben des (Über-)Gebens, (Ver-)Mietens und Überlassens steht das prädikative Gerundivum (*tibi libros legendos do*). *ad* + Gerundium steht nur zur Betonung des Zwecks: *tibi libros do ad legendum (non ad chartā culum* [-*i, m.*] *purgandum*) (NM § 512).

Nil agis, nil cogitas, quod non (Cic.) / *quin ego comperiam vel etiam videam.*

agis: *facere* impliziert ein konkreteres (effiziertes) Objekt (Näheres s. HS S. 30).

quod non / quin: Wiedergabemöglichkeiten von ›ohne dass‹, ›ohne zu‹ (RH § 239):
a) verneintes Partizip (Abl. abs., PC) (RH § 181,1a) oder Adjektiv.
b) Koordinierung mit *neque*.
c) *sine* + Substantiv.
d) nach inhaltlich verneintem übergeordnetem Satz steht *quin* + Konjunktiv.

Hier wäre zur Wiedergabe von ›ohne dass‹ rein grammatikalisch ein verneinter Abl. abs. möglich. Vorzuziehen ist jedoch ein *quin*- oder Relativsatz mit konsekutivem Nebensinn, da Ciceros totale Überwachung genauso wichtig wie Catilinas Schritte ist (Stil) und die grammatischen Voraussetzungen für den *quin*- oder Relativsatz vorliegen: Dieser tritt nach einem inhaltlich verneinten Vorsatz ein. Die inhaltliche Negation erfolgt durch eine rhetorische Frage, ein Negationspronomen oder -adverb (*nemo, nihil, nullus* etc.), wie hier der Fall, oder ein mit *non, neque* etc. negiertes Indefinitpronomen oder -adverb (*ullus, umquam*), klassisch aber nie durch *non* allein.

Steht statt *quin* in konsekutivem Sinn wie hier ein verneinter Relativsatz mit konsekutivem Sinn (*qui non, quae non, quod non*), wird die Negation besonders betont. Näheres s. den Hintergrund *quin*-Sätze.

comperiam: MSyn Nr. 38b ›erfahren‹:
– *audire / accipere* ›hören, vernehmen‹.
– *comperire* ›sichere Kunde erlangen, zuverlässig erfahren‹ (von anderen).
– *certiorem fieri* ›benachrichtigt werden‹ (durch andere); beim Aktiv *certiorem facere aliquem de aliqua re* (RH § 121,1) ›benachrichtigen‹ ist der Informant das Subjekt und der Empfänger der Nachricht das Objekt.
– *experīri* ›durch eigene Erfahrung kennen lernen‹; der Betreffende gelangt selbst zur Erkenntnis.

vel etiam: *vel* allein dient der Berichtigung des Vorangehenden. Allein oder manchmal auch mit Zusätzen wie *certe, adeo* oder hier *etiam* dient *vel* der Steigerung (KS II S. 109,4).

Recognosce tandem mecum, quae tribus diebus ante (ea) nocte egisti, qua te domum M. Laecae contulisse dicaris / dicĕris.

Recognosce: Vgl. MSyn Nr. 37 ›sehen, betrachten, erkennen‹ (s. den Lösungsvorschlag für die Klausur 3 [Cäsar]). *vide* wäre trotz einer allgemeineren Semantik als *recognoscere* vertretbar, scheidet aber an der vorliegenden Stelle aus stilistischen Gründen aus, da dieses Verb bereits am Ende des vorangehenden Satzes steht.

tandem: *tandem* verstärkt hier den Imperativ (NM § 122,3).
Dt. *schließlich, endlich* (NM § 162):
– *tandem* ›endlich‹ (bezieht sich auf etw. lange Ersehntes).
– *postremo* und das schwächere *dēnĭque* bezeichnen den letzten Punkt in einer Aufzählung, auch von Argumenten.
– *dēmum* entspricht dt. *erst* und steht enklitisch, klassisch nur in den Verbindungen *nunc demum, tum demum* und *is demum*.

Aufzählungen werden im Lateinischen mit folgenden Adverbien gegliedert (NM § 430,5, KS II S. 69 f.):
1) *primum*
2) *deinde*
3) *tum*
4) *postremo, dēnĭque, ad extremum*

Diese Adverbien können gleichermaßen mit zeitlichen Abfolgen und sachlich-argumentierenden Reihungen stehen (NM § 430,5). Mit der hier vorgestellten Reihe macht man also nichts falsch.
Besonderheiten:
a) Beim ersten Glied einer zeitlichen Reihung kann bei Cicero (*Tusc.* 5,5, *Cluent.* 69) *primo* stehen (KS II S. 69). Klassisch zwingend ist dies nicht, da Cäsar ein Gegenbeispiel für *primum* bietet (Caes. *Gall.* 1,25,1).
b) *post(ea)* kann vor oder nach (d. h. auch zwischen) *deinde* und *tum* stehen.
c) *tum* kann statt *deinde* an zweiter Stelle stehen.
d) *deinde* und *tum* können auch jeweils mehrmals hintereinander gesetzt werden (*tum ... tum ..., deinde ... deinde ...*).
e) *postremo, dēnĭque, ad extremum* können als letztes Glied entfallen.

tribus diebus ante: S. den Hintergrund *Zeiträume*.

nocte: *noctu* ›nachts‹ scheidet aus, da es sich hier nicht um eine allgemeine, sondern eine konkrete Zeitangabe handelt. Der reine Ablativus temporis steht bei Substantiven, die einen Zeitbegriff enthalten. Andere Substantive, die eine Zeitbestimmung bieten, stehen nur dann ohne Präposition, wenn sie durch ein Attribut ergänzt werden (*prima pueritia* vs. *in pueritia*) (RH § 156).

egisti: Indikativischer Relativsatz nach Verben des Erkennens zwecks Tatsachenpräsentation (s. den Hintergrund *Indirekte Frage*).

domum M. Laecae: Gibt das Attribut von *domus* den Besitzer an, werden die Orts-, Richtungs- und Herkunftsangaben von *domus* wie beim attributslosen *domus* konstruiert, d. h. ohne Präposition und mit Lokativ (RH § 122,2, § 141,2, § 154,1).

M. Laecae: Für die Abkürzungen der römischen *praenomina* s. RH § 2.

te ... contulisse: Merke: *se conferre* ›sich begeben‹.

contulisse dicaris / dicĕris: Zum NcI s. den Hintergrund *dass*-Sätze.

dicaris: Attractio modi an den vorangehenden Konjunktiv. Sie findet »häufig« beim Relativsatz statt (NM § 456,1a).

Convincam te, si ne nunc quidem confiteris. Patres conscripti, ubinam gentium (Cic.) / *terrarum sumus?*

convincam: Im klassischen Latein ist dieses Verb ein forensischer t.t. mit der Bedeutung ›überführen‹ (d. h. ›mit Argumenten besiegen‹ entsprechend seiner Herkunft von *vincere* ›besiegen‹), dann heißt es auch ›als unwiderlegbar beweisen‹. Erst die Fortsetzer von *convincere* in den modernen Sprachen wie frz. *convaincre,* engl. *convince* bedeuten ›überzeugen‹ (aber engl. *convict* ›überführen, verurteilen‹, ›Sträfling‹). Im klassischen Latein heißt ›überzeugen‹ *persuadēre.*

ne ... quidem: *nē ... quidem* ›nicht einmal‹ umschließt das Wort, auf das es sich bezieht (wie die frz. Negation *ne ... pas*).

confiteris: forensischer t.t. Dagegen heißt *cedere* ›nachgeben‹, *concedere* ›zugeben‹ (in Diskussionen), *admittere* ›zulassen‹.

Patres conscripti: Stehende Anrede an die Senatoren, nie anders. Die Bürger werden mit *Quĭrītes* angeredet, nie mit *cives.*

ubinam: *nam* hatte ursprünglich eine verstärkende (= asseverative) Funktion (›doch‹), die sich noch in altlateinischen Texten findet (z. B. bei Plautus). Hieraus entwickelte sich die kausale Bedeutung der klassischen Zeit. Bei ihr stehen *nam* ›denn‹ am Satzanfang oder *enim* ›nämlich‹ enklitisch (NM § 440). Die ursprüngliche verstärkende Funktion von *nam* findet sich klassisch wie bei dt. *denn* noch in Fragesätzen. Hierbei tritt *nam* unmittelbar hinter das Fragepronomen, mit dem es dann zusammengeschrieben wird (NM § 420,2): *Quidnam?* – Was denn? *Enim* steht nie in dieser Funktion.

ubinam gentium / terrarum: Der partitive Genetiv steht nach Lokaladverbien in wenigen formelhaften Wendungen, daneben noch *quo gentium?* ›Wohin in aller Welt?‹ (RH § 130,4).

Hausaufgabe 2

Stilistische und syntaktische Eigentümlichkeiten der lateinischen Nomina,
v. a. Demonstrativpronomina (RH §§ 182–204, NM §§ 1–105)
Wiederholung: Orts- und Zeitbestimmungen, relativer Satzanschluss (RH § 244),
Oratio obliqua (RH § 264, NM §§ 470–2)
AWS Nr. 8, 12, 16, 25, 26, 30, 56

Hier, hier in unserer Mitte, versammelte Väter, in dieser ehrwürdigsten Ratsversammlung des Erdenrunds, gibt es Leute, die auf unser aller Verderben, die auf den Untergang dieser Stadt und gar des Erdkreises sinnen. Ich, der Konsul, verwunde sie, die man mit dem Schwerte hätte niedermachen sollen, nicht einmal mit meinem Wort.

Du befandest dich also in eben jener Nacht am 6. November bei dem besagten Laeca, Catilina, du setztest dort fest, wohin ein jeder sich begeben solle, du suchtest aus, wen du in Rom für die Brandlegung zurücklassen, wen du mit dir nach Perusia, eine ressourcenreiche Stadt in Etrurien, nehmen wolltest, du beteuertest, du selbst wollest Rom nunmehr verlassen, du erklärtest, du werdest jetzt nur dadurch ein wenig aufgehalten, dass ich noch lebe. Es fanden sich zwei römische Ritter, die dich von dieser Sorge befreien wollten und die versprachen, mich in eben jener Nacht kurz vor Tagesanbruch zu ermorden. Dies alles erfuhr ich, kaum dass eure Versammlung sich aufgelöst hatte. Ich schloss die aus, die du mir sandtest, um mich zu ermorden. Ich hatte bereits vielen Männern von hohem Rang vorausgesagt, wer um diese Zeit zu mir kommen würde, und eben diese kamen auch.

Da es so steht, Catilina, führe das aus, was du begonnen hast. Tu folgendes: Verlass endlich diese Stadt; zögere nicht länger, brich auf! Allzu lange schon wartet dieses dein Lager auf dich, auf den Feldherrn. Nimm auch alle deine Leute mit, oder jedenfalls möglichst viele. Du befreist mich von großer Furcht, wenn sich nur die Mauer zwischen mir und dir befindet. Den unsterblichen Göttern und zumal dem Jupiter Stator hier, dem ältesten Hüter dieser Stadt, gebührt großer Dank, dass wir so oft schon diesem Scheusal, einer derart entsetzlichen Geißel, entronnen sind. Doch das gesamte Staatswohl darf nicht noch öfter durch diese eine Person in Bedrängnis geraten.

Lösungsvorschlag HA 2 (Cic. *Catil.* 1,9 f.)

Hic, hic, inter nos, patres conscripti, in hoc consilio gravissimo orbis terrae sunt, qui de nostrum/-o (Cic.) *omnium interitu, qui de huius urbis atque adeo de orbis terrarum exitio cogitent.*

de nostrum / -o omnium: Cicero wählt hier das ungebräuchlichere Possessivpronomen in Verbindung mit *omnium*, weil es unmittelbar hinter der Präposition *de* steht, die den Ablativ einfordert, der nur beim Possessivpronomen ausgedrückt werden kann.

interitu … exitio: *pernicies* bedeutet ›gewaltsame Vernichtung‹, *exitium* ›Verderben‹ (mitleiderregend, tragisch), *interitus* ›Untergang‹ von Personen oder Sachen im Sinne einer Vernichtung (MSyn Nr. 139).

atque adeo: Hier steht *atque adeo* ›und sogar‹ in der Correctio (NM § 196,1, KS II S. 17), bei der ein zuvor gebrauchter Ausdruck durch einen passenderen ersetzt wird. Das steigernde *atque* kann durch *adeo, potius, etiam quoque* und *insuper* verstärkt werden (KS II S. 17).

cogitent: *cogitare de re* ›denken an, nachdenken über‹, *rem c.* ›denken auf, sinnen auf, vorhaben‹ (NM § 347,1b). *meditari aliquid* ›auf etw. sinnen‹ oder *de re* ›über etw. nachsinnen, seine Ausführung vorbereiten‹ (MSyn Nr. 34), wäre ebenso gut. *comminisci* ›ersinnen‹ hebt auf den fiktionalen Aspekt ab (MSyn Nr. 32) und kommt deshalb hier nicht infrage.

Hos ego consul, quos ferro occīdi oportebat, (Cic.: *eos*) *ne voce quidem* (Cic.: *nondum*) *vulnero.*

Hos … (eos): Bezieht sich auf das Vorausgehende, der Relativsatz *quos* tritt später hinzu und bringt bloß eine Ergänzung, keine abgrenzende Bestimmung (dt. ›sie, die‹ statt ›diejenigen, welche‹), deshalb nicht *ii, qui*. Cicero nimmt mit *eos* das vorangehende *quos* auf, weil bei ihm diese beiden Wörter und *hos ego consul* zu jeweils getrennten und mit *et* koordinierten Teilsätzen gehören. Für die Aufgabenstellung wurden dagegen die Wörter fortgelassen, die *hos ego consul* zu einem vollständigen Teilsatz machen.

ego: Der Nominativ des Personalpronomens tritt nur zur Betonung zum Verb, da die Person ja bereits in der Verbform enthalten ist, ferner fast stets (wie hier) vor Appositionen (NM § 56):

> *Ego, homo imperitus iuris […], hanc puto me habere actionem […].* (Cic. *Caecin.* 32)
> ›[I]ch, ein Mensch, der vom Recht nichts weiß […], [glaube,] ich hätte den Anspruch […].‹ (Übers. Fuhrmann, Bd. 1,284 f.)

occīdi oportebat: Statt – wie im Deutschen – eines Infinitivs mit Akkusativobjekt (NM § 480,1) steht nach unpersönlichen Ausdrücken wie *decet, necesse est, nihil attinet, oportet* und *opus est* ein AcI mit Infinitiv Passiv, wenn ein tätiges Subjekt fehlt (KS I S. 718). Wie bei den übrigen Fällen des passivisch konstruierten AcI (RH § 170,2, NM § 480,3) dient das Passiv hier zur Vermeidung von Mehrdeutigkeiten (im vorliegenden Fall würden bei Inf. Akt. die Verschwörer morden).

oportebat: Bei modalen Ausdrücken wie persönlichen und unpersönlichen Modalverben, unpersönlichen Gerundivkonstruktionen oder Nomina + *esse* mit einer modalen Implikation (*officium erat* ›es hätte die Pflicht bestanden‹, *longum est* ›es würde zu weit führen‹) steht im Lateinischen der Indikativ statt wie im Deutschen der Konjunktiv. Im Einzelnen gilt (RH § 214, NM § 106, KS I 170–5):

1) deutscher Konj. Impf. – Ind. Präsens im Lateinischen.
   Multosque possum bonos viros nominare. (Cic. *Tusc.* 2,45)
   ›Und ich könnte viele gute Männer nennen.‹ (Übers. nach NM)

2) deutscher Konj. Plqp. – Ind. Imperfekt, Perfekt oder Plqp. im Lateinischen. Die Wahl des Tempus folgt dabei den auch sonst geltenden Regeln, d. h. sie richtet sich nach dem erforderlichen Verbalaspekt

(Impf. – andauernd, Perf. – einmalig, Plqp. – in der Vergangenheit abgeschlossen).
Hoc [...] iam pridem factum esse oportuit. (Cic. *Catil.* 1,5)
›Das hätte schon längst geschehen müssen.‹ (Übers. NM)

voce: *vox* bezeichnet den Laut und später die mündliche Äußerung, *verbum* meint dagegen das Glied eines Satzes oder der Rede und zielt auf einen Gedanken. Als Faustregel gilt: Würde der Plural im Deutschen ›Worte‹ statt ›Wörter‹ lauten, muss *verbum* stehen (MSyn Nr. 207).

ne ... quidem: *nē ... quidem* ›nicht einmal‹ umschließt das Wort, auf das es sich bezieht (wie die frz. Negation *ne ... pas*).

nondum: ›noch nicht‹; *nequedum etiam* ›noch nicht einmal‹ (NM § 159,5). Aus dieser zeitlichen Grundbedeutung von *nondum* leitet sich die steigernde ab, die hier vorliegt (vgl. den Kontrast von *voce* zu *gladio*). Die semantische Nähe der beiden Nuancen zeigt sich in dt. *noch nicht einmal*, das Fuhrmann hier zur Wiedergabe von *nondum* wählt (Bd. 2,233).

vulnero: MSyn Nr. 16 ›verletzen‹:
– *laedere* ›verletzen‹, ›beschädigen‹ (physisch und juristisch).
– *vulnerare* ›eine körperliche Wunde beibringen‹.
– *offendere* ›seelisch kränken‹.
– *violare* ›entehren‹, ›entheiligen‹ (*templum*, *dignitatem consulis*).
– *sauciare* ›schwer verletzen‹.

Fuisti igitur (ipsa/) eadem illa nocte ante diem octavum Idus Novembris apud illum Laecam, Catilina, statuisti, quo quisque se conferret, delegisti, quem Romae ad urbem incendendam // ad urbem / Romam incendendam relinqueres, quem tecum Perusiam, in urbem Etruriae copiosam, duceres, confirmasti te ipsum iam Roma exiturum esse, dixisti te solo eo paulum retardari, quod viverem.

igitur: Diese Konjunktion drückt v. a. eine logische Folgerung (wie *ergo*), seltener eine faktische Folge aus (wie *itaque*) und fungiert häufig als Überleitungspartikel (NM § 441,3). Sie ist enklitisch wie *vero, autem, enim, quidem*, d. h. sie tritt hinter das Wort, auf das sie sich bezieht, zumeist an das erste Wort im Satz. Für Besonderheiten und Abweichungen von dieser Regel s. NM § 442, KS II S. 133 f.

(ipsa/) eadem: In Verbindung mit einem anderen Demonstrativpronomen bedeuten *idem* und *ipse* ›eben, gerade‹ (NM § 81,1). *ipsa* wäre grammatisch möglich, scheidet hier aber aus inhaltlichen Gründen aus, da *eadem* auf die Identität mit der vorgenannten Nacht abhebt.

quisque: ›jeder‹ (RH § 202, NM § 99):
Während *omnis* das Kollektiv bezeichnet (›insgesamt, alle‹) und adjektivisch verwendet wird, bedeutet *quisque* ›jeder einzelne‹ und meint den einzelnen von mehreren. *quisque* ist enklitisch und kann nur bei Reflexiv-, Relativ-, Fragepronomen, Superlativen und Ordinalzahlen stehen (hier *se*). Fehlt ein Wort, an das *quisque* sich anlehnen kann, steht die entsprechende Form von *unusquisque*. Nichtenklitisch steht *quisque* im Sinne von ›(je)der einzelne‹ und bei *certus*.

tecum: *cum* wird an Personalpronomina angehängt (RH § 54, vgl. *Dominus vobiscum* ›Der Herr sei mit euch‹ und span. *conmigo, contigo, consigo*).

Perusiam, in urbem Etruriae copiosam: Wird eine Stadt oder kleine Insel als Orts-, Richtungs- oder Herkunftsangabe durch eine Apposition ergänzt, die ihrerseits durch ein Attribut erweitert wird, so steht die Apposition (meist mit Präposition) hinter der Stadt oder kleinen Insel.

confirmasti: MSyn Nr. 44 ›sagen, reden, sprechen‹, Neuer Georges s.vv.:
– *affirmare* + AcI ›als gewiss behaupten‹ (im Gegensatz zu Zweifeln und Gerüchten); ›beteuern, versichern‹; ›durch Beweise bestätigen‹ (Cicero).
– *confirmare* + AcI (a. mit Inf. Fut.) ›durch Eide, Zeugen, Beweise bekräftigen‹, dann ›versichern‹ (Cicero, Cäsar), nur bei Cäsar:
– *confirmare* + *ne*: ›versichern, dass nicht‹.

exiturum esse: Wenn sich dt. *verlassen* auf eine Örtlichkeit als Objekt bezieht, steht *exire* o. Ä., nie aber *relinquere*.

paulum: Akkusativ des Inhalts bei Neutra (KS I S. 279 f.).

retardari: Dieses Verb ist klassisch ciceronianisch (Neuer Georges s.v.).
MSyn Nr. 95 ›zögern, zaudern, verweilen‹:
- *cunctari* ›zögern, zaudern‹, aus Vorsicht, Überlegung oder Unschlüssigkeit; lobend wie tadelnd. Allgemeiner Ausdruck. *dubitare* + Inf. heißt dagegen ›Bedenken tragen‹ (RH § 166).
- *cessare* ›säumen‹, aus Trägheit, Furcht, fast stets tadelnd.
- *haesitare* ›nicht vorwärts können, unentschlossen sein‹ (aus Verlegenheit, Zweifeln, Schwierigkeit).
- *tardare* (trans.) ›etw. verzögern, hinziehen‹, aus Langsamkeit oder Unlust.

eo ... quod: Faktisches *quod* nach vorbereitendem Demonstrativpronomen (RH § 249,2).

viverem: Konjunktiv, da der Teilsatz in der indirekten Rede steht und innerlich abhängig ist (RH § 227).

Reperti sunt duo equites Romani, qui te hac cura liberarent et se illa ipsa nocte me paulo ante lucem interfecturos esse pollicerentur.

Reperti sunt: Dieses Verb steht im Sinne von ›ausfindig machen‹ (wonach man gesucht hat, vgl. dt. *Repertorium*) und hebt auf die Tätigkeit ab. *invenire* heißt dagegen ›zufällig auf jn. stoßen‹ oder ›erfinden‹ (vgl. engl., frz. *invention*) (MSyn Nr. 52).

hac: Hier steht das anaphorische Demonstrativpronomen *hic*, da der Inhalt der Sorge (Ciceros Leben) zuvor genannt wurde.

ipsa: D. h. vor Sonnenaufgang, noch im Verlaufe des angebrochenen Zeitabschnitts. Deshalb *ipsa* und nicht *eadem*, was nur auf eine Identität eines ganzen Gegenstandes abheben würde.

pollicerentur: Dieses Verb verbindet sich hier mit dem AcI und Inf. der Nachzeitigkeit, da das Ereignis in der (nahen) Zukunft liegt (NM § 479,3a). *in se recipere* + AcI ›auf sich nehmen, zusagen, versprechen‹ (Neuer Georges s.v. II 2e) steht in den Atticus-Briefen und bei Livius.

Haec omnia vix(dum) coetu vestro dimisso // cum primum / simulac / ubi / ut coetus vester dimissus est, comperi. Exclusi eos, quos ad me occisum (Cic.) *miseras / ad me occidendum / ut me occiderent, cum illi ipsi venissent, quos ego iam multis ac summis viris id temporis ad me venturos esse praedixeram.*

dimissus est: Die lateinischen Konjunktionen mit der Bedeutung ›sobald‹ verlangen absolutes Tempus (RH § 256,1).

ad me occisum: Geschickt, weil das *me* nach *ad* stehen muss, aber in einem Apokoinu auch auf das folgende *occisum* bezogen werden kann. Das Bewegungsverb *mittere* empfiehlt die Angabe der Richtung. Daher sind Ausdrücke mit *ad me* vorzuziehen.

occisum: Supinum I nach Verben der Bewegung, auch eine Ergänzung durch ein Akkusativobjekt ist möglich (NM § 518).

ALTERNATIVEN: a) *ut*-Satz, b) *nd*-Form im Gen. + *causa*, c) *ad* + *nd*-Form im Akk. (nach Möglichkeit KNG-Kongruenz durchführen)

Quae cum ita sint, Catilina, id perfice, quod coepisti. Haec fac: Egredere / Exi tandem ex urbe, ne cunctatus sis, proficiscere. Nimium diu illa castra tua te imperatorem exspectant. Educ tecum etiam omnes tuos, aut saltem quam plurimos.

perfice … Educ: Anders als das Simplex *fac* behalten die Komposita von *facere* das -*e* im Imperativ Sg. (KHW S. 667). Die Komposita von *ducere* und *ferre* werfen das -*e* dagegen ab (KHW S. 666).

ne cunctatus sis: Prohibitiv (*nē* + Konj. Perf.) zum Ausdruck des verneinten Imperativs. Die Umschreibung mit *nōlī(te)* + Inf. drückt dagegen ein höflicheres Verbot aus (RH § 217,3).

saltem: *saltem* bezeichnet das Herabsteigen von einem Höheren zu einem Geringeren (Gradatio a maiori ad minus) und steht immer bei einem einzigen Wort (NM § 178). NM § 185 bietet weitere lateinische Ausdrücke für ›jedenfalls‹.

quam plurimos: Dt. *möglichst* + Positiv bzw. *so* + Positiv + *wie möglich* wird im Lateinischen durch *quam* + Superlativ ausgedrückt (RH § 190,2).

Magno me metu liberabis, dum(modo) murus inter me teque intersit. Dis immortalibus ac huic ipsi Iovi Statori, antiquissimo custodi huius urbis, magna gratia habenda est, quod totiens hoc monstrum, tam taetram pestem, effugimus. Sed non saepius in hoc uno homine salus totius rei publicae periclitanda est.

metu: Ausdrücke der Furcht und Unruhe (MSyn Nr. 11 ›fürchten‹):
- *timēre* ›fürchten, sich fürchten, sich ängstigen‹, d. h. das lebhafte Gefühl der Angst oder Bangigkeit haben, weil man die eigene Schwäche fühlt oder feige ist, daher fast stets tadelnswert.
- *pertimescere* ›stark fürchten‹.
- *metuere* ›befürchten, besorgt sein‹, weil man die Gefährlichkeit einer Sache richtig erkennt und sie durch kluges Verhalten meiden möchte.
- *verēri* ›Ehrfurcht, Hochachtung, Scheu fühlen vor einer Person oder Sache‹, deren Größe und Bedeutung imponiert und mit dem Gefühl der Bescheidenheit oder Niedrigkeit erfüllt.
- *reformidare* (selten *formidare*) ›Grausen oder unwillkürlichen Widerwillen empfinden‹.
- *horrēre* ›schaudern, sich entsetzen‹.
- *pavēre* ›zagen, verzagt sein, bangen‹.
- *trepidare* ›in banger Angst, erregt sein‹.
- *sollicitari* ›in innerer Unruhe sein‹.

dum(modo): *dum(modo)* + Konj. leitet wie einfaches *modo* bedingt einschränkende Wunschsätze ein und entspricht dt. ›wenn nur, wofern nur‹ (RH § 262,2).

antiquissimo: MSyn Nr. 297 ›alt‹:
- *antiquus* – steht im Sinne von ›was in alter Zeit war und jetzt nicht mehr ist‹ oder ›was aus alter Zeit bis jetzt fortdauert‹ (›von alters her‹). Es hat oft einen lobenden Unterton (›altehrwürdig‹).
- *vetus* – wird verwendet im Sinne von ›was es schon lange gibt und bis jetzt fortdauert‹ oder ›was es lange Zeit gab und im Gegensatz zum Neuen steht‹. Es kann einen lobenden oder tadelnden Unterton haben.
- *vetulus* – oft scherzhaft und verächtlich. Als Wort mit hoher emotionaler Aufladung hat es sich in den romanischen Sprachen durchgesetzt (*vetlus* > vulglat. *veclus* > ital. *vecchio*, span. *viejo*, frz. *vieux, vieille*).
- *priscus* – ›altertümlich, uralt, der grauen Vorzeit angehörig‹. Es betont den Charakter des Altertums im Gegensatz zur Gegenwart.
- *pristinus* – ›vormalig, früher‹. Es vergleicht den jetzigen Zustand mit einem früheren.
- *senex, grandis / maior natu:* alt im Sinne von ›bejahrt, hochbetagt‹.

ACHTUNG: *Maiores* ›die Vorfahren‹ steht nur im genealogischen Sinne.

gratia habenda: *gratiam debere alicui* ›Dank schulden‹, *gratiam habere alicui* ›jm. dankbar sein‹, d. h. eine dankbare Gesinnung haben; *gratias agere alicui* ›Dank sagen‹, d. h. mit Worten Dank abstatten (MSyn Nr. 7).

quod: Nach emotionalen Äußerungen, die einen anderen als Objekt haben (›loben, tadeln, bedauern‹ usw.), steht nur ein *quod*-Satz (NM § 542,2). Nach Verben der unmittelbaren Emotion (›sich freuen, trauern‹ usw., Verba affectuum) und Verben mit starkem negativem emotionalem Ausdruck *(queri, criminari)* kann daneben auch der AcI stehen (NM § 542,1).

effugimus: komplexiv, deshalb kein Imperfekt.

Sed: Das deutsche ›aber‹ kann durch drei adversative Konjunktionen wiedergegeben werden (RH § 224c, NM § 439):

1) *sed* bezeichnet einen Gegensatz, der das Vorhergehende ganz oder teilweise aufhebt oder beschränkt. Bisweilen bezeichnet es keinen Gegensatz, sondern den Abbruch der bisherigen Ausführungen und den Übergang zu einem neuen Thema.

2) *at* ist die stärkste adversative Konjunktion. Sie steht bei einem lebhaften Einwand oder einem scharfen Gegensatz.

3) *autem* ist die schwächste Partikel. Wie gr. δέ wird sie nachgestellt und führt die Rede weiter.

totius rei publicae: MSyn Nr. 355 ›all, ganz‹:
- *omnis* – meint ›ganz‹ mit besonderer Rücksicht auf die Vollständigkeit oder Vollzähligkeit im Sinne von ›ausnahmslos‹.
- *totus* – meint ›ganz‹ mit besonderer Rücksicht auf die Einheit aller Teile (das Gegenteil betrachtet die Teile als Einzelne). Sie werden als ungeteiltes Ganzes begriffen.

Hausaufgabe 3

Adverbgebrauch (NM §§ 145–197), Komparativ-, Kausal-, Temporal-, Kondizional- und Konzessivsätze (RH §§ 246–263)
AWS Nr. 4, 13, 22, 41

Ihr seht, Bürger, dass der Staat und euer aller Leben, euer Vermögen, eure Frauen und Kinder sowie dieses Haupt des herrlichsten Reiches, (all dies) heute durch die höchste Liebe der unsterblichen Götter zu euch sowie durch meine Mühen der Flamme und dem Schwert und fast dem Rachen des Schicksals entrissen und euch zur Bewahrung wiedergegeben wurde. Und wenn uns der Tag, an dem wir gerettet wurden, nicht minder angenehm als der Tag unserer Geburt ist, weil die Freude über unsere Rettung sicher, die Bedingung des Geborenwerdens unsicher ist, dann aber muss wahrhaftig, da wir ja den Gründer dieser Stadt zu den unsterblichen Göttern emporgehoben haben, derjenige bei euch und euren Nachkommen in Ansehen stehen, der diese selbe Stadt, nachdem sie einmal gegründet war, durch das Löschen eines verderblichen Brandes gerettet hat.

Da diese Dinge am 8. November im Senat offengelegt wurden, und zwar durch mich, will ich nunmehr euch kurz darlegen, die ihr noch in Unkunde und voller Erwartung seid (verbalisieren), damit ihr wisst, welch gravierende Dinge aufgespürt wurden.

Catilina war vor wenigen Tagen aus der Stadt geflohen, hatte jedoch die Genossen seines Verbrechens, die schärfsten (An-)Führer dieses ruchlosen Krieges, in Rom zurückgelassen.

Hilfen:
nachdem sie einmal gegründet war: Wiedergabe durch ein Partizip (denken Sie an *a.u.c.*)
welch gravierende Dinge: ein einfaches, einziges Korrelativpronomen

Lösungsvorschlag HA 3 (Cic. *Catil.* 3,1 f.)

Rem publicam, Quirītes, vitamque omnium vestrum (Cic.) / *vestram, fortunas, coniuges liberosque* (*vestros* [Cic.]) *atque hoc caput praeclari imperii, hodie deorum immortalium summo amore erga vos atque laboribus meis e flamma ferroque ac paene faucibus fati erepta et vobis conservanda restituta esse videtis.*

Quirītes: Die Anrede an die Bürger als Zivilisten lautet *Quirītes*, nie *cives*.

fortunas: Dt. ›Vermögen‹ (MSyn Nr. 290):
– *fortunae* ›Vermögen, Hab und Gut‹.
– *bona* ›Güter‹ (a. philosophisch).
– *pecunia* ›Geld‹.
– *opes, -um* f. ›(jedes fördernde) Mittel‹.

coniuges: Dt. ›Frau‹ (MSyn Nr. 200):
– *uxor / coniu(n)x* (gehoben: ›Gemahlin‹) ›Gattin, Ehefrau‹.
– *domina* ›(Haus-) Herrin‹.
– *matrona* ›Hausfrau, Dame‹.
– *femina* ›Frau‹ (rein biologisch, Ggs. *mas, maris*, m.).
– *mulier* ›Frau‹ (das zartere Geschlecht, Trägerin des weibl. Charakters, Ggs. *vir*; a. ›Ehefrau‹, Ggs. *virgo*).

vestros: Das Possessivpronomen wird nicht gesetzt, wenn das Besitzverhältnis aus dem Kontext hervorgeht, weil es sich auf Verwandte, Körperteile und Kleidungsstücke bezieht (NM § 66,1). Cicero setzt es, um seine Verdienste um die Familienmitglieder der Angeredeten hervorzuheben und damit nachfolgend deren Dankbarkeit einzufordern.

praeclari: MSyn Nr. 303 ›ausgezeichnet, vorzüglich, vortrefflich‹:
– *egregius* [urspr. ›aus der Herde hervorragend‹, *e + grex*] ›vorzüglich, trefflich im Vergleich mit anderen Dingen derselben Gattung‹ (*victoria, liberalitas, poeta, vir, fides, in bellica laude*).
– *eximius* [< *eximere* ›(her)ausnehmen‹] ›ausnehmend, ungemein‹, bezeichnet einen Grad der Eigenschaft gleichsam als Ausnahme vom Gewöhnlichen und kann nur von Dingen ausgesagt werden, die an sich und immer gut oder ideal sind (*gloria, pulchritudo, opinio virtutis, ingenium*).
– *praeclarus* ›hervorleuchtend, herrlich, durch bewundernswerte äußere oder innere Vorzüge ausgezeichnet‹ (*indoles, facinus, conatus, homo in philosophia, gens bello praeclara*).
– *praestans* ›vorzüglich, vortrefflich‹ (im Vergleich zu anderen, die an Bedeutung zurückstehen oder nicht die gleiche Fähigkeit haben, etwas Bedeutendes zu leisten).
– *excellens, praecellens* ›ausgezeichnet, vor seinesgleichen sich hervortuend‹.
– *unicus* und *singularis* ›einzig in seiner Art, außerordentlich‹.
– *praecipuus* ›außerordentlich, vorzüglich‹ (im Guten und Schlimmen, von Personen und Sachen, die irgendetwas vor anderen voraus haben).

imperii: ›Reich, Befehlsgewalt‹ vs. *regnum* ›Königsherrschaft, Tyrannei‹.

deorum immortalium summo amore erga vos: Bei Empfindungen kann der Genetivus obiectivus auch durch Präpositionalgefüge mit *in, erga, adversus* + Akk. ersetzt werden: *amor in* (*erga, adversus*) *parentes* – ›Elternliebe‹. Das Präpositionalgefüge steht ohne zusätzlichen Genetivus subiectivus allein hinter dem Bezugswort.

ACHTUNG: Bezeichnet das abhängige Nomen eine Sache, muss der Genetivus obiectivus stehen: *amor otii et pacis* (Cic. *rep.* 2,26). Wird der Urheber dagegen durch ein Possessivpronomen ausgedrückt, steht das Präpositionalgefüge (*meus in te amor*). Lässt das Bezugswort keine präpositionale Ergänzung zu (z. B. *memoria*), steht der Genetiv des Personalpronomens: *tua sui memoria* (Cic. *Att.* 13,1,3).

Steht der Genetivus subiectivus zusätzlich zu dem Präpositionalgefüge, geht er diesem auch in diesem Fall wie an der vorliegenden Stelle voran und steht vor dem Bezugswort. Das Präpositionalgefüge steht hinter dem Bezugswort oder, gerade bei weiteren Adjektivattributen, davor: *illius nefarium in nos* (v.l. *vos*, om.) *omnis odium* (Cic. *Flacc.* 95) ›den ruchlosen Hass […], mit dem er uns alle verfolgt hat‹ (Übers. nach Fuhrmann, Bd. 5,144). Näheres zu Genetivus subiectivus vs. Genetivus obiectivus s. den Lösungsvorschlag für die Klausur 1 (Cäsar).

e flamma ferroque ac paene faucibus fati erepta et vobis conservanda restituta esse: Dieser Passus zeigt gut die verschiedenen Funktionen der unterschiedlichen lateinischen Entsprechungen von dt. ›und‹: *et* ist die allgemeinste und geläufigste Wiedergabe, die auch Teilsätze verbinden kann; das enklitische *-que* verbindet die beiden Gegenstände zu einer Einheit *(senatus populusque Romanus)*, *atque* fügt Wichtigeres an (vgl. dt. ›sowie‹) oder verbindet Synonyme und Antonyme (NM § 427,1).

paene: Übersetzung von ›fast, beinahe‹ (NM § 173): Das Adverb *fere* (Adv. zu *ferus* ›wild‹, vgl. dt. *grob*, engl. *roughly*)

1) gibt bei Zahlwörtern, Zeit- und Maßangaben u. Ä. eine Schätzung an (›ungefähr, annähernd, etwa‹).

2) hat in Verbindung mit Ausdrücken, die keiner Steigerung oder Verminderung mehr fähig sind (z. B. *nemo, nullus, nihil, omnis, totus, semper*), die Bedeutung ›fast‹, ›beinahe‹, ›so ziemlich‹; ›wohl‹.

In diesen beiden Bedeutungen steht *fere* in der Regel hinter dem Wort, zu dem es gehört, vor allem hinter Negationen und Zahlwörtern.

3) hat die Bedeutung eines abgeschwächten *semper* (›fast immer, meistens, gewöhnlich‹), wenn es auf den ganzen Satz bezogen ist.

non fere bedeutet ›nicht leicht, sicher nicht, in der Regel nicht‹.

paene und *prope* drücken eine fast erreichte Vollständigkeit aus (›fast, beinahe‹) *(paene totum oppidum)*. Wie *fere* bei *nemo* drücken sie also nur aus, dass der Wert unterhalb der Bezugsgröße liegt und nicht darüber, was bei *fere* im Sinne von ›ungefähr‹ der Fall ist. Sie können vor oder hinter dem Wort stehen, das sie näher bestimmen.

e ... faucibus ... erepta: Der reine Ablativus separativus ohne Präposition steht nach Verben des Beraubens, Befreiens und Entbehrens sowie bei Adjektiven dieser Bedeutungen (RH § 143,1).

Bei Verben des Entfernens und Abhaltens stehen der bloße Ablativ oder die Präpositionen *ab, de* und *ex*. Bei den Komposita dieser Verben lässt sich als Faustformel meist wie hier die Präposition setzen, die ihrem Präfix entspricht (NM § 363).

Die Präposition *a* ist bei Komposita mit *re-, se-* und *dis-* (RH § 143, NM § 363,3) sowie den Verben mit der Bedeutung ›entfremden, abschrecken, abfallen von‹ *((ab-)alienare, abhorrere, absterrere, deficere, desciscere)* die Regel (NM § 363,4).

fati: ›Schicksal‹ (MSyn Nr. 138):
– *fortuna* ›(zufälliges) Schicksal‹.
– *sors* ›(individuelles) Schicksal, Los‹.
– *fatum* ›Schicksal, Götterspruch‹.

conservanda: *ad* + Gerundium betont den Zweck eines Vorgangs (NM § 512,2).

Et si nobis is dies, quo conservati sumus / conservamur (Cic.) non minus iucundus illo die, quo nati sumus, est, quod laetitia salutis (nostrae) certa, condicio nascendi incerta est, profecto quoniam illum, qui hanc urbem condidit (Cic.) / conditorem huius urbis ad deos immortalīs sustulimus, apud vos posterosque (vestros) in honore esse (debet) / debebit (Cic.) is, qui hanc eandem urbem conditam exstinguendo pernicioso incendio servavit.

si: *cum – tum:* ›sowohl ... als auch besonders‹ kann zwar sowohl zwischen einzelnen Satzgliedern wie Teilsätzen stehen, passt hier aber nicht, weil es das zweite Glied hervorhebt (NM § 428,2a). Hier ist die (zukünftige) Ehrung für Cicero jedoch aus Romulus' kultischen Ehren entwickelt, die bereits etabliert sind und als argumentativer Vergleichspunkt dienen. Deshalb ist ein Kondizionalgefüge besser geeignet.

illo die, quo: *ille, qui* steht betont statt *is, qui* (NM § 73,2), hier in Opposition zu diesem.

die, quo nati sumus: Das durchaus klassische *dies natalis* bezeichnet vornehmlich den jährlich begangenen Geburtstag (vgl. Neuer Georges s.v. *natalis*).

laetitia: Äußere, durch Gesten und Mimik manifestierte Freude; dagegen bezeichnet *gaudium* die innere Freude (MSyn Nr. 179). Zwischen den Verben *laetari* und *gaudere* besteht derselbe Bedeutungsunterschied (MSyn Nr. 10).

profecto: Asseverativadverbien (›wahrhaftig, in der Tat‹) (MSyn Nr. 352A, NM § 185, § 190):
- *re (vera)*: ›in der Tat, tatsächlich‹, im Gegensatz zu bloßen Worten.
- *profecto*: ›sicherlich, wahrlich, jedenfalls‹, versichert die subjektive Überzeugung.
- *vero*: ›in Wahrheit, wirklich‹, beteuernd, besonders in Antworten nach Pronomen.
- *sane*: ›allerdings, freilich‹, beteuernd.

(ita): Wie dt. *dann, so* kann die Apodosis häufig mit *ita*, seltener mit *tum* oder *sic* eingeleitet werden, bei kausaler Färbung mit *ideo, idcirco, propterea, ob eam causam* (NM § 558,6, KS II S. 387). Im vorliegenden Fall ist diese Stelle jedoch schon durch *profecto* eingenommen.

quoniam: *quoniam* (›da ja‹) steht zur Angabe eines offensichtlichen oder als bekannt vorausgesetzten Grundes. *cum causale* kann durch Voranstellung von *praesertim* und *quippe* (›zumal da; da ja‹) verstärkt werden (NM § 582,2). Außerdem weist *quippe qui* (wie seltener *ut qui*) im Sinne von ›der ja‹ auf einen kausalen Nebensinn im konjunktivischen Relativsatz hin (NM § 592,1a).

sustulimus: ›erheben, emporheben, beseitigen‹ (Stammformen: *tollere, sustuli, sublatum*).

posteros: Dt. ›Nachkommen‹ (MSyn Nr. 288):
- *progenies*: allgemein ›Nachkommenschaft‹.
- *proles*: fast nur dichterisch.
- *suboles*: ›Nachwuchs‹, ersetzt den Abgang der Toten.
- *stirps*: ›Nachkommenschaft‹, mit Rücksicht auf einen gemeinsamen Stammvater.
- *posteritas*: ›Nachwelt‹, *posteri*: ›Nachkommen‹ vom Urenkel an.

honore: ›Ansehen, Ehre‹ (MSyn Nr. 14A):
- *honor*: ›äußere Ehre, äußere Auszeichnung‹.
- *dignitas*: ›äußeres Ansehen, ehrenvolle Stellung‹.
- *honestas*: ›innere Ehre, Ehrenhaftigkeit‹.
- *auctoritas*: ›persönliches Ansehen, persönliche Bedeutung‹.

(debet) / debebit: Da die *posteri* die Nachkommen vom Urenkel an bezeichnen, wählt Cicero das Futur.

exstinguendo … incendio: Im präpositionslosen Ablativ steht häufiger das Gerundivum als das Gerundium. Das Gerundium steht hier nur dann, wenn Einzelglieder betont werden sollen oder ein Gegensatz hervorgehoben werden soll (NM § 515,1).

pernicioso: Dt. ›verderblich‹ ist hier durch *perniciosus* wiederzugeben, nicht durch *turpis* ›schändlich‹, das die sittliche Schlechtigkeit betont (MSyn Nr. 300).

Quibus rebus apertis / quae quod (Cic.: *quoniam*) *in senatu ante diem sextum Idus Novembris patefacta sunt (atque id / idque) per me* (Cic.) / *a me, vobis iam breviter exponam, qui ignoratis et exspectatis, ut sciatis, quanta investigata sint. Catilina paucis ante diebus ex urbe effugerat, relinquens Romae socios sui criminis, acerrimos duces huius nefarii belli.*

(atque id / idque) per me: Cicero genügt hier die okkasionelle Stellung von *per me* nach dem Prädikat zur Betonung, während die usuelle davor wäre (Näheres s. NM § 421). Das explikative dt. ›und zwar‹ wird, wenn es ein Satzglied bestimmt, mit dem entsprechend kongruierten *isque, et is, atque is* wiedergegeben, wenn es sich auf den gesamten Satz bezieht, wie hier mit *atque id / idque* (NM § 76).

paucis ante diebus: »Der Ablativus mensurae steht auch vor den Adverbien *ante* und *post* auf die Frage ›wie lange vorher bzw. danach?‹. *ante* und *post* können zwischen die Bestandteile des Ablativus mensurae treten.« (NM § 380,3) »Nur selten findet sich in dieser Funktion *ante* mit dem nachgestellten Akkusativ.« (NM § 380,3 Anm. 4).

Romae: Namen von Städten und kleineren Inseln stehen auf die Frage ›Wo?‹ im bloßen Ablativus loci. Namen von Städten und kleineren Inseln der *a-/o-* Deklination treten auf die Frage ›Wo?‹ regelmäßig in den sogenannten Lokativ, der aussieht wie der Genetiv: *Carthagine* ›in Karthago‹; *Athenis* ›in Athen‹; aber: *Romae* ›in Rom‹ (NM § 389,1, RH § 154,1).

Hausaufgabe 4

Tropen, Figuren, Wortstellung und Satzbau (RH §§ 265–268, NM §§ 597–600)
Wiederholung: *dass*-Sätze
AWS Nr. 31, 52

Ich meine, ihr solltet (weniger) den Anschein fürchten, ihr hättet bei einem so ungeheuerlichen und frevelhaften Verbrechen irgendwie zu streng geurteilt; wir müssen uns viel mehr davor hüten, dass man glaubt, wir hätten uns durch mildes Strafen unbarmherzig gegen das Vaterland verhalten, als vor dem Anschein, wir seien durch strenges Strafen allzu scharf gegen die gefährlichsten Feinde gewesen.

Doch was ich da vernehme, sehr verehrte Herren Senatoren, kann ich nicht vorgeben, nicht zu hören. Manche scheinen nämlich zu befürchten, ich sei nicht ausreichend mit Schutzmannschaften versehen, um die Dinge, die ihr am heutigen Tage beschließt, durchzuführen. Alles ist vorgesehen, versammelte Väter, teils durch äußerste Sorgfalt von meiner Seite, und noch weit mehr durch die Bereitschaft des römischen Volkes, die Staatsgewalt aufrechtzuerhalten und die allgemeine Wohlfahrt zu schützen. Jedermann ist zur Stelle, jeden Standes und jeden Alters; dicht besetzt ist das Forum, dicht besetzt sind alle Eingänge dieses Tempels. Denn diese Sache hat sich seit Gründung der Stadt als die einzige erwiesen, bei der alle ein und dasselbe denken – außer jenen, die, den sicheren Untergang vor Augen, lieber mit allen als allein untergehen wollten.

Hilfe in den Klammern nicht mit übersetzen.

Lösungsvorschlag HA 4 (Cic. *Catil.* 4,13 f.)

Censeo (Cic.) / *Puto vereamini* (Cic.) / *vobis verendum (esse), ne in tam immani et nefando* (Cic.) *scelere aliquid severius iudicavisse videamini; multo magis nobis cavendum est, ne clementer puniendo crudeles in patriam egisse putemur quam ne severe puniendo nimis vehementes / acres in acerrimos / acerbissimos hostes fuisse videamur.*

Censeo: MSyn Nr. 33 ›glauben, meinen‹:
- *putare* ›meinen, glauben‹ (subjektive Anschauung).
- *censēre* nach gehöriger Erwägung ›eine Meinung vertreten, dafür stimmen, dass‹ (gerne in Politik und Philosophie gebraucht).
- *opinari* ›vermuten, mutmaßen‹.
- *arbitrari* nach bestem Wissen und Gewissen glauben‹.
- *sentire* ›gesinnt sein, denken‹.
- *crēdere* ›glauben, aus Überzeugung für wahr halten‹.
- *existimare* ›glauben, meinen, als Sachkundiger erachten‹.

nefando: nur von Sachen; *nefastus* (religiöses Vergehen); *nefarius* (Personen) (MSyn Nr. 301).

aliquid: statt *quid*, weil es zu weit von *ne* entfernt steht (KS I S. 635) und in den AcI gehört. Sonst entfällt *ali-* nach *si, nisi, ne, num, quo, quando, quanto, cum, dum, alius* (NM § 90,1, KS I S. 633). Dieser Gebrauch des bloßen Fragepronomens als Indefinitpronomen ist der ältere, wie die enklitischen Pronomina τις, τι usw. des Griechischen zeigen. Sprachgeschichtlich verhält es sich daher in Wirklichkeit umgekehrt: *ali-* wurde nach den zitierten Konjunktionen nicht ergänzt, weil aus ihnen ersichtlich wurde, dass *quis* und *quid* keine Fragepronomina sein konnten, sondern Indefinitpronomina sein mussten.

putemur: *putare* gehört zu den Verben, bei denen der NcI persönlich konstruiert wird. Näheres s. NM § 491,1 und den Hintergrund *dass*-Sätze.

acres: aber nicht *acres* und *acerrimos* nebeneinander.

acerbissimos: *periculosus* ›gefährlich‹ (Sachen), ›gefährdet‹ (Personen).

Sed ea, quae exaudio (Cic.) / *audio, patres conscripti, (me audire) dissimulare non possum* (Cic.) // *facere non possum, quin / ut non audiam. Nonnulli enim metuere / vereri* (Cic.) *videntur, ne non / ut satis praesidii* (Cic.) / *custodiarum habeam ad ea, quae hodierno die constitueritis / statueritis, perficienda / transigenda.*

(ex)audio: MSyn Nr. 37 ›sehen, betrachten, erkennen‹, Nr. 38 ›hören‹:
- *audire* ›durch das Gehör wahrnehmen‹.
- *auscultare* ›aufmerksam zuhören, lauschen‹ (> ital. *ascoltare*, span. *escuchar*, frz. *écouter*).
- *exaudire* ›hören‹ trotz Hindernissen, wie Entfernung, geringe Lautstärke. Hier passend, da Cicero das entfernte Gemurmel einzelner Zuhörer wahrnimmt.
- *percipere* mit den Sinnen oder dem Geist vollständig und klar ›erfassen‹.

facere non possum, quin / ut non: *facere non possum / fieri non potest, ut* ›dass‹ drückt die Unmöglichkeit aus, etwas zu bewirken; *facere non possum / fieri non potest, ut non / quin* ›dass nicht‹ bezeichnet dagegen die Unmöglichkeit, etwas zu verhindern, d. h. etwas tritt zwangsläufig ein (NM § 538). *ut non* verneint stärker als *quin* (KS II S. 266).

satis praesidii: Der Genetivus partitivus steht neben den Quantitätsadverbien *satis, parum, nimis* (RH § 130,4).

habeam: Zur Wiedergabe von dt. ›haben‹ (NM § 324): *possideo* bezeichnet den Immobilienbesitz und bei Abstrakta den sicheren Besitz, *habeo* den konkreten Besitz, *esse* + Dativ den Besitz von Abstrakta. Da Personen Konkreta sind, steht hier *habere*.

constitueritis / statueritis: MSyn Nr. 36 ›beschließen‹:
- *consilium capere / inire, statuere, constituere* haben einen allgemeinen Sinn.
- *decernere* steht für einen offiziellen Beschluss.
- *sciscere* und *iubere* stehen im Sinne von ›beschließen‹ nur für Beschlüsse der Volksversammlung.

Omnia provisa sunt, patres conscripti, cum maxima mea cura tum voluntate populi Romani ad imperium sustinendum et communem salutem conservandam (Cic.) *(imperii sustinendi et communis salutis conservandae).*

cum … tum: *cum – tum* ›sowohl … als auch besonders‹ hebt anders als *et – et* das zweite Glied hervor, steht aber wie dieses sowohl zwischen Einzelwörtern als auch zwischen Teilsätzen (NM § 428,2a).

voluntate … ad imperium sustinendum: *voluntas* steht gewöhnlich + Gen. des Gerund. (NM § 513,2a). *ad* + Gerundium steht nach KS I S. 750, wenn das Substantiv, von dem die *nd*-Konstruktion abhängt, mit dem Verb eine Phrase bildet. Cicero entscheidet sich hier jedoch für diese Ergänzung, weil sie eine einheitliche Konstruktion des großen, zweiteiligen *nd*-Ausdrucks erlaubt und ein weiterer Genetiv zusätzlich zu *populi* Verwirrung stiften würde.

imperii sustinendi: Im Gen. Sg. ist das Gerundivum häufiger als das Gerundium (NM § 517,1; Vorsicht: Druckfehler im neuen *Menge* (¹2000, S. 745 f.): 4. und 5. Spalte: Gerund**ivum** statt Gerund**ium**, behoben ab der 2., überarbeiteten Aufl. 2005).

Omnes adsunt, omnium ordinum et omnium aetatum; plenum est forum, pleni sunt omnes aditus huius templi (Cic.). *Nam haec causa post urbem conditam sola inventa est* (Cic.), *in qua omnes unum atque idem sentirent – praeter eos, qui, cum sibi pereundum esse viderent, maluerunt cum omnibus quam soli perire.*

templi: steht für den Tempel im weiteren Sinne. *delubrum* und *fanum* bezeichnen den stillen Aufenthaltsort bzw. Standort der Götter(bilder) (MSyn Nr. 220).

inventa est: *se praestare* (nur positiv) und *se praebere* (positiv und negativ) + doppelter Akkusativ ›sich zeigen, sich beweisen als‹ stehen nur von Personen (NM § 351,6; 354).

perire: ›gewaltsam sterben‹; *interire* ›ein Ende seiner Existenz finden‹ (MSyn Nr. 20).

Zwischenklausur

Am Anfang, sobald Catilina wenige Tage zuvor – genau am 14. November – aus der Stadt ausgebrochen war, wobei er den Gefährten seines Verbrechens die Stadt zur Brandstiftung zurückließ, habe ich immer Vorsorge getroffen, liebe Mitbürger, wie wir in so großen und verborgenen Hinterhalten heil bleiben könnten.

Denn damals, als ich Catilina aus der Stadt warf – ich fürchte nicht mehr den Hass (aufgrund) dieses Wortes, da jener mehr zu fürchten ist, (der daraus erwachsen könnte), dass er lebendig hinausging – sondern damals, als ich ihn töten wollte, glaubte ich, dass die übrige Schar der Verschwörer gleichzeitig hinausgehen würde.

Als ich sah, dass diejenigen, von denen ich wusste, dass sie von größtem Wahn entflammt waren, mit uns waren und in Rom zurückgeblieben waren, habe ich darauf alle Tage und Nächte verbraucht, dass ich erfuhr, was sie trieben, was sie ins Werk setzten, und dass ich dafür sorgte, dass ihr, da ja meine Rede euren Ohren wegen der unglaublichen Größe des Verbrechens ein recht geringes Vertrauen einflößte [*facere*], dann endlich in eurem Sinn für euer Heil sorgtet, wenn ihr mit den Augen das Verbrechen selbst sehen würdet.

Hilfen in den Klammern nicht mit übersetzen.

Lösungsvorschlag für die Zwischenklausur (nach Cic. *Catil.* 3,3 f.)

Principio, ut Catilina paucis ante diebus – ante ipsum diem duodevicesimum Kalendas Decembris – ex urbe erupit, cum / relinquens sociis sui sceleris urbem incendendam / reliquisset, semper providi, quo modo / quem ad modum (Cic.) in tantis et tam absconditis insidiis salvi esse possemus.

Principio: Dt. ›am Anfang‹ wird entweder mit *initio* oder *(in) principio* wiedergegeben (NM § 153). *in initio* ist unklassisch.
    Aristoteles principio Artis rhetoricae dicit. (Cic. orat. 114)

paucis ante diebus: »Der Ablativus mensurae steht auch vor den Adverbien *ante* und *post* auf die Frage ›wie lange vorher bzw. danach?‹. *ante* und *post* können zwischen die Bestandteile des Ablativus mensurae treten.« (NM § 380,3) »Nur selten findet sich in dieser Funktion *ante* mit dem nachgestellten Akkusativ.« (NM § 380,3 Anm. 4).

ex ... erupit: Klassisch mit *ex* (Neuer Georges s.v.). Näheres s. den Lösungsvorschlag zu HA 3.

ut ... erupit: Wie nach *postquam* steht nach *ubi / ut (primum), simul(atque / ac)* ›sobald‹ absolutes Tempus, d. h. Indikativ Perfekt (RH § 256,1).

sociis: *comes* bedeutet ›Begleiter‹ *(con + ire)*, mlat. ›der Begleiter des Königs‹, d. h. ›der Graf‹ (> frz. *comte*, engl. *count*).

urbem incendendam reliquisset: Prädikativer Gebrauch des Gerundivums mit finaler Funktion (NM § 512). Das Gerundium mit *ad* betont den Zweck (NM § 512,2, KS I S. 731 f.).

providi: *curam conferre / consumere in aliqua re* (Cic.), aber nie *curam facere*. Das Verb steht im Perfekt, da es einen komplexiven Aspekt hat (NM § 136,3), wie man an *semper* sehen kann.

in: Bei der Ortsangabe muss hier eine Präposition stehen, da *insidiae* kein Eigenname ist und nicht zu den wenigen Wendungen von Appellativa gehört, die ohne Präposition stehen (RH § 154).

tantis: *tam magnus, tam multi* (NM § 147,4) beschränken sich auf wenige rhetorisch-emphatische Stellen (Cic. *Verr.* 2,1,1: *tam multis testibus convictus* ›durch so viele Zeugen überführt‹).

absconditis: Dt. ›verbergen‹ (MSyn Nr. 31):
– *occulere* (häufiger *occultare*) ›verhüllen‹ *(vulnera, flagitia)*.
– *condere*, stärker *recondere*, selten *abscondere* ›verstecken‹ (an einem sicheren Ort).
– *abdere* ›fortschaffen‹.
– *cēlare* geflissentlich ›verheimlichen‹.
– *latēre* ist dagegen intransitiv (wie *differre* ›sich unterscheiden‹) und bedeutet ›verborgen sein‹ (in einem Versteck).

salvi: d. h. ›körperlich unversehrt‹, ›unverletzt‹. *sanus* heißt ›gesund‹ (MSyn Nr. 330). *tutus* ›sicher‹ fehlt in dieser Aufstellung, da es eher auf die Situation der Bedrohung (vgl. MSyn Nr. 352) als auf den körperlichen Zustand des Betreffenden abhebt.

Nam tum, cum Catilinam ex urbe eiciebam (non enim iam vereor huius verbi invidiam, cum illa magis timenda sit, quod vivus exierit), sed tum, cum illum (Cic.) interficere volebam, reliquam manum coniuratorum simul exituram esse putabam.

tum, cum: *tum* (Gegenwart: *nunc*; weitere Indikatoren: *eo tempore, eo die, olim, antea, nuper, iam*) ist ein Indiz für *cum temporale* mit Indikativ (RH § 253,1, NM § 575). Die Beispiele unter NM § 575,2a für *tum, cum* haben einen konzessiven oder adversativen Nebensinn.

ex urbe eiciebam: Dieses Verb steht klassisch mit *ex* oder *de* (Neuer Georges s.v.).

enim: Parenthesen müssen mit einer beiordnenden kausalen Konjunktion wie *nam, enim, etenim, namque* oder seltener den Adversativkonjunktionen *autem* oder *sed* markiert werden (NM § 444).

verbi: *verbum* zielt als Glied eines Satzes oder der Rede auf einen Gedanken (in Saussures Terminologie auf das *signifié*, die inhaltliche Vorstellung, das Konzept); *vox* hebt dagegen auf den Laut und Ton, den materiellen Träger des Gedankens ab *(signifiant)* (MSyn Nr. 207).

invidiam: Dieses Substantiv hebt auf das soziale Phänomen ab, das dem Gehassten widerfährt, und bedeutet daher auch ›Neid‹; *ŏdium* bezeichnet dagegen die Emotion des Hassenden (vgl. MSyn Nr. 163).

exierit: Es gibt zwei Möglichkeiten, diesen Konjunktiv zu rechtfertigen:
1) Attractio modi. Sie ist »häufig, wenn der Gliedsatz auf den übergeordneten Satz folgt« (NM § 456,2b).
2) Obliquer Konjunktiv, der dadurch zu erklären ist, dass Cicero befürchtet, seine Mitbürger könnten ihm übelnehmen *(invidia)*, er habe Catilina lebend entkommen lassen. Nach einem faktischen *quod*, das ein Substantiv im übergeordneten Satz erläutert (hier *invidia*), findet sich immerhin ein Konjunktiv in der Oratio obliqua (KS II S. 270 f.).

illum: Das vorausgehende lokale *exierit* hebt bei der Wahl des Demonstrativpronomens auf die exophorische Ferndeixis ab. Die Endophorese *eum* auf *Catilinam* tritt demgegenüber zurück.

manum coniuratorum exituram: Die Constructio ad sensum, d. h. die Kongruenz kollektiver Personenbezeichnungen nach dem Genus und Numerus des gemeinten realen Bezugswortes statt des grammatikalischen Nomens im Text, findet sich klassisch nur bei der Verteilung des Nomens und des Wortes, das mit ihm kongruiert, auf verschiedene Teilsätze und innerhalb desselben Teilsatzes (hier wäre sie *exituros* mit Bezug auf die Verschwörer) selten und nur bei Cäsar. Näheres s. den Lösungsvorschlag für die Klausur 3 (Cäsar).

manum: MSyn Nr. 155 ›Heer, Schar, Haufe‹:
- *copiae, -arum,* f. ›Truppen‹ bezeichnet primär römische Einheiten und nur bisweilen ein disziplinloses Barbarenheer. Der Sg. *copia* bedeutet ›Schar‹.
- *manus* ›Mannschaft, Korps‹ von Soldaten, die im Krieg unter einem Anführer kämpfen, später jede Gruppe von Menschen, die zu einem bestimmten Zweck zusammengebracht werden.
- *caterva* ›Haufe, Trupp‹ von Leuten, die einen unregelmäßigen Haufen bilden, besonders von barbarischen Kriegern.
- *globus* ›dichtgedrängter Haufen‹ (Menschen und Tiere) (Nep. *Att.* 8,4).
- *grex* ›Herde‹, ungeregelte Menge zusammengehöriger lebendiger Wesen (Schafe), dann ›Schwarm, Rotte‹; wie Sklavenschar eines Hauses, Theatergruppe, Philosophenschule.

Alle weiteren Ausdrücke für ›Haufen‹ *(acervus, cumulus, congeries, strues, strages)* bezeichnen leblose Dinge.

Ut vidi eos, quos maximo furore inflammatos (Cic.)/incensos esse sciebam, nobiscum esse et Romae remansisse, in eo omnes dies noctesque consumpsi, ut comperirem, quid agerent, quid molirentur, et curarem/viderem (Cic.)/ providerem, ut, quoniam auribus vestris oratio mea propter incredibilem magnitudinem sceleris minorem fidem faceret, tum demum animis saluti vestrae provideretis (Cic.)// salutem vestram (de salute vestra) curaretis, cum oculis facinus/scelus ipsum videretis.

eos, quos: Es besteht kein Anhaltspunkt für das betonte *ille, qui* statt *is, qui* (NM § 73,2).

furore: Dt. ›Wahnsinn‹ (s. MSyn Nr. 173):
- *furor* ›Wahnsinn, Raserei‹.
- *răbies* ›Tollwut‹.
- *vēcordia* plötzlich ausbrechender ›wilder Wahnsinn, Tobsucht‹, unter dem Einfluss wilder Fantasiegebilde.
- *āmentia* ›das von Sinnen Sein‹, passiver Zustand dessen, der den Verstand verloren hat.
- *dēmentia* ›Unzurechnungsfähigkeit‹, aktiver Zu-

stand dessen, der in der Meinung, das Richtige zu treffen, widersinnig handelt.
- *insānia* ›Verrücktheit‹, krankhafter Zustand eines Menschen, der in seinen Geistestätigkeiten gestört ist.
- *vēsānia* ›Wahnsinn‹ desjenigen, der seiner Verstandeskräfte beraubt ist und nur noch in seinen Einbildungen lebt.
- *dēliratio* ›Schwachsinn‹ desjenigen, dessen Geisteskraft so gelitten hat, dass seine Vorstellungen regellos sind.

comperirem, quid agerent: S. den Hintergrund *Indirekte Frage*.

molirentur: *operam ponere in aliqua re* (Cic.) ›Mühe auf etwas verwenden‹ ginge hier nur mit *in quo / in qua re* statt *quid*.

curarem: + Akk. oder *de* (selten, zweimal in Ciceros Briefen) (NM § 338,1), nie mit Dat.!

propter: *propter* ›wegen‹ gibt den objektiven Grund an (NM § 227,1) Die Postpositionen *causā* und *gratiā* (beide mit Gen.) bezeichnen wie dt. ›um … willen‹ den Zweck (NM § 230).

minorem: Der Komparativ bezeichnet hier einen hohen Grad im Vergleich zu einem Vergleichsgegenstand, der nicht ausgesprochen wird (der Superlativ bezeichnet dagegen einen hohen Grad im Vergleich zu allen Vergleichsgegenständen). In dieser Funktion entspricht er im dt. ›ziemlich‹, ›zu‹ (RH § 46,2, NM § 30,2, KS II S. 475 f.). Wie im Deutschen kann diese Bedeutung im Lateinischen auch mit *nimis / nimium* + Positiv ausgedrückt werden (NM § 30,2). *admodum* heißt ›sehr‹ und steht bei Adjektiven des Maßes und der Zahl sowie bei Substantiven, die das Alter bezeichnen, wie *infans, senex et al.* (NM § 176,1).

faceret: Innerlich abhängig als Gedanke Ciceros (NM § 455,2) (nicht zwingend).

animis: Für Fähigkeiten des Menschen, die das Deutsche unbezeichnet lässt (wie hier) oder mit Reflexiv- oder Personalpronomina ausdrückt, die eine Einheitlichkeit des Menschen suggerieren, verwendet das Lateinische oft spezifischere Substantive, so *animum offendere / commovere / confirmare, corpus (corpora) exercere* ›sich üben / Leibesübungen betreiben‹, *memoriae mandare* ›sich einprägen‹ usw. (RH § 185,6). Der Plural wird hier distributiv verwendet (RH § 182,1), vgl. *animos militum confirmare* ›den Soldaten Mut einflößen‹.

oculis: *cum* steht mit dem Ablativus sociativus (NM § 368) und teilweise militaris (NM § 369), nie jedoch instrumenti.

videretis: Modusattraktion (NM § 456) bzw. kausale Komponente (nicht zwingend).

Hintergrund: Cicero und die griechische Philosophie

Die Anfänge der griechischen Philosophie liegen in den Sieben Weisen, denen bestimmte Lebensregeln zugeschrieben wurden. Die ersten richtigen Vertreter der griechischen Philosophie waren dann die **Naturphilosophen**. Sie suchten nach dem Urstoff oder Prinzip (gr. ἀρχή, lat. *principium*), das der Welt zugrunde liegt. Für Thales war dies das Wasser, für Anaximander das Unendliche, für Anaximenes die Luft (alle 6. Jh.) und für Heraklit (um 500) das Feuer. Die wirkmächtigste Theorie stammt von Demokrit (470/469–380/379): Er sah die Dinge aus kleinsten, unteilbaren Teilchen (gr. ἡ ἄτομος) zusammengesetzt. Die nächste Stufe der philosophischen Entwicklung waren die **Sophisten** (Weisheitslehrer; Protagoras, Gorgias, Hippias). Sie waren Redelehrer und befassten sich mit der menschlichen Gesellschaft und Kultur. Die Natur erhoben sie zum Maßstab für die gesellschaftlichen Normen, deren Vielfalt sie wahrnahmen. Zusammen mit den Naturphilosophen fasst man sie zu den **Vorsokratikern** zusammen.

Sokrates (470–399) wandte sich ganz dem Menschen und seiner Lebensführung zu. Da er nichts Schriftliches hinterließ, kann seine Lehre nur aus Aufzeichnungen seiner Schüler rekonstruiert werden. Deren bedeutendster war **Platon** (427–347). Für ihn mussten die Einzeldinge an einer allgemeinen Idee teilhaben, um Wirklichkeit zu haben (Ideenlehre). Platon schrieb vor allem Dialoge, deren Hauptfigur fast ausschließlich Sokrates ist. Ciceros Dialogform stammt von Platon, aber auch die Vorstellung, der Staatsmann erhalte einen Lohn nach dem Tode, die er im *Somnium Scipionis* entwickelt, knüpft an Platons Lehre von der Unsterblichkeit der Seele an. Auch Ciceros Staatsschriften *De re publica* und *De legibus* greifen auf Platons Staatsdialoge *Politeia* und *Gesetze* zurück. Platon begründete in Athen die erste Philosophenschule (Akademie). Seine Nachfolger waren Speusipp und Xenokrates. Sein bedeutendster Schüler, **Aristoteles** (384–322), gründete seine eigene Philosophenschule, den Peripatos. Von Aristoteles sind Abhandlungen zu fast allen Gebieten der Philosophie erhalten. Er wurde zum Begründer der Logik und der Naturwissenschaften. Zu seinen Schülern zählten Dikaiarch und Theophrast, der über Botanik und die menschlichen Charaktertypen schrieb.

Die hellenistische Philosophie rückte das glückliche Leben in den Mittelpunkt ihres Interesses. **Epikur** (341–270) erblickte es in der Lust (gr. ἡδονή, lat. *voluptas*). Sie bestand für ihn in der Abwesenheit von Schmerz und Unruhe und nicht im Sinnengenuss. Für die Erklärung der Natur wandelte er Demokrits Atomlehre leicht ab. Seine Schule war im sog. Garten untergebracht. Die **Stoiker** verdanken ihren Namen der öffentlichen Säulenhalle, in der sie sich zuerst trafen. Sie waren in den meisten Positionen das Gegenteil Epikurs und seiner Schule. Für sie reicht die Tugend allein zum glücklichen Leben. Äußere Güter wie Besitz oder Ehren sind dafür nicht erforderlich. Der göttliche Weltlogos, an dem der Mensch anteilhabe, durchwalte und organisiere den Kosmos und alle Dinge (Pantheismus). Die wichtigsten Vertreter der frühen Stoa waren ihr Begründer Zenon (333/2–262) sowie Kleanthes und Chrysipp. Die **Skeptiker**, deren erster Vertreter Pyrrhon von Elis (360–271) war, hoben dagegen auf die Relativität aller Erkenntnis ab. Zu Ciceros Zeit hatte sich Platons Akademie der skeptischen Schule angenähert.

Cicero hatte auf Studienreisen in Athen (stoizierender Platoniker Antiochos von Askalon, akademischer Skeptiker Philon von Larisa, Epikureer) und Rhodos (Mittelstoiker Poseidonios) Philosophen aller Richtungen gehört und war selbst **Eklektiker** (< gr. ἐκλέγω ›ich wähle aus‹), d. h. er verschrieb sich nicht einer philosophischen Richtung, sondern wählte sich die Elemente aus, die ihm am meisten einleuchteten (= Eklektizismus). In der Erkenntnistheorie stand er der akademischen Skepsis nahe, in der Ethik der Stoa. Dies wird auch in den *Tusculanen* und ihren Themen deutlich. Wie die Stoiker setzt er sich bisweilen polemisch mit Epikurs Lehre auseinander.

Hausaufgabe 5

Relative Satzverschränkung (s. Hintergrundblatt), relativer Satzanschluss (RH § 244),
Fragesätze (RH § 221 f., NM § 414 f., KS II S. 487–532)
Wiederholung: NcI (Hintergrund: *dass*-Sätze), Fragepartikel *an*
AWS Nr. 21

[B.:] Aber ich kehre zu den Alten zurück, die fast keinen Grund für ihre Ansicht angegeben haben (denken Sie an den Ausdruck für ›Rechenschaft ablegen‹) sollen, wenn er nicht arithmetisch darzulegen war. Es wird berichtet, dass Plato, um die Pythagoreer kennenzulernen, nach Italien gekommen sei und alles über die Unsterblichkeit der Seele gelernt habe, nach dessen Erkenntnis er dasselbe wie Pythagoras gemeint und einen Beweis beigebracht haben soll. Diesen wollen wir, wenn du nichts sagst, beiseitelassen. […]

[A.:] Willst Du mich etwa im Stich lassen, nachdem du mich in die höchste Erwartung versetzt hast? Ich will zum Teufel lieber mit Plato irren, von dem ich weiß, wieviel du ihn schätzt und den ich in deiner Darstellung bewundere, als mit jenen die Wahrheit glauben.

[B.:] Wacker gesprochen[1], ich selbst dürfte mich wohl nicht ungern mit eben diesem irren. Zweifeln wir also etwa? Etwa wie in den meisten Fällen? Da diese Dinge feststehen, muss es einsichtig sein, dass die Seelen, wenn sie aus dem Körper hinaustreten, sei es dass sie luftartig,[2] d.h. hauchartig,[3] sei es dass sie aus Feuer sind, nach oben getragen werden.

Die eingeklammerten Großbuchstaben sind Platzhalter für die verschiedenen Gesprächspartner, die Cicero nicht näher bezeichnet.

Hilfen in den Klammern nicht mit übersetzen.

1 *macte virtute.*
2 *animalis.*
3 *spirabilis.*

Lösungsvorschlag HA 5 (Cic. *Tusc.* 1,38–40)

[B.:] Sed ad antiquos redeo, qui non fere rationem sententiae suae reddidisse dicuntur, nisi numeris explicanda fuit.

antiquos: S. den Lösungvorschlag HA 2.

fere: S. den Lösungvorschlag HA 3.

reddidisse dicuntur: Für den NcI s. den Hintergrund *dass*-Sätze.

non ... nisi: Laut NM § 175,5 ist *nisi* in Verbindung mit einer Negation »die eleganteste Möglichkeit«, dt. ›nur‹ wiederzugeben. *non ... nisi* hat dabei dieselbe gespaltene Konstruktion und einschränkende Bedeutung wie frz. *ne ... que* ›nur‹.

nisi: *nisi* verneint einen ganzen Gedanken, *si non* nur ein Wort im Nebensatz (NM § 565).

explicanda: MSyn Nr. 126 ›erklären‹:
- *exponere* (einen Sachverhalt) ›darlegen, dartun‹ (reine Darstellung, ohne auf etwaige Schwierigkeiten einzugehen).
- *explanare* ›erläutern‹, einen Sachverhalt verständlich machen; entspricht am ehesten dem dt. ›erklären‹.
- *explicare* ›entwickeln‹, Unverständliches näher ausführen.
- *declarare* (< *clarus*) ›klar, anschaulich machen‹ (durch ein Beispiel o. Ä.).

Dt. ›erklären‹ im Sinne von ›behaupten‹ wird dagegen durch *dicere* oder *contendere* wiedergegeben.

Plato ut Pythagoreos cognosceret (Cic.) / *Pythagoreos cognitum in Italiam venisse et omnia de immortalitate animae didicisse fertur, quibus intellectis idem ac Pythagoras sensisse et rationem attulisse traditur. Quam (rationem), nisi quid dicis, praetermittamus [...].*

cognitum: *cognōscere, cognōvi, cógnĭtum*. Aber *ignoscere, ignōvi, ignōtum*.

Das Supinum I steht nach Verben der Bewegung zur Bezeichnung des Zweckes und kann entsprechend seinem verbalen Charakter ein Akkusativobjekt bei sich haben. Alternativ können auch ein Gerundivum mit *ad* oder *causa*, ein *ut*-Satz oder ein konjunktivischer Relativsatz gesetzt werden (NM § 518).

fertur: Cicero schreibt *Platonem ... ferunt*. AcI statt NcI ist bei *tradere* und *ferre* nicht zwingend, der NcI kann in der 3. Pers. im Präsens stehen (s. den Hintergrund *dass*-Sätze).

idem ac: Oder *idem quod* (Relativpronomen). Nach Adjektiven, Adverbien und Pronomina der Gleichheit, Ähnlichkeit und ihrem Gegenteil (d. h. der Verschiedenheit) lautet die Vergleichspartikel *atque/ac* (RH § 247,2), nach *idem* steht auch das Relativpronomen (NM § 594,2–3, RH § 246). *atque* wird nur dann »verwendet, wenn zu beiden Vergleichsgliedern dasselbe Verb gehört« (NM § 594,3). Ansonsten wird der Vergleich mit einem Relativsatz ausgedrückt, der Platz für zwei Prädikate in demselben Satzgefüge schafft: *Platonem ferunt [...] de animorum aeternitate [...] sensisse idem quod* (oder auch *atque*) *Pythagoram.* (Cic. *Tusc.* 1,39) ›Plato soll über die Unsterblichkeit der Seelen die gleiche Ansicht gehabt haben wie Pythagoras‹. (Übers. RH S. 192). Aber: *Plato idem sensit, quod Pythagoras docuerat.* (NM § 594,3).

rationem: *argumentum* heißt ›Beweisgrund‹, ›auf Tatsachen gegründeter Beweis‹. ›Eine Schlussfolgerung ziehen‹ bedeutet deshalb: *argumentum sumere, ducere*. *ratio* bezeichnet dagegen einen auf Denken beruhenden Vernunftgrund bzw. einen Beweis, der auf logischem Denken und logischer Beweisführung gründet (MSyn Nr. 183).

rationem attulisse: *probare* ›beweisen‹ ist klassisch juridisch wie philosophisch (Cic. *fin.* 1,28) geläufig, entspricht hier jedoch nicht ganz dem Wortlaut.

praetermittamus: *omittere* bedeutet ›etwas fahren lassen‹ und passt wie *dimittere* mehr ins Wortfeld ›verlieren‹ (MSyn Nr. 79). ›Mit Stillschweigen übergehen‹ heißt *praetermittere* (MSyn Nr. 15).

[A.:] An tu, cum me in summam exspectationem adduxeris, deseris? Cum Platone mehercule errare malo, quem(,) quanti aestimes, scio, et, qualem fingas/pingas, admiror, quam cum istis vera sentire. – [B.:] Macte virtute! Ego ipse non invitus cum eodem isto erraverim (Cic.) / *errem*.

An: steht hier in einer direkten Frage bei einem Sprecherwechsel, um die Aussage des anderen zu widerlegen. Weiterführend s. den Hintergrund Die Fragepartikel *an*.

deseris: Dt. *willst* ist hier phraseologisch (vgl. NM § 495,1).

mehercule: So nur bei Cicero, daneben bei ihm *herc(u)le*.

quanti: Genetivus pretii (RH § 139,1).

istis … isto: Das der 2. Sg. zugeordnete Demonstrativpronomen bezeichnet Personen, deren Ansichten der Gesprächspartner nach Auffassung des Sprechers nahestehe.

vera: *veritas* ist hier unangebracht, da das Substantiv eine (abstrakte) Eigenschaft ausdrückt (vgl. oben *immortalitas*), während es hier um Dinge geht *(sentire)*, die über diese Eigenschaft verfügen.

Ego ipse: Grenzt den Sprecher von der Fülle der übrigen Personen in diesem Stück ab und hebt seine Identität hervor. *ipse* kann in dieser Funktion hinter Substantiven wie Pronomina stehen (NM § 78,1). Die Hervorhebung *equidem* ›allerdings, zwar, zumindest‹ (NM § 185,5) ist dagegen eher bescheiden-beschränkend. *egomet* etc. ist bloß verstärkt und steht meist mit *ipse* (NM § 57,1).

erraverim / errem: Der Potentialis der Gegenwart kann neben dem Konj. Präs. auch durch den Konj. Perf. ausgedrückt werden. Der Konj. Perf. betrachtet das Geschehen dabei als etwas Vollendetes (KS I S. 176). Für den Potentialis der Vergangenheit steht der Konj. Impf. (RH § 216,1).

Num igitur dubitamus? An sicut pleraque? Quae cum constent (Cic.) / *Quibus constantibus perspicuum esse oportet animos, cum e corpore excesserint, sive animales sunt* (Cic. *sint*), *id est spirabiles, sive ignei, sublime* (Cic.) / *sursum ferri.*

Num igitur dubitamus? An sicut pleraque? Nach Satzfragen mit *num* und *nōnne* heißt *an* ›oder vielmehr/doch‹ (s. den Hintergrund Die Fragepartikel *an*).

sint: Attractio modi.

ignei: Der Ablativus qualitatis *igne* ist hier eher unangebracht (NM § 374, RH § 146,2).

Hausaufgabe 6: Philosophica, Textbesprechungsvokabular

AWS Nr. 24, 51

Dikaiarchos, ein Schüler des Aristoteles, wiederum lässt im ersten Buch jenes Gespräches in Korinth, das er in drei Büchern erzählt, viele gelehrte Männer diskutieren. In den zwei (übrigen) führt er einen gewissen Pherekrates ein (wörtl.), einen Greis aus Smyrna, von dem er behauptet, er stamme von Deukalion ab, und lässt ihn darlegen, der Geist sei überhaupt nichts.

Aristoteles, der an Geist (Ideenreichtum) und Sorgfalt bei weitem allen (anderen) überlegen ist – Platon nehme ich immer aus – vertritt, nachdem er jene bekannten vier Arten von Elementen, aus denen alles hervorgehe, behandelt hat, die Ansicht, es gebe irgendeine fünfte Natur, aus welcher der Geist bestehe, da Lernen und Lehren, Finden von etwas und Erinnerung an derart vieles, wie er annimmt, in keinem dieser vier Elemente seien. Sein Lehrer Platon dachte sich eine Dreiteilung der Seele aus: ihr führendes Element, also die Vernunft, lokalisierte er im Kopfe wie auf einer Burg. Ihr ließ er die zwei (anderen) Teile gehorchen, den Zorn und die Begierde.

Sofern mir nicht irgendetwas entgangen ist, sind dies so ziemlich die Lehren von der Seele. Demokrit nämlich wollen wir beiseitelassen, der, zwar ein bedeutender Mann, aber die Seele durch ein zufälliges Zusammentreffen von leichten und runden Körperchen entstehen lässt (übers. bewirkt).

Hilfen in den Klammern nicht mit übersetzen.

Lösungsvorschlag HA 6 (Cic. *Tusc.* 1,20–22)

Dicaearchus autem, discipulus Aristotelis, in primo libro eius sermonis, quem Corinthi habitum tribus libris exponit, multos doctos homines disputantes facit; duobus Pherecraten quendam Smyrnaeum senem, quem ait a Deucalione ortum, disserentem inducit nihil esse omnino animum.

Dicaearchus: Griechische Eigennamen werden an die lateinische Grafie angeglichen: oi > oe, ai > ae, k > c, -on [-ων, -ωνος] > -ō, -ōnis, m.

Beispiele: Epikur (342–270) – *Epicurus, -i* m., *Epicurei* – Epikureer; Sokrates (470–399) – *Socrates, -is* m., Platon (Ideenlehre) – *Plato, -onis* m. (individualisierendes Suffix, vgl. *Cato, -onis* m., *Cicero, (P. Ovidius) Naso*), Aristoteles (Schüler Platons) – *Aristoteles, -is* m., *Stoici* – Stoiker: *Zeno, -onis* m., *Cleanthes, -is* m., *Chrysippus, -i* m.

autem: Fortführend wie gr. δέ.

eius sermonis, quem: Da der Relativsatz das Substantiv bestimmt, steht *is, qui* ›derjenige, der‹.

Corinthi habitum: Stützpartizip für die adnominale Ergänzung *Corinthi*. Adverbial-, v. a. Präpositionalattribute wie im Deutschen (›das Haus an der Ecke‹) sind im Lateinischen auf bestimmte Fälle beschränkt und werden meist wie hier durch andere Wendungen wiedergegeben (RH § 161,4).

in primo libro … tribus libris: Der bloße Ablativ zielt auf die ganze Schrift oder das ganze Buch ab, d. h. den instrumentellen Charakter. *in* wird dagegen nur für eine Stelle verwendet, bezeichnet also die reine Ortsangabe (KS I S. 354, vgl. NM § 388,3).

exponit: Nicht *narrare*, das auf eine Ereignisfolge abzielt (vgl. MSyn Nr. 45 ›erzählen, berichten‹). Näheres s. den Lösungsvorschlag HA 5.

multos doctos: Zwei Adjektive werden nur durch *et* getrennt, wenn sie gleichwertig sind (NM § 263,3): *multae et magnae naves*. *multi, multae, multa et* dient dabei der Hervorhebung der Vielheit (KS I S. 240 f.). Bildet dagegen eines der beiden Adjektive eine Einheit mit dem übergeordneten Substantiv, steht kein *et*: *naves longas veteres* ›alte Kriegsschiffe‹ (Caes. *civ.* 1,30,4) (RH § 223,2, NM § 263,2, KS I S. 240).

multos doctos homines: Cicero schreibt *multos hominum doctorum* (für den Anschluss von *multi* [Genetivus totius, Attribut oder Prädikativum, Präpositionalgefüge] s. NM § 293,5), weil bei ihm *hominum* durch ein weiteres Partizip Präsens Aktiv ergänzt wird (*disputantium*).

disputantes facit: Fiktional-auktoriales ›lassen‹ wird mit *facere/inducere* + AcP wiedergegeben: *Xenophon [...] facit [...] Socratem disputantem [...].* (Cic. *nat. deor.* 1,31) ›Xenophon lässt Sokrates darlegen.‹ (meine Übers.) (RH § 179,2, NM § 499,2).

Pherecraten: Die Kasusform der griechischen Deklination (s. dazu RH § 45) wird hier verwendet, da es sich um einen weniger geläufigen griechischen Eigennamen handelt. Bei bekannteren Personen steht dagegen eher die lateinische Form (z. B. meist *Socratem* statt des selteneren *Socraten*).

quendam: *quidam* steht »bei einem Eigennamen zur Bezeichnung von nicht näher bekannten Personen« (NM § 92,1).

Smyrnaeum: Die Abstammung einer Person von einem Ort wird für gewöhnlich durch das zugehörige Adjektiv ausgedrückt.

a Deucalione ortum: Der Ablativus originis bei *ortus/natus* steht bei direkter Abstammung ohne Präposition, bei entfernterer Abkunft steht nur *ortus ab* (RH § 142).

Aristoteles, longe omnibus – Platonem semper excipio – praestans et ingenio et diligentia, cum quattuor nota illa genera principiorum esset complexus, e quibus omnia orerentur (Cic.), quintam quandam naturam censet esse, e qua sit mens.

longe: *longe* ›bei weitem‹ steht bei Superlativen oder einem superlativischen Ausdruck – wie hier *praestare* (NM § 34,4a). *multo* ›viel‹ dient zur Steigerung des Komparativs (NM § 30,6).

Platonem semper excipio: Ohne parenthetisches *nam*, da der Einschub fast so explosiv wie eine Interjektion ist.

ingenio: bezeichnet hier ›Inspiration, Motivation‹, vgl. das *ingenium* ›natürliche Begabung, Produktivität, Fantasie‹ als eine der Eigenschaften eines guten Redners im System der antiken Rhetorik.[1] Als konkrete Seelendisposition heißt *animus* ›Mut‹, sonst steht es allgemein für die aktuelle Gemütsverfassung (*Bono animo es.* ›Sei guter Dinge‹).

principiorum: dient der Wiedergabe von gr. ἀρχή ›Urstoff, Prinzip‹.

complexus: oder *exponere aliquid, disserere de aliqua re. agere* ist forensisch oder politisch (von einer Rede).

orerentur: Bei Cicero (nie bei Cäsar) findet sich neben der regelmäßigen Bildung des Konj. Impf. von *oriri* nach der 4. auch, wie hier (daneben als vario lectio *orirentur*), diejenige nach der gemischten. Bei *potiri*, das RH § 91,3 als weiteres Beispiel für das Schwanken eines Deponens der 4. Konjugation im Konj. Impf. zwischen der 4. und gemischten Konjugation anführt, finden sich bei Cäsar und Cicero nur die regelmäßigen Formen *potirer* etc.[2]

censet: Hier liegt das literatorische Präsens vor, das eine Aussage bezeichnet, die in der Vergangenheit liegt. Wie das historische Präsens gilt es deshalb für die Consecutio temporum als Haupt- oder Nebentempus (NM § 462,6).

e qua sit: Dt. ›aus / in etw. bestehen‹ (Georges Dt.-Lat. s.v.):
– bei additiver Auffassung: *constare (ex) aliqua re; compositum esse ex aliqua re.*
– bei materialer Auffassung: *esse ex aliqua re* (so hier).
– bei Ausdruck des Wesenhaften (›bestehen in‹): *consistere in aliqua re, contineri aliqua re.*

mens: *anima* hebt auf die gedachte Materialität ab (›Seele‹), *animus* auf die Gesamtheit des seelischen Innenlebens (›Geist‹), *mens* auf den Intellekt (MSyn Nr. 258).

[1] Heinrich Lausberg, Handbuch der literarischen Rhetorik. Stuttgart ⁴2008, 550.

[2] Paolo Gatti, Thesaurus linguae Latinae. X,2,1 (1980–95) 327,62 s.v. *potior* (Caes. *Gall.* 1,30,3, *civ.* 2,13,4, Cic. *rep.* 1,49 – an allen drei Stellen ohne eine varia lectio der gemischten Konjugation).

Discere enim (Cic.) / cum discere et docere et invenire aliquid et tam multa meminisse in horum quattuor generum inesse nullo putat / putet.

tam multa: Bisweilen steht *tam + multi* und *magnus* statt *tot* und *tantus* (NM § 147,4). Das Vorkommen dieses Ausdrucks beschränkt sich allerdings auf wenige rhetorisch-emphatische Stellen wie die vorliegende Stelle (›so viele Dinge‹). Da nämlich diese Formulierung den Gedanken auf zwei Wörter verteilt und mit *tam* die Hervorhebung in ein eigenes Wort kleidet, werden die Menge oder Größe betont.

meminisse: Bei einer Sache steht der Akkusativ für den Gegenstand, der Genetiv für den Bereich, dem er entstammt (RH § 136). Hier ist der Akkusativ der Eindeutigkeit halber geboten.

Cuius / Eius (Cic.) *doctor* (Cic.) *Plato triplicem finxit animum, cuius principatum* (Cic.) // *partem ducem / principem, id est rationem, in capite sicut in arce locavit / posuit* (Cic.), *cui / et ei duas partes oboedientes inducit, iram et cupiditatem.*

principatum: dient hier der Wiedergabe von gr. ἡγεμονικόν ›leitender Seelenteil‹.

oboedientes: MSyn Nr. 4 ›gehorchen‹:
- *parēre* – bildet das Gegenstück zu *imperare*. Es meint im Verhältnis eines Unter- zu einem Übergeordneten ›gehorsam sein‹. Dies kann aus Zwang oder Einsicht der Fall sein.
- *obtemperare* – bedeutet ›sich mäßigen, sich fügen‹. Dies geschieht mit Überlegung und aus freiem Willen.
- *oboedire* – bedeutet ›hören auf, den Befehl / Willen ausführen‹ (schließt den freien Willen nicht aus). Da das Verhältnis der untergeordneten Seelenteile zum leitenden vernünftigen Seelenteil hier weder militärisch-hierarchisch noch opportunistisch noch rein rational (die Vernunft ist schließlich mit dem leitenden Seelenteil identisch) gedacht wird, empfiehlt sich dieses Verb.
- *obsequi* – bedeutet ›zu Willen sein, willfahren‹. Dies geschieht aus opportunistischen Gründen und ohne Einsicht.
- *dicto audiens esse* ›botmäßig sein‹, ›aufs Wort gehorchen‹ (wie ein Soldat).

Nisi quae me forte fugiunt (Cic.) */ praeter(i)e(r)unt, haec sunt fere de animo sententiae. Democritum enim, magnum illum quidem virum, sed levibus et rotundis corpusculis efficientem* (Cic.) *animum concursu quodam fortuito omittamus* (Cic.) */ praetereamus / praetermittamus.*

forte: *forte* ›vielleicht‹ steht wie hier nur in konditionalen Nebensätzen. *fortasse* ›vielleicht‹ verbindet sich mit dem Indikativ, *forsitan* mit dem Konjunktiv und kennzeichnet eine bloße Vermutung (NM § 187).

fere: in Verbindung mit Totalitätsausdrücken (z. B. ›alle, niemand‹) ›fast‹, ›beinahe‹ (NM § 173,2b).

illum: Dieses Demonstrativpronomen dient hier der Kennzeichnung einer prominenten, allseits bekannten Gestalt (NM § 73,1b). Im Griechischen erfüllt diese Funktion der bestimmte Artikel (ὁ Σωκράτης).

quidem: *quidem* ist ein affirmatives Enklitikon mit Bedeutung ›jedenfalls, gewiss, sicherlich‹ (NM § 185). Ein Enklitikon schließt sich an das vorangehende Wort an und muss, wenn es sich um eine Satzpartikel handelt (*-que* verbindet enklitisch auch einzelne Wörter), an 2. / 3. Stelle stehen. Die Enklitika rücken an die dritte Stelle, wenn die ersten beiden Wörter eng zusammengehören (NM § 442, KS II S. 133 f.). Hier sind *magnum* und *illum* beide Attribute zu *virum*. Außerdem tritt ein Enklitikon nicht selten hinter ein (Demonstrativ-)Pronomen (vgl. KS II S. 133 f.).

cum – tum ›sowohl – als auch besonders‹, das auch Teilsätze verbinden kann und bei Konjunktiv im *cum*-Satz eine kausale oder adversative Färbung hat (NM § 576,4), passt nicht, weil es eine steigernde Bedeutung hat, während die vorliegende Stelle adversativ oder konzessiv ist.

praetermittamus: *omittere* meint ›etwas (absichtlich) fahren lassen‹ (MSyn Nr. 79) und passt hier besser als *praetermittere* ›mit Stillschweigen übergehen‹ (MSyn Nr. 15), da Cicero seine Entscheidung thematisiert, Demokrit nicht näher zu behandeln.

Hausaufgabe 7

Relative Satzverschränkung (s. Hintergrundblatt),
Hypotaxe, Satzstellung, Tropen und Figuren (RH §§ 246–268, NM §§ 551–586, §§ 597–600)
AWS Nr. 17, 20

Was soll ich denn für die Ursache halten, mein Laelius, warum wir, obwohl wir aus Körper und Geist bestehen, zwar zur Bewahrung des Körpers uns um eine Kunst bemüht haben, deren Nützlichkeit für das Heilen von Krankheiten auch gegen den Willen der unsterblichen Götter feststeht – (warum) aber eine Heilkunst für die Seele weder besonders begehrt war, bevor sie entdeckt wurde, noch besonders gepflegt wurde, nachdem sie erkannt worden war, und so weit davon entfernt ist, vielen willkommen zu sein, dass sie vielmehr manchen verdächtig und verhasst ist? Doch wohl, weil wir den Schmerz des Körpers mit dem Geist beurteilen, die Krankheit des Geistes aber mit dem Körper nicht empfinden? So kommt es, dass der Geist über sich selbst urteilt, während gerade das, mit dem geurteilt wird, krank ist.

Wenn uns nun die Natur als solche geschaffen hätte, dass wir sie selbst betrachten und unter ihr als bester Leiterin den Lauf des Lebens vollenden könnten, würde es sicherlich nicht jemanden geben, der belehrt zu werden verlangte. Jetzt (aber) hat sie uns (nur) ein kleines Licht gegeben, das wir, verdorben durch schlechte Sitten und Meinungen, rasch so auslöschen, dass (uns) nirgendwo das Licht der Natur erscheint.

Hilfen:
Eingeklammerte Wörter nicht mit übersetzen.
Z. 6: ›Doch wohl, weil‹: Fragepartikel + *quod*

Lösungsvorschlag HA 7 (Cic. *Tusc.* 3,1 f.)

Quidnam causam ducam, mi Laeli, cur, cum e corpore et animo constemus, ad conservandum (quidem) corpus arti studuerimus, quam etiam dis immortalibus invitis ad morbis medendum proficere constat – (sed) animi (Cic.) autem medicina neque valde petita sit, ante(a)quam inventa est, neque valde culta sit, post(ea)quam cognita est, et tantum absit, ut multis grata sit, ut nonnullis suspecta et invisa sit?

Quidnam: Wie bei dt. *denn* fungiert *nam* als Verstärker von Fragesätzen und tritt unmittelbar hinter das Fragepronomen, mit dem es dann zusammengeschrieben wird (NM § 420,2): *Quidnam?* – ›Was denn?‹

ducam: *ducere, existimare, putare, iudicare, arbitrari* stehen mit dem doppelten Akkusativ im Sinne von ›halten für‹ (NM § 351,4).

mi Laeli: Für die Formen des Vokativs s. RH § 30,2.

cum: *quamquam* + Ind. hebt auf die Tatsächlichkeit ab (NM § 584,2), *cum concessivum* umfasst die subjektiv-argumentative Perspektive der Einräumung (KS II S. 348). Ebenso zielen *quod* und *quia* + Ind. auf die objektive, tatsächliche Kausalität, während *cum causale* subjektiv-argumentativ ist, d. h. den logischen Grund angibt (RH § 254,2, NM § 582,2).

constemus: Dt. ›aus / in etw. bestehen‹ (Georges Dt.-Lat. s.v.):
- bei additiver Auffassung (so hier): *constare (ex) aliqua re; compositum esse ex aliqua re.*
- bei materialer Auffassung: *esse ex aliqua re.*
- bei Ausdruck des Wesenhaften (›bestehen in‹): *consistere in aliqua re, contineri aliqua re.*

(quidem) … (sed): *ut – sic (ita)* ›zwar … aber‹ vergleicht etwas Gegensätzliches, *quidem – sed* betont die reine Gegensätzlichkeit (RH § 246,3). Bei Cicero schließt sich *quidem – sed* überwiegend an Personal- und Demonstrativpronomina an und dient nicht der Gegenüberstellung zweier Gedanken, wie hier gefordert (NM § 439,7, KS I S. 623 f.).

ad conservandum corpus: Nach Präpositionen steht immer Gerundivum, nie Gerundium (NM § 516,1).

studuerimus: *operam dare* + Dat. / *ut* / *ne* (RH § 166) ist hier zu umständlich.

dis: *dis* ist besser als *deis*, da es das Genus eindeutig bezeichnet, während *deis* auch zu *dea* ›Göttin‹ gehören könnte. Stattdessen lautet der Dat. / Abl. Pl. zu *dea* der Eindeutigkeit halber auch *deabus*.

invitis: nicht zu verwechseln mit *invisus* ›verhasst‹ (s. u.).

ad morbis medendum proficere: Bei *utilis* steht die Person mit dem Dativ, eine Sache wird mit *ad* angeschlossen (RH § 129, NM § 335,2a), klassisch verbindet es sich nicht mit *nd*-Form. *utilitas* kennt keine Zweckergänzung. Stattdessen verwendet man besser *proficere ad* + *nd*-Form. Deutsche Substantive werden im Lateinischen häufig verbalisiert (RH § 186).

medendum: *sanare* von Wunden und äußeren Übeln; *mederi* + Dat. ›(erfolgreich) heilen‹ (Arzt); *curare* ›versorgen, behandeln‹ (MSyn Nr. 93).

quam … proficere constat: Relative Satzverschränkung (RH § 245, NM § 591, KS II S. 315–319). Näheres s. den Hintergrund *Relative Satzverschränkung*.

autem: Schwächste adversative Partikel. Stets enklitisch (zu Besonderheiten der Stellung s. NM § 442). Führt häufig wie gr. δέ das Gespräch fort. *sed* steht seiner Stärke nach zwischen *autem* (NM § 439,3) und *at* (NM § 439,3), das die stärkste adversative Partikel ist und einen scharfen Gegensatz markiert.

medicina: *medicamen* ist poetisch. *medicamentum* hebt auf die Materialität, *medicina* auf die Heilwirkung ab. *remedium* bedeutet ›Gegenmittel‹ (MSyn Nr. 93 ›Heilen‹).

valde: *imprimis* ›besonders‹ (wie nur wenige, fast nur positiv); *praecipue* ›vorzugsweise‹ (nur bei Verben) bezeichnet eine Auszeichnung (NM § 172,1). *valde, sane* stehen im Sinne von ›sehr‹ bei Adjektiven, Verben und Adverbien. *magnopere* ist sehr stark (›allzu sehr, besonders, ziemlich‹), steht nur bei Verben und adjektivischen Partizipien und ergänzt v. a. emotionsgeladene Verben, wie solche des Fürchtens, Vermeidens, des Aufforderns, Bittens, Beauftragens, des Vermissens und Bewunderns (NM § 176).

ante(a)quam: *antequam / priusquam* + Konj. bei Unwirklichkeit bzw. Unmöglichkeit der Nebensatzhandlung oder finaler Nebenbedeutung (RH § 257,2).

cognita est: keine Abhängigkeit mehr von der indirekten Rede, daher Indikativ.

tantum absit, ut ... ut: Der Ausdruck *tantum abest, ut...ut* ›so weit entfernt, ... dass‹ weist etliche Besonderheiten in der Konstruktion auf (RH § 237, NM § 553). Er ist unpersönlich und wird durch zwei *ut*-Sätze erweitert. Der erste ist ein konsekutiver Subjektsatz zu *abest* (RH § 237, s. den Hintergrund *dass*-Sätze), der zweite ein echter Konsekutivsatz zu *tantum*.

Tantum abest, ut id miremur (Subjektsatz zu *abest*), *ut etiam reprehendamus* (Adverbialsatz zu *tantum*). ›Wir sind so weit davon entfernt, dies zu bewundern, dass wir es vielmehr tadeln.‹ freier: ›Weit entfernt, dies zu bewundern, tadeln wir es vielmehr.‹

ACHTUNG: Im zweiten Gliedsatz steht nie *potius*, allenfalls *etiam, (etiam) maxime, maxime etiam*.

Auch im Lateinischen ist diese Konstruktion schwerfällig. Sie lässt sich vermeiden durch:
1) *ita ... ut* + Konjunktiv:
   id ita non miramur, ut reprehendamus.
   ›Wir bewundern es so (sehr) nicht, dass wir es tadeln.‹
2) Ersetzung des ersten *ut*-Satzes (Subjektsatz) durch *ab* + Abstraktum:
   tantum absumus ab admiratione, ut reprehendamus.
   ›Wir sind so weit von einer Bewunderung (dieser Sache) entfernt, dass wir sie vielmehr tadeln.‹

ACHTUNG: *abesse* wird in dieser Wendung persönlich konstruiert.

suspecta: Dt. ›verdächtig‹ kann nicht mit *suspiciosus* übersetzt werden, da dies ›Argwohn erregend‹ oder ›argwöhnisch‹ heißt.

invisa: *odiosus* passt nicht, weil es neben ›verhasst‹ auch ›Ärgernis erregend, widerwärtig‹ bedeutet. Es ist damit stärker und geht in eine andere Richtung als *invisus*.

An quod dolorem corporis animo iudicamus, morbum autem (fehlt bei Cic.) animi corpore non sentimus?

An quod: Hier steht die Frage mit *an* nach einer vorangehenden Wortfrage (Näheres s. den Hintergrund Die Frageparktikel *an*).

iudicamus: *iudicare* drückt ein Sachurteil aus, *aestimare* bedeutet dagegen ›schätzen‹.

Ita (Cic.) / ex quo fit, ut animus de se ipse iudicet, cum id ipsum, quo iudicatur, aegrotet. Quodsi talis nos natura genuisset, ut eam ipsam intueri ea(dem)que (Cic.: eademque) optima duce cursum vitae perficere possemus, certe non esset quisquam, qui erudiri cuperet.

ex quo fit: *ita / ex quo fit, ut* ›so kommt es, dass‹ (NM § 536). *accidit, evenit, incidit, obtingit* ›es kommt vor, geschieht, ereignet sich, stößt zu‹.

ipse: *ipse* kongruiert möglichst mit dem Subjekt (RH § 198).

cum: adversatives *cum*. *dum* ›während‹ ist temporal.

Quodsi: *quodsi* bedeutet ›wenn nun, wenn doch, wenn also‹ (KS II S. 321). *sin* ›wenn aber‹ steht nur nach einem vorausgehenden *si*-Satz (NM § 566,1).

talīs: Akk. Pl. auf *-īs* (s. den Lösungsvorschlag HA 1).

optima duce: Diese Personenbezeichnung wird nicht nur militärisch und politisch, sondern auch intellektuell und dort sogar für Abstrakta gebraucht, vgl. Cic. *Tusc. 5,5 O vitae philosophia dux, o virtutis indagatrix expultrixque vitiorum!* ›O Philosophie, Lenkerin des Lebens, Entdeckerin der Tugend, Siegerin über die Laster!‹ (Übers. Gigon 319, oder ›... du spürst die Tugend auf und vertreibst die Laster‹)

certe: Dt. ›sicherlich‹ bedeutet *certe,* v. a. in der Apodosis von Kondizionalsätzen, *certo* wird fast ausschließlich mit *scire* verbunden (NM § 144,1).

quisquam: Dieses Indefinitpronomen steht substantivisch in Sätzen mit verneintem Inhalt. Das adjektivische Äquivalent ist *ullus* (RH § 200).

erudiri: Das Passiv von *docere* in der Bedeutung ›lehren‹ ist nicht üblich außer als PPP *doctus,* dafür treten *erudiri* oder *discere* ein (RH § 119,1b).

cuperet: Der deutsche Text ›belehrt zu werden verlangte‹ ist wiederzugeben mit *postulare, petere + ut:* (RH § 234) (für *poscere* ist klassisch keine verbale Erweiterung überliefert [KS II S. 218 f., 232]) oder mit *cupere,* das – wie *studere* und die semantisch engverwandten Verba voluntatis – bei gleichem Subjekt mit Infinitiv, bei verschiedenem mit AcI steht (RH § 169,1).

Nunc nobis lumen exiguum dedit, quod malis moribus opinionibusque (Cic.) *corrupti celeriter sic exstinguimus, ut nusquam lumen naturae appareat.*

lumen: *lumen* – Lichtquelle, *lux* – verbreitetes Licht (MSyn Nr. 252).

exiguum: bedeutet ›spärlich, gering‹, d. h. beschränkt an Umfang, Zahl und Größe, oft mit negativer Implikation im Vergleich zu anderen und den Erfordernissen; *parvus* ›klein‹ ist dagegen der allgemeine Ausdruck *(insula, pretium),* der eher deskriptiv ist (MSyn Nr. 338 ›klein‹).

opinionibusque: *opinio* ›subjektive Meinung‹; *sententia* ›(philosophischer) Lehrsatz, öffentliche Meinungsäußerung‹ (MSyn Nr. 33A).

corrupti: *corrumpere* bedeutet ›verderben‹ in progressiv-moralischer Hinsicht; *perdere* heißt ›zugrunde richten (den Bestand gefährden)‹ und steht nur bei Terenz und Plinius d. Ä. (*nat.* 29,26: *imperii mores*) moralisch (Neuer Georges s.v.). *perditus* steht klassisch adjektiviert und bezeichnet entsprechend seinem Ursprung aus einem PPP die totale moralische Verderbnis (Neuer Georges s.v.). An der vorliegenden Stelle geht es aber gerade darum, dass die Menschen sich noch selbst bessern können.

celeriter: Allgemeines Wort, das auf Schnelligkeit aus eigenem Antrieb, oft auch geistig abhebt. *cĭtus* bezeichnet dagegen eine Schnelligkeit, die äußerem Antrieb geschuldet ist oder nach geringer Zeit zum Ziel gelangt (MSyn Nr. 340).

sic: *ita* ist grammatisch ohne Weiteres möglich, ergäbe aber einen unschönen Hiat.

Hausaufgabe 8

Verbindung von Hauptsätzen, beiordnende Konjunktionen (RH §§ 223–225, NM §§ 427–453)
AWS Nr. 34, 49

Aber die Gerechtigkeit wird dir sagen, dass du doppelt ungerecht bist, weil du Fremdes begehrst, der du als sterblich Geborener den Zustand der Unsterblichen verlangst, und weil du es übel nimmst, dass du zurückgeben musstest, was du zum Gebrauche erhalten hast.

Was wirst Du aber der Klugheit antworten, die dich lehrt, dass die Tugend an sich selbst genug hat, und zwar sowohl zum guten Leben als auch zum glückseligen? Sie wird dir nämlich sagen, dass, sollte sie an Äußeres gebunden sein und davon abhängen und nicht sowohl aus sich selbst entspringen und wieder in sich zurückkehren als auch all das Ihrige in sich umfassen und nichts von anderswoher brauchen, sie nicht begreife, weshalb es scheint, dass man sie mit Worten dermaßen verherrlichen und der Sache nach so sehr erstreben sollte.

Wenn Du mich zu solchen Gütern rufst, mein Gaius, gehorche ich und folge Dir und gebrauche dich selbst als Anführer und werde auch die Übel vergessen, wie du mich heißest, und dies umso leichter, weil ich meine, dass man sie nicht einmal zu den Übeln rechnen darf.

Lösungsvorschlag HA 8 (Cic. *Tusc.* 3,36 f.)

Sed iustitia dicet te dupliciter esse iniustum, cum et aliena cupias, qui, mortalis natus, condicionem (Cic.) *immortalium postules, et moleste / aegre / graviter feras ea te reddidisse* (Cic.), *quae* (Cic.: *quod*) *utenda* (Cic.: *utendum*) *acceperis* (Cic.).

te: *tibi* kann aufgrund des Kontextes von *te* entfallen, durch den es redundant wird.

cum: Ein Participium coniunctum würde den Grund, auf den es hier ankommt, nicht ausreichend herausarbeiten.

natus: *natu* bezieht sich auf das Alter, so in der Wendung *grandis / grandior natu* ›alt, betagt‹.

condicionem: Möglich wäre auch *status,* das den Zustand oder den Personenstand bezeichnet. Der Unterschied zwischen Göttern und Menschen würde so mit den sozialen Standesunterschieden analogisiert.

postules: Der Konjunktiv im Relativsatz bezeichnet einen kausalen Nebensinn.

moleste / aegre / graviter feras: mit AcI oder *quod* (NM § 542,1).

reddidisse: Das deutsche ›müssen‹ ist hier ein phraseologisches Modalverb (s. dazu RH § 166 S. 191, NM § 495,2). Es entfällt bei der Übersetzung, weil der Adressat die Dinge bereits zurückgegeben hat (vgl. *impedior* ›ich sehe mich gehindert‹). Alle Ausdrücke der Notwendigkeit führen im Lateinischen zu schrägen Konstruktionen. *reddere debuisse* ist leicht redundant, weil *debere* ja auch ›schulden‹ bedeutet, was die Rückgabe impliziert. Unpersönliche Ausdrücke fallen dagegen aus der Konstruktion, da die Periode sonst die 2. Sg. als Subjekt gebraucht.

utenda acceperis: Prädikativer Gebrauch des Gerundivums in finaler Funktion (NM § 512). Keine substantivischen Alternativen. *ad utendum* würde den Zweck betonen (NM § 512,2, KS I S. 731).

acceperis: Konzessiver Konjunktiv. Für die Consecutio temporum nach Partizipialien s. NM § 464. Anders als RH § 229,3 lehrt, steht nach Inf. Perf. nicht zwingend die Zeitenfolge des Nebentempus: Sind Inf. und Part. Perf. von einem Verb der Vergangenheit abhängig, haben sie die Zeitenfolge eines Nebentempus (KS II S. 182): *Dixi me erravisse qui putarem.* (*putarem* ist gleichzeitig zu *erravisse.*) Sind sie dagegen von einem Verb im Präsens oder Futur abhängig, steht das Verb des konjunktivischen Nebensatzes, der seinerseits von diesen Partizipialien abhängt, in dem Tempus, das stünde, wenn die Partizipiale und der Nebensatz ein unabhängiges Satzgefüge bildeten (KS II S. 183, NM § 464,2):

Dico me erravisse, qui putaverim. ~ *Erravi, qui putavi (putaverim).*
Dico me erravisse, qui putarem. ~ *Erravi, qui putabam (putarem).*
Dico Brutum fugisse, cum Caesarem interfecisset. ~ *Brutus fugit, cum Caesarem interfecisset.*

Prudentiae vero quid respondebis docenti (Cic.) */, quae te docet virtutem se ipsa / sese* (Cic.) *esse contentam idque et* (Cic. *quomodo*) *ad bene et* (Cic. *sic etiam*) *ad beate vivendum?*

vero: *vero* ›aber‹ ist enklitisch und meist steigernd und leitet oft zu einem stärkeren Punkt über (NM § 439,2). Daneben kann *vero* wie andere Partikeln und Konjunktionen *quid* ergänzen, wenn dieses ohne Prädikat steht und als interjektionale Überleitung fungiert. In dieser Funktion steht *quid?* auch allein (NM § 409,3a).

virtutem se ipsa esse contentam: Mit einem Ziel heißt es dagegen *virtus sufficit ad bene vivendum.*

idque: Dt. ›und zwar‹ wird durch *et is, isque, atque is, et is quidem* oder *et quidem* wiedergegeben. *Atque idem* steht in Bezug auf einen einzelnen Ausdruck; in Bezug auf einen ganzen Satz oder eine Verbform steht *id* statt *is* (NM § 76).

et ... et: *et – et* verbindet zwei gleichrangige Glieder (NM § 428,1a). *cum – tum* verleiht dem zweiten Glied einen größeren Nachdruck (NM § 428,2a).

quomodo ... sic: ›wie – so‹ in einem indikativischen Vergleichssatz können mit *quemadmodum / quomodo – ita / sic / sic etiam* wiedergegeben werden (NM § 570,1), der hier verkürzt gebraucht wird. *perinde atque* steht zum Vergleich bei Partizipialkonstruktionen (NM § 507,5), *perinde ac si* und *perinde quasi* leiten einen Vergleichssatz ein (NM § 571,1).

ad beate vivendum: Für diesen Ausdruck vgl. den Titel von Senecas Schrift *De vita beata*.

beate: *beatus* bezeichnet die innere Zufriedenheit, *felix* das Gelingen der Unternehmungen (vgl. engl. *happy* vs. *lucky*), *fortunatus* ›mit äußeren Gütern gesegnet‹; nur von Sachen werden gebraucht: *faustus* ›mit dem Segen der Götter oder ihren Segen ankündigend‹, *prosperus* ›erwünscht, der Erwartung entsprechend‹, *secundus* ›günstig, nach Wunsch gehend‹ (MSyn Nr. 326).

Dicet enim tibi se non intellegere, qua de causa / cur (Cic.), *si cum externis coniuncta ex eis pendeat* (Cic.) */ penderet et non a se ipsa oriatur* (Cic.) */ oriretur et rursus ad se revertatur* (Cic.) */ reverteretur et omnia sua complexa nihil quaerat* (Cic.) */ quaereret aliunde, verbis tam vehementer ornanda* (Cic.) */ illustranda et re tantopere expetenda videatur* (Cic.) */ videretur.*

externis: *exterus* ist lokal *(civitates, gentes);* hier: *externa* vs. *interiora* (Ciceros philosophische Schriften).

coniuncta: heißt wie *adiunctus ad* eigentl. ›verwandt, verbunden mit‹. *astringere* ist konkret und heißt übertragen ›verpflichten‹ (so auch *constringere*, das ›hemmen‹ bedeutet). Cicero schreibt *extrinsecus religata*. Das Simplex *ligare* steht erst nachklassisch in abstrakter Bedeutung.

pendeat / penderet: *dependere (ex / ab) aliqua re* (> engl. *to depend*, frz. *dépendre*) ist nachklassisch (Ovid).

Für Potentialis und Irrealis in der Abhängigkeit s. NM § 563 f. Cicero geht davon aus, dass das stoische Dogma richtig sein kann. Der Irrealis würde seine Richtigkeit einfach voraussetzen, wäre also nur aus stoischer Perspektive möglich. Cicero ist aber Eklektiker. Dem »Normalsterblichen« (so Horaz in den hexametrischen Gedichten, *epist.* 1,1,106–8, *serm.* 1,3,76–142, 2,3,26–63) scheinen die stoischen Lehrsätze ohnehin eher paradox (vgl. Ciceros Schrift *Paradoxa Stoicorum*).

Der lateinische Potentialis und Irrealis werden im Deutschen oft gleichermaßen mit dem Konj. II wiedergegeben. Als Faustregel für die Übersetzung gilt: Handelt es sich um eine Hypothese oder ein Gedankenexperiment (wie hier der Fall), wählt man die Wiedergabe mit dem Potentialis.

rursus: etym. **reuorsus* (a. *rursum*) steht hier lokal (vgl. *reverti*, das die gleiche Herkunft hat). *iterum* bezeichnet die zeitliche Wiederholung.

tantopere: *ita* ist anaphorisch für die Art und Weise, hier geht es um die Intensität (NM § 182,1b: »in so hohem Grade«). *adeo* ist überwiegend ana- und kataphorisch und dient der Vorbereitung eines Konsekutivsatzes (NM § 182,1b, § 196,1). Der adverbiale Akkusativ *tantum* tritt nur mit *quantum* auf (vgl. NM § 360,1a).

videatur / videretur: *videri* wird in allen Personen und Tempora mit NcI konstruiert (NM § 490).

Si me ad haec bona vocas, mi Gai, pareo, te sequor, te ipso duce utor, etiam malorum obliviscor, ut iubes, eoque facilius, quod ne in malis quidem numeranda / ponenda (Cic.) *(esse) // in numero malorum habenda esse censeo.*

haec: *haec* – ›die eben erwähnten‹; *talia* – ›so beschaffene‹. Derselbe Bedeutungsunterschied besteht zwischen *quas* vs. *quales* in der nächsten HA.

pareo: Hier sind nur *parēre* oder *obtemperare* möglich. Weitere Synonyme s. den Lösungsvorschlag HA 7.

te ipso duce utor: Dt. ›jn. haben zu / gebrauchen als‹: *utor aliquo aliquo (me imperatore);* ›etw. gebrauchen als‹ *utor aliqua re pro aliqua re* (NM § 397,2, Neuer Georges s.v. *utor*).

etiam: *et etiam* ist steigernd und dient der Hervorhebung eines Ausdrucks (KS II S. 7 f.). Für dt. ›auch‹ s. NM § 431.

eo ... quod: *eo* ›desto‹ steht kataphorisch mit *quod* (kausal) oder *ut* (final) (NM § 441,7a). *cum causale* geht nicht.

numeranda / ponenda (esse): Wiedergabe von dt. ›rechnen unter / zählen zu‹ (NM § 351,4, § 393,2, KS I S. 591).
1) *ducere, habere, numerare, putare, ponere in* + Abl. (gängigste Ausdrucksweise)
2) *numerare* + *inter*
3) *referre* steht meist mit *in* + Akk., daneben wie *reponere* mit *in numerum / o* + Gen.

Hausaufgabe 9

Irrealis in der Abhängigkeit (s. Hintergrundblatt), Kondizionalsätze, indirekte Rede / Oratio obliqua
(RH § 264, NM §§ 470–472)

Aber Du führst meine Gedanken auf die Freuden hin. Auf welche? Ich glaube, die des Körpers oder jene, an die man des Körpers wegen in Erinnerung oder Hoffnung denkt. Denn was sonst ist es? Deute ich deine Lehre recht?

Jene bestreiten nämlich immer, dass wir verständen, was Epikur meint. Er meint eben dies, und eben dies pflegte der alte Zenon, der scharfsinnigste von jenen (sc. unter den Epikureern), zu behaupten und mit lauter Stimme zu erklären, als ich (ihn) in Athen hörte. (Da) hast du die Gestalt von Epikurs glückseligem Leben in Zenons Schilderung, (derart) dass nichts (davon) bestritten werden kann.

Die Stoiker pflegten dagegen einzuwenden, dass, wenn derjenige glückselig wäre, der die gegenwärtigen Freuden genieße und darauf vertraue, dass er sich auch in jedem oder im großen Teil des Lebens ihrer erfreuen werde, wenn kein Schmerz dazwischen komme, der Mensch dem Schicksal ausgesetzt wäre; der Schmerz sei nicht besser zu ertragen, selbst wenn man hoffte, dass, falls er eintrete, er kurz sein werde, sofern er stark sei; es sei zweifelhaft, ob, wenn er hingegen lange dauerte, er mehr Angenehmes als Schmerzliches hätte. Auch wer dies bedächte, würde nicht glückselig sein, selbst wenn er mit den zuvor erhaltenen Gütern zufrieden wäre und weder den Tod noch die Götter fürchtete. Wenn Epikur die Schmerzen wenige Tage vor seinem Tod nicht standhaft ertragen hätte, wäre er unglücklich gewesen.

Hilfen
Z. 3: Lehre: *sententia*
Z. 4: Jene: die Epikureer. Denken Sie bei der Übersetzung des Demonstrativpronomens an das Kommunikationsdreieck von Karl Bühler.

Hilfen in den Klammern nicht mit übersetzen.

Lösungsvorschlag HA 9 (Cic. *Tusc.* 3,37f.)

Sed traducis (Cic.) cogitationes meas ad voluptates. (Ad) quas? Corporis, credo, aut eas, quae propter corpus vel recordatione vel spe cogitentur.

Sed: *sed* ist von der Intensität her an dieser Stelle durchaus zu vertreten und steht zwischen *autem*, der schwächsten adversativen Konjunktion, die teils das Gespräch fortführt, und *at*, der stärksten adversativen Konjunktion, die einen scharfen Gegensatz markiert (NM § 439,3).

traducis: oder *ducis*.

voluptates: *voluptas* (gr. ἡδονή) ist ein epikureischer *terminus technicus* und das höchste Gut dieser Philosophenschule. Die Stoiker fassten sie sinnlich auf und polemisierten gegen diese Wertsetzung. Sie mussten deshalb für die geistige Freude, die Aristoteles noch ἡδονή genannt hatte, auf *gaudium* (gr. χαρά) ausweichen (*gaudium grande et inmotum*, Sen. *vita beata* 4,5).

quas: *quales* betont die Beschaffenheit der einzelnen Dinge, nach denen gefragt wird; das Interrogativum *quas* ist offener und hebt hier auf die Alternative zwischen den erfragten Gegenständen ab *(corporis aut eas)*, vgl. *haec* vs. *talia* in der letzten HA.

eas, quae: Bei Verknüpfung mit einem Relativpronomen steht gewöhnlich *is, ea, id (is, qui). ille, qui* wird nur verwendet, um das Pronomen stärker zu betonen (NM § 73,2), etwa bei der Gegenüberstellung zweier Relativsätze für den ferner stehenden Gegenstand (s. den Lösungsvorschlag HA 3).

vel ... vel: *aut* schließt eine Möglichkeit aus, *vel* lässt die Wahl zwischen ihnen (RH § 224b). Hier steht *recordatione vel spe*, da Erinnerung und Hoffnung Bewusstseinszustände auf der Zeitachse beschreiben und somit in dieselbe Kategorie fallen und einander nicht ausschließen.

recordatione: Wie die dazugehörigen Verben *meminisse* ›in Erinnerung haben‹ (statisch), *reminisci* ›sich erinnern‹ (aktiv) vs. *recordari* ›sich mit der Teilnahme des Herzens wieder ins Bewusstsein rufen‹ (AM § 87 Anm. 2), steht *memoria* für ein ›intellektuelles Wissen‹, evtl. durch Lernen, *recordatio* enthält eine innere Beteiligung am Geschehen. Entsprechend leben in den romanischen Sprachen nur Fortsetzer von *recordari* fort (ital. *ricordare, -arsi,* span. *recordar* ›(sich) erinnern‹, ital. *ricordo,* span. *recuerdo* ›Erinnerung, Souvenir‹).

quae ... cogitentur: *cogitare* kennt zwei Konstruktionen:
1) + Akk. ›an etwas denken, etw. denken‹.
2) *de* + Abl. ›an etw. / über etw. nachdenken‹.

Hier wählt man besser die transitive Rektion, da so in einer passivischen Konstruktion das Augenmerk auf die *voluptates* als Subjekt gerichtet werden kann.

vel recordatione vel spe cogitentur: oder verbale Wiedergabe mit einem Participium coniunctum: *quas recordantes vel sperantes cogitent*.

Nam quid est aliud? rectene interpretor sententiam tuam? Solent enim isti negare nos intellegere, quid dicat Epicurus.

Nam quid: Hier steht *nam* kausal in einer Wortfrage; alternativ könnte man in dieser Funktion *quid enim* verwenden. Für die verstärkende Funktion von *nam* in einer Frage s. den Lösungsvorschlag HA 1.

quid ... aliud: *alius/d* bedeutet als Verstärkung bei einem Fragepronomen ›sonst‹, gemeint ist hier: Was ist es *sonst*?

rectene: *-ně* wird enklitisch gebraucht, d.h. an das Wort, nach dem gefragt wird, angehängt (außer an Präpositionen); dieses Wort steht »(fast) immer am Satzanfang« (NM § 414,1a).

isti: Die Gesprächssituation ist einer Prozessrede vergleichbar. Deshalb kann Cicero die argumentative Gegenseite, die er soeben in der 2. Person angesprochen hat, auch mit dem Demonstrativpronomen der 2. Sg. (Nahdeixis) *iste* bezeichnen. Der eigentliche Adressat der Rede ist jedoch der Richter bzw. Leser, der überzeugt werden soll.

intellegere, quid dicat: Für die indirekte Wortfrage s. den Hintergrund *Indirekte Frage*.

Hoc (ipsum) dicit, et hoc (ipsum) ille senex Zeno, inter istos / istorum (Cic.) acutissimus, (Cic.) me Athenis audiente (Cic.) / cum Athenis audiebam, contendere et magna voce dicere solebat.

hoc (ipsum): In Verbindung mit einem anderen Demonstrativpronomen bedeuten *idem* und *ipse* ›eben, gerade‹ (NM § 81,1). Cicero verzichtet auf *ipsum*, weil *hoc* durch die Doppelsetzung ausreichend betont wird und die Wiederholung von *ipsum* schwerfällig klingt.

senex: *vetus* wäre eher abwertend, da es den Gegensatz zum Neuen betont (MSyn Nr. 297).

ille senex Zeno: *ille* kennzeichnet hier eine bekannte Person.

Zeno: Es handelt sich um den Epikureer Zenon v. Sidon (2.–1. Jh. v. Chr.), welcher der Lehrer Philodems v. Gadara (* um 110, † nach 40 v. Chr.) war, nicht um den Begründer der Stoa, Zenon von Kition.

inter istos / istorum acutissimus: Beim Superlativ kann die Gruppe, innerhalb derer jemandem eine herausragende Qualität zugeschrieben wird, entweder mit dem Genetivus partitivus oder *inter* + Akk. ausgedrückt werden (RH § 130,5.1).

istos / istorum: Abermals zielt Cicero mit dem Demonstrativpronomen der 2. Person auf die Epikureer.

acutissimus: oder *acerrimus*. *subtilis* steht von Personen nur ästhetisch für den feinen Geschmack.

audiente: *auditor* ›Hörer‹ (nicht so eng wie *discipulus* ›Schüler‹) steht wie sein dt. Äquivalent *Hörer* im wissenschaftlichen Kontext.

cum ... audiebam: Kein Konjunktiv, da eine rein zeitliche Koinzidenz vorliegt.

contendere: *contendere* drückt am besten ein reines Behaupten aus (vgl. *dicere*), *explanare* und *demonstrare* implizieren dagegen eine begründende Bedeutung. *declarare* ›klar aussprechen, öffentlich bekanntmachen‹ ginge auch (vgl. MSyn Nr. 30, 44).

magna voce: Das *cum*, das bei einem Ablativus modi mit Attribut möglich ist *(magna cum voce)*, wenn es bloß um einen Begleitumstand geht (vgl. RH § 146, NM § 371,3), ist hier nicht angeraten, da ein starker instrumenteller Aspekt vorliegt.

Habes formam (de sententia) Epicuri vitae beatae verbis Zenonis expressam, ut nihil possit negari.

(de sententia) Epicuri: *de sententia alicuius* ›nach js. Meinung‹, bei Pronomen nur *sententia* + Possessivpronomen *(meā sententiā)* (Neuer Georges s.v.). Cicero gebraucht den Genetiv *Epicuri* allein; *arbitratu* + Gen. ist subjektiv und bedeutet ›nach Gutdünken‹. Deshalb passt es hier nicht.

verbis Zenonis expressam: *verbis* + Genetiv bedeutet gewöhnlich ›in js. Namen‹ (Neuer Georges s.v.). Da dieser Ausdruck an der vorliegenden Stelle mit dem Partizip *expressam* gestützt wird, das auf den Inhalt statt die Willensäußerung abzielt, kann er ›nach Auskunft‹ bedeuten.

At Stoici contra dicere solebant si is esset beatus, qui praesentibus voluptatibus frueretur confideretque se (eis) fruiturum (esse) aut in omni aut in magna parte vitae dolore non interveniente (Cic.), hominem fortunae obnoxium futurum fuisse.

At: *at* als stärkste Adversativkonjunktion passt bestens, um den scharfen Gegensatz zwischen epikureischer und stoischer Lehre zu markieren.

contra dicere: Diese Wendung ist auch in Cic. *Tusc.* 1,77 belegt. *contra* fungiert sowohl als Präposition wie auch als Adverb (so hier).

solebant: Das Folgende steht im Irrealis in der Abhängigkeit, insoweit die Stoiker die epikureische Argumentation nicht glauben können. Insoweit sie die epikureische Sicht referieren *(speraret)* oder ihre eigene Meinung dazu vertreten *(non fore/futurum beatum)*, steht jedoch der Realis.

confideretque se (eis) fruiturum (esse): AcI gemäß RH § 168, NM § 478,2b, die Nachzeitigkeit ist inhaltlich begründet, weil das, auf dessen Fortdauer vertraut wird, in der Zukunft liegt.

dolore non interveniente: oder *nullo dolore interveniente. intercedere* steht klassisch auch für das Eintreten eines (störenden) Zwischenfalls (Neuer Georges s.v.), ist aber nicht so allgemein wie *intervenire* ›während einer anderen Sache eintreten‹ (Neuer Georges s.v.), vgl. Sen. *ot.* 3,2:
›*Epicurus ait:* ›*non accedet ad rem publicum sapiens, nisi si quid intervenerit*‹; *Zenon ait:* ›*accedet ad rem publicam, nisi si quid inpedierit.*‹ ›Epikur sagt: »Ins politische Leben wird ein weiser Mann nicht eintreten, falls sich nicht irgendein triftiger Grund ergibt.« Zenon aber sagt: »Ins politische Leben wird er eintreten, falls ihn nicht etwas davon abhält.«‹ (Übers. Fink 463)

obnoxium: *patere* im Sinne von ›ausgesetzt sein‹ ist nachklassisch. Klassisch heißt dieses Verb ›offenbar sein‹. Ciceros *multa patent in eorum vita, quae fortuna feriat* (*off.* 1,73) passt zwar semantisch, aber nicht syntaktisch.

Dolorem non facilius ferri posse, etiamsi quis speraret, eum, si accideret, futurum/fore brevem, si summus esset; dubium esse, haberetne, sin diu maneret, plus iucundi quam acerbi (Cic.: mali); haec cogitantem (Cic.) non fore/futurum beatum, etiamsi acceptis ante(a) bonis contentus esset et nec mortem nec deos timeret. Nisi Epicurus dolores paucis diebus ante mortem constanter tulisset, eum infelicem futurum fuisse.

etiamsi: Die unterordnenden Konjunktionen *etsi* (›wenn auch‹), *etiamsi* (stärker: ›wenn auch, selbst wenn‹), *tametsi* (selten) stehen mit Indikativ oder Konjunktiv entsprechend den Regeln der *si*-Sätze. *tametsi* hat nie den Konjunktiv bei sich und wird oft von *tamen* im Hauptsatz verstärkt (›Auch wenn …, trotzdem …‹) (NM § 584,3).

quis: *ali-* entfällt hier nach *etiamsi* wie nach *si, nisi*.

dubium esse, haberetne: Klassisch steht nach *dubitare* ›zweifeln‹ ein abhängiger Fragesatz mit ›ob‹ (*-ne, -ne … an*) (KS II S. 265 f., NM § 539,1 Anm. 2). Beispiele für *dubium esse* ›ungewiss sein‹ fehlen, doch ist es wegen derselben Bedeutung analog zu dem persönlichen Verb zu konstruieren.

sin: *sin* ›wenn (aber)‹ steht, wenn bereits eine Protasis vorangeht (NM § 566,1).

sin diu maneret: Dt. ›lange‹ (MSyn Nr. 336): *longus* (nur bei Substantiven mit Zeitbegriff), *diuturnus* steht im Sinne von ›beharrlich, lang andauernd‹, indifferent oder positiv »als Folge von Festigkeit und Kraft«.
durare lässt sich nicht verwenden, da es klassisch nur ›aushalten, abhärten‹ bedeutet (Neuer Georges s.v., *pace* AWS Nr. 3, der hier den nachklassischen Gebrauch aufnimmt). Cic.: *sin productior*.

haec: Plural, da mehrere Lehrsätze vorgestellt wurden.

cogitantem: oder *qui haec cogitaret*.

Hausaufgabe 10 (235 Wörter): Lexik für Emotionen und Charaktereigenschaften

AWS Nr. 14, 15, 35, 50

Von wem es aber heißt, er sei von Natur jähzornig, mitleidig oder neidisch, dessen Seele ist gewissermaßen von schlechter Gesundheitsverfassung, aber trotzdem heilbar, wie es von Sokrates heißt. Als Alkibiades in Bezug auf ihn viele Laster zusammengestellt hatte, da wurde er von den übrigen ausgelacht, weil sie jene Laster nicht in Sokrates erblickten; Sokrates selbst dagegen tröstete ihn und sagte, sie seien [durchaus] in ihm, aber seine Vernunft habe sie vertrieben.

So wie also einer, der mit der gerade besten Gesundheit versehen ist, von Natur für eine bestimmte Krankheit besonders anfällig scheinen kann, so kann die eine Seele zu diesem, eine andere zu jenem Fehler geneigt scheinen (Zeugma). Wer aber nicht von Natur, sondern durch eigene Schuld fehlerhaft ist, dessen Fehler bestehen in einem falschen Meinen über Güter und Übel, so dass dieser zu dieser, jener zu jener Bewegung und Leidenschaft neigt. Ein eingewurzeltes Übel aber kann, wie beim Körper, schwerer vertrieben werden als eine (vorübergehende) Verwirrung: eine akute *(repentinus)* Verletzung am Auge ist leichter zu heilen als eine langdauernde Krankheit.

Aber da wir jetzt schon den Grund der Verwirrungen kennen, die alle aus dem Urteil der Meinungen und aus dem Willen entstehen, sei (dies) das (richtige) Maß für diese Untersuchung (d. h. ihr Ende). Wir müssen aber wissen, nachdem wir einmal, soweit es dem Menschen möglich ist, die Ziele des Guten und Schlechten kennengelernt haben, dass man nichts Größeres oder Nützlicheres von der Philosophie erwünschen kann als eben dies, was wir in diesen vier Tagen erörtert haben.

Hilfen in den Klammern nicht mit übersetzen.

Lösungsvorschlag HA 10 (Cic. *Tusc.* 4,80–82)

Qui autem natura dicitur iracundus aut misericors aut invidus, eius animus quasi mala valetudine constitutus est, sanabilis tamen, ut Socrates dicitur.

dicitur: Dt. ›heißen‹ lässt als unpersönlicher Ausdruck, der keinen Sprecher bestimmt, den Gegenstand der Aussage stärker hervortreten. Deshalb empfiehlt sich die passivische Wiedergabe mit *dicere* und NcI.

aut ... aut: Die disjunktiven Konjunktionen *aut* und *vel* können wie die koordinierenden *et* und *neque* zusätzlich vor dem ersten der Wörter stehen, die sie verbinden.

mala valetudine: Die *valetudo* ist eine *vox media* und bedeutet mithin ›Gesundheitszustand‹. Für ›Krankheit‹ ist deshalb der Zusatz *mala* erforderlich.

tamen: Dieses Wort steht gewöhnlich an erster Stelle, kann aber auch hinter ein Wort treten, das betont werden soll (NM § 439,5).

Cum multa vitia in eum Alcibiades contulisset (Cic.: collegisset), derisus est a ceteris, qui illa in Socrate vitia non agnoscerent, ipse autem Socrates eum consolatus est dicens illa sibi insita / in se inesse, sed a ratione a se deiecta (Cic.) / depulsa esse.

insitus: PPP zu *inserere* ›einsäen‹. Es steht abstrakt im Sinne von ›angeboren, angestammt‹ für tief verwurzelte Eigenschaften, sei es von Natur oder durch Prägung (Neuer Georges s.v. *insero*).

inesse: *inesse* + Dat. ist nachklassisch.

depulsa esse: Es empfiehlt sich, den AcI aus Gründen der Klarheit passivisch zu konstruieren.

Ergo ut optima quisque valetudine adfectus natura ad aliquem morbum proclivior, sic animus alius ad alia vitia propensior potest videri. Qui autem non natura, sed culpa vitiosus est, eius vitia constant e falsis opinionibus rerum bonarum et malarum, ut sit alius ad alios motus perturbationesque proclivior. Inveteratum autem malum, ut in corporibus, aegrius / difficilius depellitur quam perturbatio, citiusque repentinum oculorum (Cic.) / -i vulnus sanatur quam diuturnus morbus.

ut ... sic: *ut – sic* und *ut – ita* sind die häufigsten Korrelationen für einen indikativischen Vergleichssatz, so wie er hier vorliegt (NM § 570,1). Hier wird also eine bloße Analogie zwischen dem Verhalten zweier verschiedener Größen festgestellt, die beide einen Komparativ bei sich haben. *ut quisque – ita* bedeutet nur dann ›je ... desto‹ (NM § 37, RH § 246,4), wenn in beiden Teilsätzen ein superlativischer Ausdruck steht. In Verbindung mit lateinischen Komparativen wird ›je ... desto‹ mit *quo ... eo* oder *quanto ... tanto* wiedergegeben (RH § 246,4).

quisque: *quisque* steht steigernd in Verbindung mit dem Superlativ und bedeutet ›gerade‹ (NM § 99,1b). Daneben steht es in normaler Bedeutung in der Nähe von Korrelativa wie hier *ut – sic (ita)* (NM § 99,1f). Für seine weitere syntaktische Verwendung s. RH § 202, NM § 99.

proclivior ... propensior: Der Komparativ kennzeichnet hier einen hohen Grad, ohne dass das Vergleichsobjekt benannt wird, und steht im Sinne von ›ziemlich‹ (RH § 46,2, NM § 30,2, KS II S. 475 f.).

proclivior: bezeichnet eine innere Veranlagung zu etwas (häufig Negativem). *inclinare + ad* wird klassisch abstrakt nur für eine Meinung verwendet *(inclinare ad Stoicos)*, sonst eher negativ im Sinne von ›wanken‹ *(acies)*.

alius ad alia vitia: *alius* + *alius* bei anderem, syntaktisch nicht gleichrangigem Satzglied drückt den unterschiedlichen Bezug zweier verschiedener Subjekte aus (NM § 96,4, KS I S. 652): *Alius aliud amat* ›der eine liebt dies, der andere jenes/das‹.

Außerdem kann diese Konstruktion die Reziprozität bezeichnen (NM § 87,4).

vulnus: *vulneratio* bezeichnet den Akt der Verletzung, nicht das Resultat, und ist nachklassisch.

sanatur: S. den Lösungsvorschlag HA 7.

Sed cognita iam causa perturbationum (Cic.) / *cum iam causam perturbationum cognoverimus, quae omnes oriuntur ex iudiciis opinionum et voluntatibus, sit iam huius disputationis modus. scire autem nos oportet cognitis, quoad possunt ab homine cognosci, bonorum et malorum finibus nihil a philosophia posse aut maius aut utilius optari quam haec, quae a nobis hoc quadriduo disputata sunt.*

bonorum et malorum finibus: Vgl. Ciceros gleichnamige Schrift.

hoc quadriduo: S. den Hintergrund *Zeiträume*.

Abschlussklausur (179 Wörter)

Es besteht kein Zweifel, dass derjenige, der die Güter für dreigeteilt *(tripertitus)* hält, nicht auf die Gesundheit des Körpers vertrauen kann. Wie beschaffen sind denn, mein Pomponius, diese deine Güter, deren Besitzer (verbalisieren!) doch höchst unglücklich sein kann?

Ist es etwa zweifelhaft, dass nichts, wenn es verloren werden kann, zu denjenigen Dingen gezählt werden darf, die hinreichend für das glückliche Leben sind? Denn es fehlt soviel, dass derjenige, der fürchten wird, dass er irgendetwas von diesen Dingen verliert, glücklich ist, dass ihm vielmehr vieles zum glücklich Leben fehlt.

Die Stoiker behaupten aber, dass dies sich sicher nicht so verhielte, wenn nicht alles Gut allein darin bestünde, sittlich gut zu sein (Subst.). Haben etwa die Spartaner, als Philipp in einem Brief, den er einem Boten zur Übersendung nach Sparta gegeben hatte, drohte, er werde alles, was sie versuchen würden, verhindern, gefragt, ob er auch verbieten werde, dass sie stürben?

Wie? Was kann, wenn der Standfestigkeit, deren Art des Gebrauchs bei den Spartanern (verbalisieren!) wir loben, die Mäßigung angeschlossen worden ist, die alle Erregungen lenkt / mäßigt,[1] demjenigen zum glücklich Leben fehlen, den die Mäßigung von der Begierde fortruft?

Hilfen in den Klammern nicht mit übersetzen.

1 Denken Sie bei der Wiedergabe an eine Fernsehsendung.

Lösungsvorschlag (nach Cic. *Tusc.* 5,40–43)

Dubitandum non est, quin qui bona tripertīta ducit / tripertito dividit (Cic.), *firmitate corporis confidere non possit. (§ 40)*

Dubitandum non est, quin ... non: In *quin*-Sätzen nach verneinten Ausdrücken des Zweifelns kann bei Cicero eine Negation stehen: *dubitandum non est, quin numquam possit utilitas cum honestate contendere.* (*off.* 3,11) ›Man [darf] aber doch nicht bezweifeln, dass die Nützlichkeit niemals in einen Gegensatz zum sittlich Guten geraten kann.‹ (Übers. nach Nickel 217) (für weitere Beispiele, auch mit *non* im *quin*-Satz, s. KS II S. 263 f.).

firmitate: Die *vox media valetudo* ›Gesundheitszustand‹ ist hier unpassend. *sanitas* wird von der Seele gebraucht (MSyn Nr. 279).

confidere: Die Person steht im Dat., die Sache im Dat. / Abl. (NM § 379,5). *in* + Abl. ist nichtklassisch. *fidem habere* steht mit dem Dat. Pers. / Sache. *fido* verbindet sich klassisch mit dem Dativ der Person und dem Ablativ der Sache (Neuer Georges s.v.).

Qualia nam, mi Pomponi, ista (tua)¹ bona sunt, quae qui habeat, miserrimus esse possit? (§ 45)

nam: Zur Verstärkung einer Frage steht im Sinne von ›denn‹ nur *nam,* nicht *enim* (NM § 420,2).

habeat: Konzessiver Nebensinn. Zur Wiedergabe von dt. ›haben‹: *possideo* bezeichnet den Immobilienbesitz und bei Abstrakta den sicheren Besitz, *habeo* den konkreten Besitz, *esse* + Dativ den Besitz von Abstrakta (NM § 324).

miserrimus: phil. t.t. Ggt. von *beatus*; *(in)felix* bezieht sich auf den Erfolg der Unternehmungen.

possit: Konzessiver Nebensinn im Relativsatz (NM § 592,1c). *tamen* steht im übergeordneten Satz eines konjunktionalen, partizipialen oder relativischen Konzessivgefüges (NM § 439,5, § 507,6, § 592,1c), die Adversativkonjunktionen *(at, sed, autem)* stehen nur zwischen gleichrangigen Satzteilen, Teilsätzen oder Sätzen (vgl. NM § 439).

1 Cicero bietet nur *ista. tua* fehlt bei ihm, ebenso wie der Vokativ.

An dubium est, quin nihil in iis (rebus) sit habendum, quae sufficiant ad vitam beatam, si id (Cic.) *amitti possit?*

An dubium est, quin: NM § 539,1 zum Einsatz von *quin* nach (verneintem) *dubito (non dubito quin):* »Auch Fragen gelten als Verneinungen.«

An: Hier leitet *an* eine Frage ein, die sich an eine Wortfrage anschließt, und steht im Sinne von ›etwa‹ (Näheres s. den Hintergrund Die Frageparticel *an*).

in iis (rebus) sit habendum: S. den Lösungsvorschlag HA 8.

habendum: *habere* steht bei der Wiedergabe von dt. ›halten für‹ nur passivisch mit doppeltem Nominativ (NM § 247,1, § 351,4 Anm. 1) und kann deshalb an der vorliegenden Stelle passivisch konstruiert werden.

sufficiant ad: *satis est ad* + Nomen findet sich erst nachklassisch (Tac. *ann.* 15,6,4: *satis ad gloriam erat*). Cicero formuliert einen Gedanken, der dem vorliegenden sehr ähnlich ist, zwar mit *satis est* und zwei verbalen Ergänzungen (Cic. *Tusc.* 5,53: *Atque si in virtute satis est praesidii ad bene vivendum, satis est etiam ad beate; satis est enim certe in virtute, ut fortiter vivamus.*

›Wenn weiterhin die Tugend genügenden Schutz bietet zum guten Leben, so tut sie es auch zum glückseligen Leben. Denn dazu reicht die Tugend sicherlich aus, dass wir tapfer leben.‹ [Übers. Gigon 357]) (OLD s.v. *satis* **A** 3). Doch ist *satis est* dort – anders als an der vorliegenden Stelle gefordert – unpersönlich und wird mit einem Genetivattribut ergänzt.

Nam tantum abest, ut (is,) qui timebit, ne quid ex his deperdat (Cic.) / *amittat, beatus sit, ut ei multa ad beate vivendum desint.* (§ 40)

qui: ›Derjenige, der‹ heißt gewöhnlich *is, qui* (NM § 75,2). *ille, qui* steht betont statt *is, qui* (NM § 73,2). *idem, qui* ›derselbe, wie‹ dient dem Vergleich (NM § 594,3).

amittat: Dt. ›verlieren‹ (MSyn Nr. 79):
- *amittere* (allg.) – durch Zufall, Nachlässigkeit, unbeabsichtigt.
- *deperdere* – durch eigene Schuld vergeuden oder zugrunde richten, so dass die Sache unwiederbringlich verloren ist.

tantum abest, ut … ut: S. den Lösungsvorschlag HA 9.

desint: *careo* (Neuer Georges s.v.) und *egeo* (Neuer Georges s.v.) kennen keine Ergänzung mit *ad*, um das Ziel auszudrücken, das nicht erreicht wird.

Quae autem Stoici dicunt / contendunt certe non ita futura / se habitura fuisse, nisi omne bonum sola / una (Cic.) *in honestate consisteret.*

dicunt / contendunt: S. den Lösungsvorschlag HA 9.

ita futura: OLD s.v. *ita* 10).

honestate: *honestum* ~ gr. καλόν ›das sittlich Gute‹ (vs. *utile* ›das Nützliche‹). *virtus* ~ gr. ἀρετή ›Tugend‹ ist zu allgemein.

consisteret: Dt. ›aus / in etw. bestehen‹ (Georges Dt.-Lat. s.v.):
- bei additiver Auffassung (so hier): *constare (ex) aliqua re; compositum esse ex aliqua re.*
- bei materialer Auffassung: *esse ex aliqua re.*
- bei Ausdruck des Wesenhaften (›bestehen in‹) (so hier): *consistere in aliqua re, contineri aliqua re.*

An (Cic.) *Lacedaemonii Philippo minitante per litteras, quas nuntio Spartam / Lacedaemona mittendas dederat, se omnia, quae conarentur, prohibiturum esse quaesiverunt, num etiam se mori prohibiturus esset* (Cic.) / *ne morerentur?* (§ 42)

Lacedaemonii: Für etliche Völkernamen und die zugehörigen Adjektive s. MSyn Nr. 295.

per litteras: *per* bezeichnet den Mittelsmann (*Hoc per legatos rogandum est?*, Cic. *Phil.* 5,27) oder das Mittel, durch das etwas geschieht. Daneben steht in dieser Funktion auch *litteris* (NM § 201,19c).

Lacedaemona: Griechische Akkusativform (Neuer Georges s.v., OLD s.v.). Für die Deklination griechischer Eigennamen s. RH § 45.

quaesiverunt: Von *rogare* kann nur ein *ut*-Satz als Nebensatz abhängen (vgl. Neuer Georges s.v.), *interrogare* kennt nur eine nominale Rektion.

num: Wenn hier *num* statt des bei Cicero nach *quaerere* auch möglichen *nōnne* steht (NM § 522,2), dann deshalb, weil *num* auch in der indirekten Frage eine negative Antwort suggerieren kann (›ob etwa‹), was freilich anders als in der direkten Frage nicht notwendig ist (NM § 522,1). Weiterführend s. den Hintergrund *Indirekte Frage*.

prohibiturus: Eine nominale Wendung mit *interdico* ist unlateinisch. Ansonsten wird dieses Verb klassisch mit *alicui aliqua re* konstruiert (NM § 322,5).

prohibiturus esset: In abhängigen Fragesätzen und nach *non dubito, quin* u. Ä. wird die Nachzeitigkeit im konjunktivischen Nebensatz durch die Coniugatio periphrastica mit *-urus, -a, -um sim/essem* entsprechend der Consecutio temporum ausgedrückt (RH § 230,1).

se mori / ne morerentur: Nach Verben des Befehlens, Verbietens *(imperare, vetare)*, Zulassens *(sinere, pati)* steht der AcI (RH § 167,1, NM § 481,1), nach *prohibere* auch *ne/quominus* (RH § 236,2). Zwischen den beiden Konstruktionen besteht bei *prohibere* kein Bedeutungsunterschied (NM § 481,4).

Quid? Ad constantiam, qua quomodo Lacedaemonii usi sint laudamus, temperantia adiuncta, quae moderatur omnibus commotionibus, quid ei ad beate vivendum deesse potest, quem temperantia a cupidine avocet? (§ 42)

Quid?: S. den Lösungsvorschlag HA 1.

usi sint laudamus: Analog zu den uneigentlichen indirekten Fragen nach Verba timendi und mirandi (KS II S. 487) und den mit *cur* eingeleiteten indirekten Fragen nach *admirari, accusare, indignari* (NM § 521,6a), die ebenfalls Verben der Empfindung und der Gefühlsäußerung sind, empfiehlt sich hier nach *laudare* ein indirekter Fragesatz mit Konjunktiv. Mit einem vorangehenden indirekten Fragesatz, der mit einem Ausdruck für ›Wie?‹ eingeleitet ist, liefert Cic. *Phil.* 7,8 eine schlagende Parallele: *Quem ad modum accepturi, patres conscripti, sitis, horreo.* ›Wie ihr das aufnehmen werdet, versammelte Väter, ist ein quälender Gedanke für mich.‹ (Übers. nach Fuhrmann, Bd. 7,289)

temperantia: *moderatio* verbietet sich aus stilistischen Gründen, da *moderari* in demselben Zusammenhang gebraucht wird.

ACHTUNG: *modestia* bedeutet ›Bescheidenheit‹.

moderatur: Klassisch ist dieses Verb nur Deponens. + Akk. bedeutet es ›lenken, leiten, ordnen, mit Maß gebrauchen‹, + Dat. ›zügeln, im Zaum halten‹ (NM § 340,2c). Der Akkusativ würde eine peripatetische Sichtweise (Favorisierung der mittleren Leidenschaften, die sog. Metriopathie), der Dativ eine stoische Auffassung suggerieren, bei der Leidenschaftslosigkeit (gr. ἀπάθεια) das Ziel ist. Ähnlich wie *moderor* heißt *tempero* + Akk. ›einrichten, ordnen, richtig mischen‹, + Dat. ›schonen, mäßigen‹ (NM § 340,1h).

commotionibus: *commotus, -us* m. ist unklassisch und spärlich belegt.

quid: Die Zwischenstellung des *quid* vermeidet dessen unschöne Wiederholung am Satzanfang.

avocet: Kausaler Nebensinn. Bei dem Simplex *voco* wird oft das Ziel, nie aber die Herkunft ausgedrückt (Neuer Georges s.v.).

Register

Um den Benutzern unnötiges Blättern in verschiedenen Registern zu ersparen, wurde auf eine Trennung in grammatikalisches Sachregister und je ein Register deutscher und lateinischer Wörter verzichtet. Zusammengesetzte grammatische Begriffe sind unter ihrem ersten Bestandteil aufgeführt (z.B. *relativer Satzanschluss* statt *Satzanschluss, relativer*). Lateinische Wörter wurden kursiviert, deutsche dagegen nicht. Wie im *Kühner-Stegmann* und *Neuen Menge* wurden lateinische grammatische und stilistische Ausdrücke nicht kursiviert und ihr erster Bestandteil großgeschrieben, ihr zweiter nicht (z.B. Ablativus temporis).

A

ab
  nähere Umgebung 27
  Urheber im Passiv **51**, 71
abesse siehe Entfernungsangaben; *non multum etc.*
    abest, quin; tantum abest, ut ..., ut
Ablativ
  Buchangaben 117
  örtlicher Ausgangspunkt 26
Ablativus causae 62
Ablativus copiae 59
Ablativus instrumentalis
  Passiv 51
Ablativus loci 27
Ablativus mensurae
  Entfernungsangaben 69
  + *post* / *ante* 24
  quam 45
Ablativus militaris 109
Ablativus modi
  mit und ohne *cum* 130
Ablativus originis
  mit und ohne *ab* 117
Ablativus qualitatis
  Ersatz durch Adjektive 115
  vs. Genetivus qualitatis 23
Ablativus separativus
  mit und ohne Präp. 101
Ablativus sociativus 109
Ablativus temporis 27, 91
Abstraktum
  als Kollektivum bei Gruppen 87
accipere 66, 90
accusare
  cur 41
Accusativus durativus
  Entfernungsangaben 69
AcI
  Nachzeitigkeit **31**, 64, 68, 82, 90, 96
    Passiv 31
  Passiv 62, 133
    nach unpers. Ausdrücken 70, 94
  unpersönliche Ausdrücke 29
  Verba affectuum 32
  Verba dicendi et sentiendi 29

AcP
　lassen (fiktional) 50
　relative Satzverschränkung 44
　Verba sentiendi 30
ad 79
　Schlachtenorte 27
　nähere Umgebung 26
　Zahlenangaben 69
　Zeitangaben 69, 79
addere 49
　AcI 75
　quod 32
adeo 126
adicere 49
　quod 32
Adjektiv
　Abstammung einer Person 117
　statt Abl. qualitatis 115
　Verbindung zweier ~e 117
　verneint, ›ohne dass, ohne zu‹ 90
admirari
　cur 41
admodum 109
Adverbien auf -ō 66
adversative Konjunktionen 78, 98
adversus
　Empfindungen 52
aegre
　quin 35
aequare, adaequare 75
aestimare 122
affirmare 74, 95
　AcI 78
agere
　forensisch 118
　vs. *facere* 90
agmen 76
agnoscere 66
Akkusativ
　doppelter 49, 59, 79, 105, 121
　Richtungsangabe 26
　vs. Dativ 138
ali-
　Fortfall **104**, 131
alias ... alias 78
alimentum 74
alius + alius 133
alius/d
　sonst (in einer Frage) 129
all, ganz 75, 98
aller
　unser, euer aller 89
aller- 83
als (Konj.) 56

alt 70, 97
am Anfang 107
amittere 58, 137
amplius 76
an (lat.) **41**
　argumentierend 41
　Doppelfrage 42
　ob 60
an non
　direkte Frage 42
　ob nicht 42, 60
anaphorisch 28
anima 118
animadvertere 51, 65
animus 53, 109, 118
antea 24
ante(a) / quam 58
Antecedens iterativum 63
antequam 37, **58**
　+ Abl. mens. 37
　+ Konj. 53, 122
Anticipatio 41
antiquus 70, 97
Apodosis **45**
　ita, tum, sic 102
Appellativum 88
apud
　Schlachtenorte 27
arbitrari 51, 104
　halten für 121
arbitratu 130
argumentum 114
arma tradere 70
Arznei 121
Asseverativadverbien 102
Asyndeton 53
at 78, 98
atque 79, 101
　steigernd 94
　Vergleichspartikel 114
atque adeo 94
atque id 102
atque is 102
Attractio modi 49, 56 f., 91, 108, 115
auctoritas 79, 102
audire 66, 90, 104
　akademisch 130
auditor 130
Aufzählung 53, **91**
augeri 59
auscultare 104
ausgezeichnet 52, 100
aut 51, 129

aut ... aut 133
autem 78, 98, 121
    Parenthese 72
aut non 41
auxilia 84
auxiliares, -ium, m. 84

B
bald ... bald 78
beatus 126
begeben, sich (lok.) 68, 91
behaupten 95, 114, 130
beinahe 101
belli domique 28
bellum
    Idiomatik 63
bene / male facere / accidit, quod 32
berauben 65
beschließen 57, 105
besonders **62**, 121
bestehen aus / in etw. 118
beweisen 114
biduum, biennium etc. 24
bona 100

C
calamitas 72
caterva 108
causa
    cur 41
causā (Postpos.) **80**, 109
celer 123
censēre 51, 104
cernere 65
certe 123
certiorem facere
    AcI 78
    aliquem de aliqua re 66, 90
certiorem fieri 66, 90
certo 123
certus 49, 78, 95
cessare 96
ceteri 65
circa 69
circiter 69
cĭtus 123
civitas 50
cogitare
    rem / de re 94, 129
cognōscere
    Bed. 49, 66

    Stammformen 49, 114
commeatus 74
comminisci 94
commonefacere 57
comperire 66, 90
complures 66
compositum esse ex aliqua re 118
comprehendere 66
conari 79
conferre, se 68, 91
confidere 136
confirmare 74, 95
Coniugatio periphrastica
    Irrealis in der Abhängigkeit 45
    Nachzeitigkeit in konjunktivischen Nebensätzen 35,
        40, 65, 76, 84, **89**
Coniunctivus dubitativus / deliberativus 34
Coniunctivus indignationis 59
Consecutio temporum *siehe* Coniugatio periphrastica
        (Nachzeitigkeit)
    nach Inf. Perf. 125
    nach Partizipialien 125
consilium 66
consilium capere **57**, 87, 105
consistere in aliqua re 118
constare (ex) aliqua re 118
constituere 57, 79, 105
Constructio ad sensum **64**, 108
consuetudo etc. est, ut 33, **58**, 83
contendere
    behaupten 75, 114, 130
contineri aliqua re 118
convincere 92
coram + Abl. 66
Correctio 94
corrumpere 123
crēdere 51, 104
crēscere 58
cum
    + Ablativus sociativus u. militaris 109
    + Ablativus modi 130
    angehängt an Personalpronomina 95
cum-Sätze **38**
cum adversativum 39, 122
cum causale 39, 62, 121
    + *quippe* 102
cum concessivum 39, 80, 121
cum explicativum 38
cum historicum 39, 63
cum identicum 38
cum inversum 38
cum iterativum 38, 63

cum narrativum 39
cum temporale 56
    + *tum, nunc etc.* 56, 107
cum – tum 101, 105, 119, 126
cunctari **96**
cupere 123
cur 41
curam conferre / consumere in aliqua re 107
curare 109, 121
custodiae 88

D

damnum 72
dass-Sätze **29**
Dativus cum Infinitivo 30
decernere 57, 105
declarare 114
deficere 71
deinde 91
Deixis 28
dēliratio 109
delubrum 105
dēmentia 108
demonstrare 130
dēmum 91
dēnĭque 91
deperdere 58, 137
Deponentien **89**
    i-Konj. vs. gemischte im Konj. Imp. 118
    PPP mit gleichzeitiger Funktion 78
    Reflexivum 88
designare 66, 79
desto 127
detrimentum 72
Diathese 88
dicere
    behaupten 114, 130
    contra ~ 131
dicto audiens 68, 119
di / dis
    vs. *deae, deabus* 75, 121
dies
    Tag (m.) vs. Termin (f.) 62
dies natalis 101
differre 82
dignitas 79, 102
dilectum habere 74
dimittere 115, 119
discere 123
discernere 82
discipulus 130

disserere 118
distinguere 82
diuturnus 131
docere
    Passiv 123
domi militiaeque 28
domina 100
domus
    Abl. *domo* 79
    Ortsangaben 25
donicum 37
dubitare
    Bedenken tragen 96
    indirekte Frage 131
    quin 35
ducere
    halten für 121
    rechnen unter 127
dum **37**, 122
dum(modo) + Konj. 97
durare 131

E

ea lege / condicione, ut 70
egomet 115
egregie 62
egregius 52, 100
Ehre 79, 102
emolumentum 72
endlich 91
endophorisch 28
enim
    kausal, Stellung 53, 92
    Parenthese 72, 108
Enklise **119**
    Indefinitpronomen 104
    -ně 130
    Partikeln 95
    -que 101
    quidem 119
    quisque 78
    vero 125
Entfernungsangaben
    Akk., Abl., *ab* 69
enuntiare 83
eo 127
equidem 115
erfahren 66, 90
erga
    Empfindungen 52
ergo 95
erkennen 65 f.
erklären 114

erschrecken 63
ertragen 59
esse + Dativ 104, 136
esse ex aliqua re 118
et 79, 101
   Aufzählung 53
   zwischen zwei Adjektiven 117
etenim 53
   Parenthese 108
et – et 105, 126
et etiam 127
etiamsi 131
et is 102
etsi 131
ex
   örtlicher Ausgangspunkt 27
   partitiv 62
exaudire 104
excellens 52, 100
exiguus 123
eximie 62
eximius 52, 100
exire 95
existimare 51, 104
   halten für 121
exitium 94
exophorisch 28
experiri 66, 90
explanare 114
explicare 114
exponere 114, 118
extremum, ad 91

F
facere / efficere / perficere, ut (ne) 50
facere non possum / fieri non potest
   ut **36,** 104
   ut non / quin **35,** 104
facultatem dare 76
famulus 87
fanum 105
fast 69
fatum 101
faustus 126
felix 126
femina 100
fere 69, 101, 119
ferre 59, 82
fidelis 83
fidere 136
fides
   fidem habere 136

Idiomatik 80
fidus 83
Finalsätze 32
   Koordination 33
   ne vs. *ut non* 76
fines 79
flagitare 59
forsitan 119
fortasse 119
forte 119
fortuna 101
fortunae 100
fortunatus 126
Frage
   disjunktive oder Doppelfrage 42
   einfache Satzfragen 88
   indirekte Frage
      ut + Konj. 40, 58
      Verba timendi und mirandi 41
Fragepartikeln 88
Frau 100
frumentum 74
fürchten 53, 97
furor 108
futurum fuisse, ut 45

G
gaudere 101
gaudium 129
gegen (bei Zeitangaben) 69
gehorchen 68, 119
Genera verbi **88**
Genetivus obiectivus 100
   vs. Genetivus subiectivus 52
   vs. Präpositionen 52
Genetivus partitivus
   nach Lokaladverbien 92
   nach *satis, parum, nimis* 51, 104
Genetivus qualitatis
   vs. Ablativus qualitatis 23
gens 50, 63
Gerundial 29
Gerundium
   Abl. vs. Partizip Präsens Aktiv 78
   ad + Akk. 88
   vs. prädikatives Gerundivum im Akk. 50, 90
   vs. Abl. abs. 87
   vs. Gerundivum
      Abl. 53, 87, 102
      Gen. Sg. 83, 105
      Präpositionen 121
glauben, meinen 51, 104
Gliedsatz

echter vs. unechter 29
globus 108
Gradatio a maiori ad minus 97
grandis / maior natu 70, 97
gratiam debere / habere / agere 97
gratiā (Postpon.) **80**, 109
grex 108
griechische Eigennamen
   Deklination 117, 137
   lateinische Schreibweise 117

H
haben 104, 136
habere
   besitzen 104, 136
   halten für 136
   rechnen unter 127
haesitare 96
halten für 121
haud 60
Haufen (Menschen) 108
herc(u)le 115
heroische Klausel 89
Hexameter 89
hic
   1. Pers. **28**
Hilfstruppen 84
historisches Präsens 118
honestas 79, 102
honestum 137
honor 79, 102
horrēre 53, 63, 97
humi 27

I
iactura 72
id
   atque ~ 102
   ~*que* 102, 125
idcirco
   Apodosis 102
idem
   atque, qui 114
   + Demonstrativpronomen 95, 130
   zwei Eigenschaften desselben Gegenstandes 87
ideo
   Apodosis 102
id studeo, ut 58
igitur 95
ignarus 51
ille
   3. Pers. 28

bekannte Person 119
   ~ , *qui* vs. *is, qui* 101
impedimenta 76
imperare
   ut, lassen 50
imperium 50, 79, 100
imprimis 62, 121
improbus 63, 87
in
   Empfindungen 52
   Ortsangaben 27
   Richtungsangaben 26
inclinare 133
indignari
   cur 41
indirekte Fragesätze **40**
indirekte Satzfragen **40**, 60
indirekte Wortfragen 40
   vs. Relativsatz 40
ingenium 118
initium 56
innerlich abhängige Nebensätze 49
insānia 109
insciens 51
inscius 51
Insel, kleinere
   + Orts-, Richtungs-, Herkunftsangabe 26
insigniter 62
insimulare 78
instituere 79
intellegere 49, 66, 90
inter
   + Pronomen, Reziprozität 49
   Superlativ 130
interdicere 76
   alicui aqua et igni 76
interficere 79, 87
interire 105
interitus 94
interpretari 54
interrogare 40, 137
invenire 105
invidia 108
invisus 122
ipse
   Abgrenzung, Hervorhebung der Identität 115
   + Demonstrativpronomen 95, 130
   indirektes Reflexivum 50
   Kongruenz mit dem Subjekt 122
   von selbst, gerade, genau, eben 89
Irrealis in der Abhängigkeit 45, 75, 131
   u. Potentialis 126
is **23**

~, qui 28
~, ut 28
atque ~ 102
+ et, -que
    Anschluss eines zweiten Relativsatzes 54
~que 102
iste
   2. Pers. 28
   Dialog 130
ita 126
ita / ex quo fit, ut 122
itaque 95
iterum 126
iubēre
   + AcI 82
   beschließen 105
   lassen 50
   NcI 30
iudicare 122
   halten für 121
iussu, iniussu + Gen. 50

J
je … desto 133
jedenfalls 97
jeder 78, 95

K
Kalender 54
kataphorisch 28
kein 63
Klauseln 89
klein 123
Komparativ
   hoher Grad **109**, 133
   multo 118
komplexiver Aspekt 107
Kondizionalsatz *siehe* Irrealis in der Abhängigkeit; *nisi, quodsi, sin*
Kongruenz *siehe* Constructio ad sensum
   Relativ-, Interrogativ- und Demonstrativpronomen + *esse* 58
Konjunktiv
   Impf. *oriri* 118
   obliquer 49, 108
Konsekutivsätze 33

L
laedere 53, 95
laetari 101
lange 131
lassen
   sich ~ 50
   zulassen vs. veranlassen 50
   fiktional-auktorial 50, 117
latēre 107
licet
   DcI 30
Licht 123
liefern 63
literarisches Präsens 118
locus
   Ortsangabe 27
Lokaladverbien
   ~ Demonstrativpronomina 56
Lokativ **27**
longe
   abest 89
   + Superl. 118
longus 131
luci 27
lumen 123
lux 123

M
magistratus 51
magna ex parte 62
magnam partem 62
magnopere 121
maiores 70, 97
man 56
mancipium 64, 87
manus 108
matrona 100
maxime 62
mederi 121
medicina etc. 121
meditari 94
Medium 88
mehercule 115
meminisse 118
memoria 129
mens 118
merken 65
metuere 53, 97
mille
   + Gen. Pl. 69, 82
miser 136
Modalverben
   AcI, Nachzeitigkeit 31
   dt. Konj. vs. lat. Ind. 94
   Irrealis in der Abhängigkeit 45
   phraseologisch 75, 125
moderari 138

moderatio 53, 138
modestia 53, 138
modo ... modo 78
moliri 109
Monosyndeton 53
mulier 100
multare 51
multitudo 63
multo
   + Komp. 118
municipium 68
munus inire 57

N
nachdem 37
Nachkommen 102
Nachzeitigkeit *siehe* AcI, Coniugatio periphrastica
Nahrung 74
nam
   kausal 92
   Parenthese 72, 108
   Verstärkung einer Frage 92, 136
namque 53
   Parenthese 108
narrare 117
natio 63
natus 117
NcI **30**, 104, 133
   ferre, tradere 114
   videri 30
-nĕ **88**, 90
   ob 40
   Stellung 130
nē
   Finalsatz 32
   Verba impediendi et recusandi 34
   Verba timendi 33
necare 79, 87
nefandus 63, 87, 104
nefarius 104
nefastus 104
Neigung 133
nemo
   Ergänzungen 84
nemo est, qui 83
nē nōn
   Verba timendi 33
neque
   ohne dass, ohne zu 90
nequedum etiam 95
nē ... quidem 83, 92, 95
nescius 51

Neutrum
   Pl. bei Adj. u. Pron. 66
ni 59
nihilo minus / setius 79
nisi
   + Neg. ›nur‹ 114
   vs. *si non* 114
noctu **27**, 91
nōn
   kein 63
nondum 95
non (haud) multum etc. / nihil abest, quin 35, 89
nōnne 60
   einfache direkte Frage 88
non quin 35
non quod non 35
non quo non 35
nullus
   vs. *non* 63
num 88
   ob 40
numerare
   rechnen unter 127
numerus
   in *numerum*/o + Gen. 127

O
ob 40
ob eam causam
   Apodosis 102
oboedire 68, 119
obsequi 68, 119
obsidere 84
obstare 52
obtemperare 68, 119
obtinere 75
occīdere 79, 88
odiosus 122
ŏdium 108
offendere 53, 95
ohne dass, ohne zu 90
omittere 115, 119
omnis 75, 78, 98
omnium
   ~ *nostrum / noster* 89
   + Superlativ u. komp. Ausdrücke 83
ope, opera, auxilio, beneficio + Gen.
   Urheber im Passiv 51
operam dare 121
operam ponere in aliqua re 109
opes 100
opinari 51, 104

opinio 123
oppidum 68
opportunitas 76
oppugnare 84
orationem habere 57
Oratio obliqua
   rhetorische Fragen 59
orbare 65
   + Abl. purus 88
oriri
   Konj. Imp. 118
Ortsangaben 25
Ortsnamen
   Apposition (Appellativum) 26 f.
      Attribut 26 f., 95
   Apposition (Ortsname) 25
   + Orts-, Richtungs-, Herkunftsangabe 25
ortus 117

P
pabulatum ire 74
pabulum 74
paene 69, 101
paratus 60
Parenthese 72, 108
   ohne *nam* 118
parēre 68, 119
par esse alicui 75
Participium coniunctum 49
partim ... partim 78
Partizip
   Aktiv vs. Gerundium im Abl. 78
   verneint, ›ohne dass, ohne zu‹ 90
Partizipialien
   relative Satzverschränkung 43
parvus 123
Passiv
   Deponens, Reflexivum 88
   docere 123
   Person als Urheber 51, 71
   zur Bezeichnung eines Zustands 88
patere 131
pati 50, 59
patres conscripti 92
pavēre 53, 97
pax
   Idiomatik 70
pecunia 100
pendere
   ex 126
per
   Mittel 137
   Mittelsmann 54

percipere 104
percutere 79, 88
perdere 123
periculosus 104
perinde ac / ac si / quasi 126
Periode 49
perire 105
pernicies 94
perniciosus 102
perseverare 60
Personalpronomen
   als Subjekt 94
pertimescere 53, 97
petere 82, 123
phraseologische dt. Verben 75, 125
placet 57
plebs 63
Plural
   distributiv 89, 109
   ~*is maiestatis* 80
   ~*is modestiae* 80
Plurale tantum 74
plures 66
poena 51
Polysyndeton 53
ponere
   rechnen unter 127
populus 63
portare 82
poscere 59, 123
Possessivpronomen
   Fortfall 100
possidere 104, 136
post siehe Ablativus mensurae
   Aufzählung 91
postea 24
   Aufzählung 91
postquam 37
   absolutes Tempus 107
postremo 91
postulare 123
Potentialis
   in der Abhängigkeit 75, 126
   Tempus 115
potiri
   Konj. Imp. 118
praebere, se 105
praecellens 52, 100
praecipue 62, 121
praecipuus 52, 100
praeclarus 52, 100
praeferre 60

praeficere 54, 79
praesertim 62
praesertim cum 62, 102
praesidia 88
praestans 52, 100
praestare 54
  longe 118
  ~, *se* 105
praeterire 32
praetermittere 115, 119
Präpositionalattribut 117
preces 62
primo 91
primum 91
principio 56
priscus 70, 97
pristinus 70, 97
prius 24
prius / quam 58
priusquam 37, **58**
  + Konj. 122
privare 65
  + Abl. *purus* 88
pro 83
probare 114
prodere 83
profecto 102
proficere ad 121
prohibere **76**, 138
Prolepse 41
prope 69, 101
propter **80, 109**
propterea
  Apodosis 102
Prosaklauseln 89
prosperus 126
Protasis *45*
puer 87
punire 51
putare 51, 104
  halten für 121
  rechnen unter 127

Q

quaerere
  indirekte Wortfrage 40
  nōnne 40, 60, 137
qualis
  vs. *qui* 129
quamquam 80, 121
quanto ... tanto 133
-que 79, 101
  Aufzählung 53
quia 121
quid? 89, 125
quidam
  bei Person 117
quidem 119
quidem – sed 121
quid est, nihil est
  cur 41
quid vero? 125
quilibet 78
quin 34
  Konsekutivsatz 36
  Verneinung 36
quin etiam 34, 65
qui non, quae non, quod non
  vs. *quin* 36, 68, 90
quippe cum 62, 102
quippe qui 102
Quirītes 92, 100
quisquam 53, 123
quisque 78, 95, 133
quivis 78
quoad 37
quod
  faktisches 32, 62
    obliquer Konjunktiv 49, 57, 108
  kausal 121
  Verba affectuum 32
    obliquer Konjunktiv 32
quodsi 122
quo ... eo 133
quo gentium 92
quom 38
quōminus 34
quoniam 62, 102
quotienscumque 37

R

rabies 108
ratio 114
rauben 65
rechnen unter 127
recipere 83, 96
recordatio 129
recuperare 83
redire 71
Reduplikation im Perfekt
  Simplicia vs. Komposita 80
referre
  rechnen unter 127
Reflexivität

direkt 50
  indirekt 50, 75
  Passiv 88
reformidare 53, 97
regnoscere 66
regnum 79, 100
regredi 71
relativer Satzanschluss **49**
relative Satzverschränkung **43**, 72, 74, 121
Relativsatz *siehe ille, qui; is, qui; qui non etc.*
  Apposition 79
  + Konj., Wiedergabe mit ›dass‹ 34
  Verbindung zweier ~ 54
  vs. indirekter Fragesatz 40
reliqui 65
remedium 121
reponere
  rechnen unter 127
repugnare 52
res
  Ausdruck des Neutrum Pl. 66
res frumentaria 74
revenire 71
re (vera) 102
reverti 71
rex 57, 79
Reziprozität 49
  alius + alius 134
Richtungsangaben **26**
rogare 40, 82, 137
rogatu
  + Gen. 62
rursus/m 126
rus
  Ortsangaben 25

S

saltem 97
salvus 107
sanare 121
sane 102, 121
sanus 107
satis est ad 136
sauciare 53, 95
Schaden 72
schändlich 63
Schar 108
Schlacht
  Ortsangabe m. *a(pu)d* 27, 79
schlecht 63
schließlich 91
schnell 123

sciscere 105
secundus 126
securus 49
sed 78, 98
  Parenthese 72
seditio 76
senex 70, 97
sententia 123
  (de) ~ alicuius ›nach js. Meinung‹ 130
sentire 51, **65**, 104
servitium 65
servitus
  + Idiomatik 65
servus 87
significare 66
simulare
  + AcI 78
simul(atque / ac) 37, 107
simul ... simul 78
sin 122, 131
sine
  ohne dass, ohne zu 90
sinere 50
singularis 52, 100
singulariter 62
Sklave 87
sobald 37, **56**, 96, 107
sollicitari 53, 97
sonst
  Frage 129
sors 101
spoliare 65
Städte u. kleine Inseln
  + Orts-, Richtungs-, Herkunftsangabe 25
statuere 57
strafen 51
Stützpartizip 62, 117
sub
  Zeitangaben 69
subsidium 71
Substantive
  statt dt. Reflexiv- oder Personalpronomina 53, 109
sufficere ad 125
Superlativ
  elativisch 49
  + *inter*, Gen. 130
  longe 118
  + *quam ~* dt. ›möglichst‹ + Pos. 97
  + *quisque* ›gerade‹ 133
  + *unus ... omnium* 83
Supinum I 96, 114
  + *iri*, Inf. Nachzeitigkeit Passiv 31
suppeditare 63

Register | 149

suscipere 59
suspectus 80, 122
suspicere 80
suspiciosus 80, 122
sustinere 75

T
talis
  vs. *hic* 127
tamen 79
  Modus 136
  Stellung 133
  tametsi 131
tametsi 131
tam magnus, tam multi 107, **118**
tamquam 58
tandem 91
  Imperativverstärkung 91
tanti est, ut 80
tantopere 126
tantum abest, ut ..., ut 68, 122
tantum ... quantum 126
tardare 96
Tempel 105
temperantia 138
temperare 138
templum 105
Temporalsätze 37
temptare 79
terrēre 63
timēre 53, 97
tolerare 59
tollere
  Stammformen 102
töten 79
totus 75, 78, 98
  Ortsangabe 28
tradere
  arma 70
  NcI 30
  verraten 83
traducere 49
tragen 82
trepidare 53, 97
treu 83
tum
  Aufzählung 59, **91**
  Fortgang 59
tum ... tum 78
turba 63
turpis 63, 87, 102
tutus 49, 107

U
übersetzen
  räumlich 75
  sprachlich 54
ubinam gentium / terrarum 92
ubi/ut (primum) 37, 56, 107
übrig 65
u-Dekl.
  Subst. Abl. Sg. *(arbitratu, iussu, rogatu)* 62, 130
ullus 53, 123
und 101
und zwar 102
ungefähr 69
unicus 52, 100
uni, unae, una
  bei Pluralia tantum 74
universus 78
unpersönliche Ausdrücke siehe AcI (Passiv)
  dt. Konj. vs. lat. Ind. 94
unusquisque 78, 95
urbs 68
-urus, -a, -um fuerim, -urus, -a, -um fuisse siehe Irrealis
  in der Abhängigkeit
-urus, -a, -um sim / essem siehe Coniugatio
  periphrastica (Nachzeitigkeit)
ut siehe *consuetudo etc. est, ut*
  Finalsatz 32
  + Ind., absolut. Tempus 107
  konjunktivischer indirekter Fragesatz 40, 58
  Konsekutivsatz 33
  Parenthese, Cäsar, Verweis in der Rede 57
    statt relativer Satzverschränkung 44
  Verba timendi 33
  Vergleichssatz 57
uti (Konj.) 32
utile 137
utilis 121
uti (Verb)
  aliquo aliquo, aliqua re pro aliqua re 71
ut ne
  Finalsatz 32
ut non
  facere non possum, fieri non potest 35
  Konsekutivsatz 33
  vs. *quin* 36
ut qui 102
ut quisque – ita
  Superlativ, ›je ... desto‹ 133
ut – sic (ita)
  Gegensatz 121
  quisque 133
  Vergleich 133
uxor 100

V

valde 121
valere 80
   multum ~ apud aliquem 79
valetudo 133, 136
vel 51, 129
   Berichtigung 90
   Steigerung (a. mit *etiam, certe, adeo*) 90
velut 58
vel ... vel 133
Verba affectuum **32**
Verba dicendi
   AcI 29
   indirekter Fragesatz 41
      vs. Relativsatz 40
   NcI 30
Verba impediendi et recusandi **34**, 76
   nē, quōminus 34
   quin 35
Verba interrogandi 40
   + indirekte Wortfrage 40
Verba iudicialia
   NcI 30
Verba mirandi
   uneigentliche indirekte Frage 41
Verba querendi et criminandi **32**, 63
Verba sentiendi
   AcI 29
   AcP 30
   indikativischer Relativsatz 40
   indirekter Fragesatz 41
   NcI 30
Verba timendi 33
   uneigentliche indirekte Frage 41
Verba traducendi 49
Verba voluntatis 58, **123**
Verben der Gefühlsäußerung 32
Verben des Hinzufügens, Hinzukommens und Übergehens
   quod 32, 49
Verben des Hoffens, Versprechens, Gelobens, Schwörens und Drohens 31
Verben des (Über-)Gebens, (Ver-)Mietens und Überlassens *siehe* Gerundium vs. prädikatives Gerundivum
verbis + Genetiv ›in js. Namen‹ 130
verbum 95, 108
verdächtig 122
verderblich 102
verēri 53, 97
Vergleichssatz 126, 133

verlassen 70, 95
verletzen 53
verlieren 137
Vermögen 100
verna 87
vero 102, 125
verraten 83
versuchen 79
vertere 54
vesperi 27
vetare 76
vetulus 70, 97
vetus 70, 97
videri
   + NcI 30
vielleicht 119
vigiliae 88
vindicare 51
violare 53, 95
vix
   quin 35
Vokativ
   Nomina auf *-ius* 121
Volk 63
Völkernamen 137
voluntas
   + Gen. Gerund. / *ad* + Akk. 105
voluptas 129
vortrefflich 52
vox 95, 108
vox media 133, 136
vulgus 63
vulnerare 53, 95

W

Wache 88
Wahnsinn 108
während (Konj.) 122
wegen **80**, 83
Wortstellung
   okkasionell vs. usuell 102

Z

zählen zu 127
Zeitraum **24**
zurückkehren 71
zwar 121
zweifeln 131